Haftmann Mit Neptun auf du und du

Horst Haftmann

mit Neptun auf du und du

Zeichnungen
Kurt Schmischke

Verlag Delius, Klasing & Co
Bielefeld

ISBN 3 – 7688-0421-6

Printed in Germany 1983
Druck: Kunst- und Werbedruck, Bad Oeynhausen

Der finnischen Seglerin
Britta Toivokonen

KAPITELÜBERSICHT

Winterlager 9

Unter Heinzis Befehlsgewalt – Hannes oder: Der feine Unterschied – Wahre Geschichte über einen Filmschlosser – Perser gegen Paddelboot – Die finnische Seglerin Britta

---

Frühling wird es im Kalender 25

Die Seekarte der Schöpfung – Die rituellen Handlungen des Auslagerungsgeschäftes – Der Pfarrer mit dem schnellen Flitzer – Seglerpech im Scheinwerferlicht

---

Und los kann die Reise gehn 39

Ein alter Bekannter: der Schleusenmeister Karl – Der schwärzeste Tag in der Geschichte des Weserwehrs – Katastrophendidi im Einsatz – Im Land der Butjadinger

---

Im Watt 55

Rees bei Molle mit Kompott – Wie Land zu Wasser, Wasser zu Land wird – Das Watt versinkt – Wenn der Schlick singt – Die drei Wurster Bauern und Marlenchen Klatt

---

Zwischen allerlei Schleusen 73

Der Gentleman von der AZIMUTH – Im Land hinter den Deichen – Ein geschäftstüchtiger Piesel – Hadelns paradiesische Tierwelt – Büschen mall: Frau Antje – Die Alten auf Otterndorfs Kommandobrücke

---

Endlich wieder im Kiel-Kanal 99

Wie Horst zum germanischen Wüterich wurde – Impressionen vom Nord-Ostsee-Kanal – Die Dame mit den roten Lippen, die strahlten wie ein Backbordlicht – Kampf mit einem Schwanenvater – Ratschläge für Lord Nelson

Außer Landsicht 121

Das Aufwachen des Meeres – Rubens' seefahrende Töchter – Petri Heil! – Die Atmosphäre hält den Atem an – Begegnung mit einem Windjammer – Im Land von Andersens Märchen

Kurs Nord 139

Die Söhne und Töchter Albions und der Vierzehnpfünder – Katzendressur – Wie der Danebrog vom Himmel fiel – Die Kollegen von den großen Pötten – Hochzeit bei Windstärke 10 – Gräten in Giftgrün

Cate und David 153

Just married – Die aufregende Geschichte des Antares – Hummer warm oder: Die hochfeine Erziehung in den ersten Kreisen – Frühsommertag auf Anholt

Seglers Glück, Seglers Leid 168

Alarm, Alarm! – Der Preis des Altersunterschieds – Anholter Apokalypse – Prinz Löwenherz und der Kater Pit – Ein spannender Austernfischer-Krimi – Abschied von Britta

Die Strandung 190

Vom Fluch der alternativen Lebensform – Carl Gustav und Olaf, die Katzenfänger – Die Stunde der Wahrheit – Wie NETTELBECK nach Kolberg kam – So trixt man die Behörden aus

Wunderschönes Skagerrak 210

Silbermöwe am Blinkerhaken – Makrelenfang nach Tippelbrüderart – Von Druden und Alben – Begegnung zwischen zwei Schären: Jan und Tore – Tauschhandel mit Feuerwasser

Mittsommernacht 227

Zwei Kater an Bord – Die AURORA - ein Flying Dutchman? – Studierter Töchter große Lippe – Die Geißel der Fischer des Nordens – Sonnenwendfeuer auf Skjærhollen – Wiedersehen mit Britta

Winterlager

Unter Heinzis Befehlsgewalt – Hannes oder: Der feine Unterschied – Wahre Geschichte über einen Filmschlosser – Perser gegen Paddelboot – Die finnische Seglerin Britta

Vier Segler waren es, die da friedlich im Vereinslokal hockten und Skat spielten. Es war ein sogenannter Bierskat, der bei uns bis 501 und mit allen Schikanen gespielt wird. Ich selber, einer dieser vier, stand großartig in der Anschreibung und hatte alle Aussicht, zu gewinnen und damit kostenlos zu einem Schnaps zu kommen, auch wenn es sich dabei nur um Barackenwhisky handelte – das ist Korn dritter Wahl. Aber da flog die Tür auf, in ihrem Rahmen erschien ein Mann in Blauzeug und rief mißtönend ins Lokal:

„AZIMUTH, fertigmachen, hopp, hopp. Du bist dran."

AZIMUTH ist mein Schiff.

„Mensch, Heinzi, höchstens noch zehn Minuten, dann sind wir mit der Runde durch. Kriegst einen ab, okay?" versuchte ich meinen Punktevorsprung und damit meinen Schnaps zu retten.

„Nix okay", erwiderte Heinzi, „ausgerechnet du mußt wieder dein Schott aufreißen. Weißt doch selber, daß dein Motor im Eimer ist und dein Schiff zum Slip geschleppt werden muß."

Es ging darum, daß unsere vier Schiffe mit der Einlagerung dran waren. Es war der 14. Oktober. Mein Verein hat nur eine begrenzte Menge an Winterliegeplätzen. Das kommt daher, daß die Schiffe von Jahr zu Jahr großkalibriger werden, der für sie vorgesehene Lagerraum aber immer kleiner. Das ist jedoch nicht weiter beunruhigend, weil der soeben erwähnte Heinzi drei geräumige, unmittelbar neben unserem Vereinsgelände gelegene Bootsschuppen sein eigen nennt. Darin können wir unterkommen und eine erhebliche Anzahl anderer Bremer Segler auch noch. Das ist Heinzis Job, davon lebt er – vermutlich nicht einmal schlecht, weil es große Schuppen sind. Trotzdem tut er, als wenn er uns etwas schenkt, und läßt uns darüber hinaus noch, weil die Konjunktur in Sachen Bootslagerung auf seiner Seite ist, zur Einlagerungszeit sein Übergewicht spüren. Was er zu Hause zu sagen haben mag, weiß ich nicht, hier aber hat er um diese Zeit eine Menge zu sagen und macht regen Gebrauch davon.

Wenn man seinen Kosenamen „Heinzi" so hört, klingt das richtig anheimelnd und sogar ein wenig niedlich. Aber weder das eine noch das andere ist zutreffend. Er ist ein halbes Jahrhundert alt, mittleren Wuchses, mit meist ein bißchen derangiertem Haupthaar, dafür aber mit wild rollenden, blauen Augen und einer Stimme ausgestattet, die zu Zeiten starker Erregung – und in einer solchen befand er sich gerade – von normalem Geschrei in kreischendes Falsett umschlagen kann.

Schweren Herzens gab ich daher meine Gewinnchance im Skat auf, ließ den Barackenwhisky sausen und machte mich hurtig auf den Weg zum Hafen herunter, wo AZIMUTH am Steg vor sich hindümpelte und aufs Abschleppen wartete. Ihr Motor war wirklich kaputt und Heinzi mithin wie meistens im Recht. Er stand schon wartend in seinem Motorkahn.

Alles ging dann sehr schnell. Die Abschlepptrosse kam steif, in leichten Schlangenlinien verließen wir den Vereinshafen und strebten dem Anleger vor dem Slip entgegen.

Der Eigner hat bis hierher noch eine gewisse, wenn auch schon stark eingeschränkte Befehlsgewalt über sein Schiff, das aber nunmehr unter das Kommando von Heinzi gerät. Geduldig wartet man am Anleger, bis man dran ist, das Schiff also auf einen Slipwagen verholt wird. Dies ist ein Mannöver, das bei den unterschiedlichen Schiffsformen gar nicht so einfach ist und seine Zeit braucht. Schließlich aber funktioniert alles zufriedenstellend. Der Slipwagen wird an einer langen Stahltrosse angeschäkelt, die zu einer Seilwinde läuft, die sie aufzutrommeln beginnt. Langsam zockelt das Schiff auf seinem Schienenweg den ziemlich steilen Betonslip zur Bootshalle hoch.

Bis zu diesem Zeitpunkt kann der Eigner noch ungestraft einige Worte mit seinen Nachbarn oder der Einlagerungsmannschaft wechseln; eigentlich aber ist es nur mehr ein verschüchtertes Murmeln. Oben angelangt, wird das Boot samt Slipwagen an seinen künftigen Lagerort verholt.

Jetzt herrscht Grabesstille in der Halle; man würde ein Handtuch zu Boden fallen hören. Wenn aber einer von uns zu flüstern wagt oder gar ein mit den strengen Einlagerungsbräuchen nicht vertrauter Fremder mit freundlichem „Moin" die Halle betritt, dann kommt Heinzi unter dem Schiff raketenhaft emporgeschossen. Sein Haupthaar ist gesträubt, seine Augen lodern und sprühen blaue Blitze. Aus voller Kehle brüllt er etwas Unverständliches, das den Flüsterer oder Moinsager verdutzt zurückfahren läßt und ihm die Lippen für den Rest des Vormittags verschließt. Charmante Plauderer sind hier wenig gefragt.

Die Einlagerungsmannschaft hat inzwischen ein stabiles Bohlenlager hergerichtet – die Ruhestatt des Schiffes für den Winter. Winden treten in Aktion. Vorn liegt der Kiel schon auf, unter dem Heck kniet Heinzi, eine Windenkurbel in der Faust. In der Runde herrscht Schweigen wie in einer Gruft.

Ganz langsam, geschlossenen Auges, läßt Heinzi das Schiff zentimeterweise absinken. Er lauscht. Wenn's irgendwo ein bißchen knistert, läuft ein nervöses Zucken über sein Gesicht. Doch dann klärt sich sein Blick auf und geht schließlich in ein zufriedenes, selbstgefälliges Lächeln über, wenn er das Schiff ordentlich abgepallt seinem Eigner wieder überlassen kann, der nun gefahrlos den ganzen Winter darauf und darunter umherkriechen kann.

Heinzi und seine Mannschaft machen sich unverzüglich auf den Weg zum nächsten Schiff, und bald hört man vom Anleger herauf wieder den wohlbekannten Zornesschrei ertönen, der den Sündern das Blut in den Adern gerinnen läßt. Jedenfalls setzt das Einlagerungsritual von neuem ein und verliert bis zum Abend nichts von seiner Spannung. Mag Heinzi auch ein Choleriker reinsten Wassers sein, es gibt keinen unter uns, der seine profunden Fachkenntnisse im geringsten in Zweifel zieht. Unsere Schiffe sind zwar gegen eventuelle Slipschäden versichert, aber das Reputationsgefühl von Heinzi würde es nie zulassen, daß einer unserer Kähne auch nur annähernd in die Gefahr des Umkippens geriete – nee, nee, wir sind bei ihm in guten Händen.

Nach etwa drei Wochen sind die Hallen dann voller Schiffe, und auch vor den Schuppen stehen noch Dutzende, die sauber abgepallt unter ihren Planen getrost dem Winter entgegensehen. Heinzi aber hat sich wieder in einen völlig normalen Menschen zurückverwandelt, der sich, als wenn nichts geschehen wäre, vor der Theke unter uns mischt und zusieht, daß er möglichst keinen ausgeben muß, doch möglichst viele abkriegt. Das sind Dinge, die für einen gesunden Geschäftssinn sprechen.

Meine AZIMUTH lag nun hoch auf dem Trockenen. Die Gerechtigkeit gebietet mir anzumerken, daß sie nicht besonders gut durch den Sommer gekommen war. Dank meiner Schuld. Ich war im letzten Winter faul, hatte gedacht, daß eine Ausbesserung des Antifouling-Anstrichs vollauf genügen würde, hatte so ein bißchen am Unterwasserschiff herumgeschliffen und die Giftfarbe ein wenig dicker aufgerollt. Schließlich sieht man unter Wasser nichts. Leider hatte ich dabei das scharfe Auge der Seepocken außer acht gelassen. Das sind widerliche, aber kluge Tiere, die jede Unachtsamkeit im Unterwasseranstrich für ihre Zwecke auszubeuten verstehen und wie die Termiten sofort ein steinhartes Zementhöckerchen ans Schiff kitten.

Nun rächte sich meine Schlamperei – der alte Anstrich warf sich in Beulen auf, zeigte Spalten und Risse und die Neigung, gardinenartig herunterzuhängen. Das Unterwasserschiff mußte bis auf den Grund abgeschliffen werden, um dann alle Anstriche neu aufzubauen. Natürlich kneift jetzt jeder Segelbruder ein Auge zu und denkt grinsend: „Na, denn man viel Spaß beim Schleifen über Kopf, mein Alter."

Auch der Motor hatte mir nach vieljähriger Tätigkeit den Dienst aufgekündigt, ein Schachtmotor japanischer Herkunft von 8 PS. Das war nicht viel, aber da ich Pensionär mit einer Menge Freizeit bin, genügte es. Ein ähnlicher war bestellt und sollte demnächst geliefert werden. Auch dieser würde mich, da wiederum nur der Schnapsglasklasse zugehörig, zu vermehrtem Segeln zwingen und die Motorerei auf ein Mindestmaß beschränken, so bei Hafenmanövern oder stundenlangen Flauten. Aber ich mußte den neuen Maßen entsprechend die Motorhalterung verändern. Außerdem war die gesamte Bordelektrik zu überholen. Kurz und gut: Eine Menge Dinge waren zu tun, die mir in der kommenden Segelsaison mein Einhandseglerdasein erleichtern sollten.

Ganz sicher würde ich in der großen Bootshalle wieder frieren wie ein Hund. Die Temperaturen darin sinken im Winter oft unter Null. Ich sollte dieser Tortur jedoch nicht allein ausgesetzt sein, weil außer mir – auch wochentags – Kollegen am Werk sein würden, die genauso wild wie ich entschlossen waren, dieses harte Los so angenehm wie möglich zu machen.

Aber keine Angst, ich will hier nicht von Überholungsarbeiten und ähnlichem langweiligem Kram berichten, sondern lieber von all dem Spaß, von all diesen kleinen wahrhaften Begebenheiten, wie sie sich in jedem Bootsschuppen der Welt zur Winterszeit ereignen.

Ich gehöre zu den romantischen Typen. Vielleicht erklärt sich daraus meine Einstellung zu den Schiffen. Manchmal bin ich im Winter der erste, der früh in die Bootshalle kommt. Im diffusen Licht des Schuppens stehe ich dann eine Weile still da, ehe ich die Leuchtröhren aufflammen lasse. Wenn sich das Auge an die Dämmerung gewöhnt hat, schälen sich die Schiffskonturen aus dem Dunkel, die weißen wie mattes Silber, die blauen und roten mehr zu ahnen als zu sehen. Bei manchen ragen die Aufbauten hoch ins Dachgebälk und verschwimmen in den dort nistenden schwarzen Schlagschatten. Wenn ich dann das Licht einschalte, sind all die Steven, Kiele und silbern aufblitzenden Bugkörbe auf mich gerichtet. Wir blicken einander an, und ich bin sehr froh, zu denen zu gehören, die wissen, wie schön ein Segelschiff ist, wenn es unter Vollzeug rauschend die blaue See durchpflügt, die aber auch wissen, von welch erlesener Schönheit es ist, wenn es an Land stehend auch die letzte seiner edlen Linien präsentiert.

Was die Schiffe in AZIMUTHS Halle angeht, so muß ich diesem enthusiastischen Gefühlsausbruch jedoch gleich einen kleinen Dämpfer aufsetzen. Hier stehen nämlich auch solche, die zwar schwimmfähig sind, in Form und Farbe aber erheblich von konventionellen Schiffstypen abweichen. Das ist wohl auch der Grund, weswegen sie im hinteren Teil des Schuppens untergebracht sind – nicht allzusehr dem Tageslicht ausgesetzt. Da gibt es große aufblasbare Gummidampfer mit gewaltigen laubenartigen Sperrholzhütten, die in mancherlei Art verstagt sind, um ihnen halbwegs Halt zu geben. Wenn man sie so betrachtet, sucht man in ihrer Nähe unwillkürlich nach einer Almosenbüchse, um mit einem Scherflein etwas für ihr weiteres Fortkommen zu tun. Man triff aber auch solche Segel- und Motorboote an, die liebevoll selbstge-

strickt wurden und bei deren Anblick man sich verunsichert fragt, wo denn nun eigentlich vorne oder hinten sein mag.

Niemand möge aus diesen despektierlichen Äußerungen Spott oder Hohn herauslesen. Die Eigner dieser Archen, Dschunken und Zampans sind nämlich die nettesten, kameradschaftlichsten und liebenswertesten Kerle. Wenn aus irgendeinem Grund auf irgendeinem Schiff, das in einer vornehmeren Klasse angesiedelt ist, ein Fläschchen entkorkt wird – ausschließlich deswegen natürlich, um in der Kälte des Schuppens eventueller Erkältung entgegenzusteuern –, dann bekommen die Archen- und Zampankapitäne ganz gewiß ihren Schluck ab, wie es umgekehrt auch der Fall ist.

In der Halle, in der AZIMUTH eingelagert ist, arbeiten wochentags normalerweise drei Mann. An den Wochenenden vervielfacht sich diese Zahl. Die markanteste Persönlichkeit darunter ist Hannes. Er hat sich von einem namhaften Konstrukteur einen Riß zeichnen und danach einen etwa 13 Meter langen Bootskörper aus Stahl bauen lassen, den er mit Liebe und unbeschreiblicher Kunstfertigkeit ausbaut. Das hatte nun schon zwei Jahre gedauert, und auch ein drittes würde er noch dranhängen müssen. Dann wollte er um die Welt und dabei sich und sein Schiff von dieser Kunstfertigkeit ernähren. Hannes gehört zu den von mir bewunderten Menschen, die einfach alles können, ganz gleich ob Elektrik-, Holz-, Metall- oder Malerarbeiten. Mein Schiff liegt stets dicht neben seinem, so daß ich mancherlei Gelegenheit habe, ihn zu beobachten, ihn gewissermaßen so ein bißchen zu testen. Ich glaube auch die Unterschiede zwischen uns beiden herausgefunden zu haben. Es ist einfach so, daß dieser Hannes die Dinge anders sieht als ich, viel vordergründiger und nicht so kompliziert.

Da kam er beispielsweise eines Tages mit einem Kompaß an. Als gewitzter Bursche hatte er ihn in England gekauft, zu einem Zeitpunkt, als unsere Währung dort besonders hart war. Er stellte ihn provisorisch im Cockpit an der Stelle auf, wo er ihn später installieren wollte. Da unsere Schiffe etwa parallel stehen, rief er zu mir herüber:

„Du, zeig doch mal mit dem Finger dein Kompaß-Nord an."

Ich warf einen Blick auf meinen Kompaß und kam mit dem Zeigefinger seiner Bitte nach.

„Scheißding verdammtes!" fluchte Hannes, meinte damit den Metallrumpf seines Schiffes und war mit der Ablenkung von 40° unzufrieden. Ihm war das zuviel. Dann saß er eine Weile still da und dachte nach, ob dieser neue Kompaß vielleicht einen Schleppfehler haben könnte. Er kam zu mir an Bord geklettert und stellte den Kompaß im Cockpit auf. Das Kompaß-Nord stimmte jetzt haargenau überein – kein Schleppfehler. Im Sommer sollte eine Menge Kompensierungsarbeit auf ihn zukommen, aber er kann das.

Wir schwätzten ein bißchen über Kompasse und ihre Tücken. Hannes weiß einfach alles über Kompaßkessel, Kompaßrose, kardanische Aufhängung, Steuerstrichebene und so weiter. Nie jedoch würde er auf die Idee kommen, sich daran zu erinnern, wie primitiv die Kompasse zu Kolumbus' Zeiten waren, was Astrolab, Kreuzstab, Hinterstab und Quadrant für die Weiterentwicklung der Seefahrt einmal bedeutet haben und wie die alten Kapitäne damals die Kompaßnadeln mit dem Magnetstein magnetisch halten mußten.

Genauso war es mit irgendeinem Stück Teak, das in der Halle herumlag. Hannes hob es auf und betrachtete es auf seine Weise, nämlich auf Verwendbarkeit für sein Schiff, mithin auf Maserung, Alter, Stärke und Feuchtigkeitsgehalt hin. Nie wäre es ihm eingefallen, dabei an

Südostasien, Afrika oder Australien zu denken, wo der Baum gestanden haben mochte, von dem dieses Stück Holz stammte.

Wer auf jahrelange Weltreise gehen will und dabei auf die Fertigkeit seiner Hände angewiesen ist, muß wohl eine andere und praktischere Einstellung zu den Dingen haben, anders jedenfalls als das bei mir der Fall ist. Nostalgie und Spintisiererei helfen da kein Stück weiter. Vordergründig muß man die Welt betrachten.

Ein völlig andersgearteter Typ in unserem Bootsschuppen ist Peter, ein immer vergnügter, humorvoller Bursche, mit irdischen Gütern nicht übermäßig gesegnet und daher nur im Besitz eines ziemlich alten Kunststoff-Motorbootes, das er für ein paar Mark erworben hatte. Nun war er dabei, aus den Ruinen ein strahlendes Wunderwerk erblühen zu lassen. Als Karosserie-Fachmann kann er gut mit Kunststoff umgehen. Zu dem ging ich eines Tages, um ein bißchen zu schnacken, aber auch um seinen Rat einzuholen, denn die Halterung für meinen neuen Motor wollte ich in Kunststoff gießen.

„Komm rin", sagte Peter, wie immer hilfsbereit.

Wir hockten uns in die kleine, bereits im Ausbau befindliche Kajüte des Schiffchens. Ich trug mein Problem vor, erhielt gute, bewährte Ratschläge sowie eine Buddel Bier und schrieb mir gerade den Namen des Chemiewerks auf einen Zettel, das nach Peters Ansicht die notwendigen Ingredienzien besonders gut herstellte, als ein Zeigefinger zaghaft an die Bordwand klopfte.

Wir steckten den Kopf aus der Kajüttür. Vor dem Boot stand ein Mann, den wir zwar nicht näher kannten, von dem wir aber wußten, daß er eine größere Motoryacht im Nebenschuppen liegen hatte. Daß er sich mit der festen Absicht trug zu arbeiten, sah man an dem Overall, den er anhatte. Dieser war wunderschön, tiefblau und hervorragend geplättet, mit der Andeutung einer Bügelfalte. Wie vorher bei mir rief Peter:

„Komm rin", und sagte dann leise zu mir, während der Newcomer an Bord kletterte: „Mensch, den hat seine Frau aber niedlich angezogen, sieht aus wie ein Filmschlosser. Mal sehen, was er will."

Der Filmschlosser setzte sich zu uns und trug sein Anliegen vor. Es war verhältnismäßig einfach. Er sei gerade dabei, seine Batterie auszubauen, um sie den Frosteinflüssen im Schuppen zu entziehen und ihr einen lebensverlängernden Aufenthalt im Keller seines Hauses zuzuweisen. Dabei habe er routinemäßig, solange noch Strom an Bord war, schnell noch einmal alle Brennstellen angeschaltet, zu seinem Leidwesen aber feststellen müssen, daß die Beleuchtung im Vorschiff ausgefallen sei und von ihm trotz aller Bemühungen nicht wieder funktionsfähig gemacht werden könne. Mit der Wegnahme der Batterie aber werde dem Schiff nun auf Monate der Strom entzogen, und es werde damit fast unmöglich werden, den Schaden aufzuspüren. Da er gehört habe, daß Peter unter anderem auch Spezialist für Elektrik sei, wolle er mal höflichst anfragen, ob er vielleicht...? Es solle sein Schaden nicht sein. Er selber handle mit Tapeten, Linoleum und anderer Auslegware und habe daher zu Dingen der Elektrik nur eine schwache Beziehung.

Peter betrachtete den Filmschlosser interessiert, mit einer Mischung von Erstaunen und Sympathie, offensichtlich weil er aus seiner Unwissenheit keinen Hehl machte, und fragte:

„Sicherungen abgeprüft?"

„Ja, alles", antwortete der Filmschlosser.

„Der andere Kram außer dem Vorschiff brennt?"

„Ja alles."

„Okay. Geh schon vorweg, wir sind in drei Minuten bei dir an Bord."

Der Filmschlosser eilte zurück zu seinem Schiff.

„Wozu brauchst du mich denn dabei?" wollte ich wissen.

„Na, Mensch", sagte Peter, „wenn wir da zu zweit ankommen, macht das doch mehr her. Bei dem geplätteten Overall hat der doch sicher ein Buddelchen in der Pantry zu stehen. Bei der Kälte können wir doch gut einen Schluck vertragen, oder?"

Peter kramte ein Multimeter für Volt, Ohm, Milliampere und so was alles sowie eine Prüflampe und Sicherungen hervor, und wir machten uns auf den Weg.

Eine wunderschöne, weiße, mittelgroße Motoryacht nannte der Tapetenhändler sein eigen.

„Junge, die würde mir gut zu Gesicht stehen", sagte Peter, und man sah ihm an, daß seine Gedanken bei seinem armseligen Schiff waren, das ihm noch soviel Arbeit machen würde.

Wir kletterten an Bord. Das Schiff war geheizt. So was von Gemütlichkeit. Peter blickte mich schweigend an, und ich begriff, daß hier nichts so besonders eilig sein würde. Er ließ sich vom Filmschlosser die Batterie zeigen, die unter der Cockpitgräting installiert war. Mich beorderte er ins Vorschiff an die defekte Schaltstelle, wo ich auf Zuruf den Schalter betätigen sollte. Der Filmschlosser wurde zu Handreicherdiensten eingesetzt.

Der Zuruf von Peter kam, der Schalter wurde von mir betätigt, nichts ging. Peter setzte seine Prüfgeräte ein. Der Filmschlosser war an deren geheimnisvoller Funktion interessiert und wurde in ihre Magie eingeweiht. Ich hatte Zeit, mich im Vorschiff umzusehen. Dazu hatte ich eine Taschenlampe erhalten, die ausreichend Licht hergab.

Das Innere des Vorschiffes war rosenholzfarben gehalten. Es war eine Art Lastex oder vielleicht auch Schaumstoff, der, polsterartig gesteppt, eine Menge hermachte. Da hatte der Tapetenhändler offensichtlich in sein bestes Sortiment gegriffen. Auf dem Backbordkojenpolster lag noch Bettzeug, das sicher mit der Batterie abtransportiert werden sollte. Kopfkissen und Bettbezug waren beigefarben und mit einer Menge kleiner roter Herzen bedruckt. Recht anheimelnd wirkte das Ganze. Auch ein Bücherregal war über dem Kojenpolster angebracht. Der Kegel meiner Taschenlampe fiel da auf Titel wie „Wem die Stunde schlägt" von Hemingway, „Wendemarke" von Faulkner und „David Copperfield" von Dickens, um nur einige zu nennen. Von den beiden ersten wußte ich, daß sie Nobelpreisträger waren.

Soviel Bildung auf einem Schiff nötigte mir nicht geringe Bewunderung ab. Dabei hatte ich wohl einen Zuruf Peters überhört, der ohnedies schwer verständlich war, weil er mit dem Kopf nach unten über der Batterie hing. Denn er schickte den Filmschlosser nach vorn, der mir die Anweisung übermittelte, nicht zu pennen und dafür lieber mal den Schalter zu betätigen. Er hielt dabei eine strahlend helle Kabellampe in der Hand und sah demzufolge, daß ich die Bücher betrachtete und sich in meinem Mienenspiel eine große Anerkennung abzeichnete. Ähnliches geschah nun auch bei ihm, nur daß diese Anerkennung noch mit väterlichem Stolz gepaart war.

„Hier schläft Nicole, unsere Tochter, die liest nur so was", sagte er.

Ich erinnerte mich an Nicole. Da kam mal eine Mutter suchend durch unseren Schuppen und rief mit klagender Stimme: „Nicole, Nicole, wo bist du?" Die mütterlichen Lockrufe verhallten zwar ungehört, aber vergnügt konnte ich feststellen, wie unter vielen Schiffen, aus vielen Kajütaufgängen und über vielen Seezäunen Männerköpfe erschienen, die neugierig in die Runde spähten. Wenn jene Mutter Annegret, Evchen oder Hannchen gerufen hätte, wäre kein Segler unter seinem Schiff hervorgekrochen, aber mit Nicole war das etwas anderes. An diesem Namen hängt ein Hauch französischer Sündhaftigkeit.

Nicole wurde aufgespürt. Sie war so ein bißchen ausgeflippt und hatte locker mit einem jungen Segler in einem etwas im Hintergrund gelegenen Schuppenteil geplaudert. Als ich näher hinsah, ergab sich, daß Nicole zwar nicht französischen Typs, aber ein hübsches, blondgelocktes, wohlgerundetes norddeutsches Kind war, vor dessen jungfräulicher Lagerstatt ich jetzt hier stand. Ich billigte ihr etwa 17 Jahre zu.

Wieder entriß Peter mich meinen nostalgischen Träumen:

„Verflucht noch mal, pennt ihr da vorn? Ihr sollt anschalten!"

Ich tat es. Nichts ging.

„Versuch doch mal, dich die Leitung zu mir her langzutasten, da muß was unterbrochen sein!" schrie Peter.

„Joup", rief ich zurück. Das ist Küstenslang und soll ja heißen.

Ich tat wie mir befohlen. Die Leitung führte zunächst senkrecht nach unten und dann der Backbordwand folgend unter Nicoles Kojenpolster hindurch zur Batterie im Achterschiff. Um ihr nachspüren zu können, mußte ich Nicoles Bettzeug zur Seite räumen. Dabei kippte das Kopfkissen um. Selbst unter diesem lagen noch Bücher, nur daß deren Titel sich wesentlich von denen im Regal unterschieden: „Tränen unter der Schwesternhaube", „Die Rivalin war die Mutter", „Django, der Mann mit der Hasenscharte."

Diese Literatur einfacherer Art legte ich hinter die Bestseller, die überdies wohl nur als Attrappen gedacht waren. Außerdem befürchtete ich, daß Nicole damit den väterlichen Stolz dämpfen und – wenn er ihr auf die Sprünge käme – Unannehmlichkeiten zu befürchten haben könnte.

Peter fand den Fehler schließlich selber. Die Leitung führte zu Nicoles Kleiderschrank. Da hatte sie wohl mal einen Kleiderbügel fallenlassen, ihn dann in jungmädchenhafter Unbekümmertheit wieder hochgerissen und damit die Leitung unterbrochen. Irgend jemand hatte sie pfuscherhaft mit Bordmitteln repariert, indem er den verletzten Kabelstrang einfach in eine Lüsterklemme geschraubt hatte. Aber auch nicht für die Ewigkeit berechnet, denn daraus hatte er sich wieder befreit und konnte nun von Peter fachmännisch in Ordnung gebracht werden. Wenig später erstrahlte im Vorschiff die Leselampe und beleuchtete freundlich die goldverzierten Rücken der Bestseller berühmter Nobelpreisträger, indes die trivialere Literatur in deren Schatten lag.

Mit einer Flasche Weinbrand im Arm ließen wir einen glücklichen Filmschlosser an Bord seines Schiffes zurück.

Mit dieser Geschichte, wahr und nachprüfbar, habe ich Peters technische Fähigkeiten angedeutet, die jedoch durchaus nicht seine hervorstechendsten Merkmale sind. Diese liegen auf völlig anderen Gebieten, die mehr humoristischer Natur sind.

Vor seinem Schiff angekommen, ließ Peter mich die Flasche halten, während er selber an Bord kletterte. Nach kurzer Zeit war er wieder zurück und hatte ein Metalltablett, eine Menge kleiner Metallbecher, einen Korkenzieher und ein Messingnebelhorn in den Händen. Das alles stellte er zunächst auf den Zementboden der Halle. Nunmehr spreizte er eine Aluminiumleiter auseinander, die er erklomm, um sich auf ihrer obersten Sprosse im Reitsitz niederzulassen. Alle Gerätschaften einschließlich der Schnapsbuddel mußte ich heraufreichen.

Zunächst drehte Peter den Korkenzieher in den Flaschenkork, dann stieß er mißtönig ins Nebelhorn und rief:

„Einen Augenblick absolute Ruhe, Gentlemen. Erstmalig wird Ihnen an Ihrem Arbeitsplatz eine einmalige Weltsensation vorgeführt. Sogleich werden Sie – von mir persönlich imitiert – den Lockruf des Sumpfhuhns vernehmen."

In der Halle wurde es totenstill. Ein Hammer fiel zu Boden. Peter drehte den Korkenzieher in den Flaschenhals und zog den ziemlich festsitzenden Korken heraus.

Plopp! machte es dumpf und laut.

„Wiedewiedewiedewitt",tönte es gleich hinterher. Diesen Effekt erreichte Peter, indem er mit dem Korken an der Flasche auf und ab fuhr.

Die Hallenbelegschaft kam herbeigeeilt und nahm im Halbkreis vor der Leiter Aufstellung. Peter füllte die Metallbecher und reichte sie herunter.

„Ein armer, verachteter Motorbootfahrer wünscht den Herren Seglern guten Wind."

Wir protestierten, prosteten ihm zu und gaben die Metallbecher zur erneuten Füllung wieder hoch. Peter ließ sie uns auf das Metalltablett stellen. Als alle säuberlich aufgereiht oben waren, drehte er das Tablett blitzschnell um. Uns stockte der Atem, weil die Becher jetzt auf den Fußboden herunterklappern mußten. Sie taten das aber deswegen nicht, weil alles magnetisch und eigens für derlei Attraktionen angefertigt worden war.

Fünf Leute standen um die Leiter herum. Der künftige Weltumsegler und ich wurden bereits erwähnt. Aber da war noch der Ölscheich, der deswegen so heißt, weil er mit Heizöl handelt.

„Na, zufrieden mit der Außentemperatur heute?" fragten wir ihn, weil es draußen unter Null war, und wir vermuteten, daß dies für seinen Ölumsatz nur förderlich sein konnte.

Natürlich ist er ein Mahagonimann und als solcher Besitzer einer wunderschönen, lackstrahlenden Mahagoniyacht. Man trifft Mahagonischiffe heutigentags nur noch sporadisch an. Das hindert ihre Besitzer allerdings nicht daran, ihre Nase verdammt hoch zu tragen. Auf Kunststoff- oder Eisenschiffe sehen sie herunter wie ein Rolls-Royce-Fahrer auf den Volkswagen. Bei uns haben sie – ein Verein im Vereine – den Mahagoniclub gegründet. Dort sitzen sie manchmal nur unter sich zusammen. Noblesse oblige. Ganz sachte aber fangen sie an, die steilen Sprossen zu uns herabzusteigen und sich vor der Theke unter uns zu mischen, fast wie unseresgleichen, weil's bei uns gemütlicher und hemdsärmliger zugeht.

Neben dem Ölscheich stand Wolfgang. Wolfgang fährt die Barkasse einer Bundesbehörde. Damit guckt er auf der Weser so ein bißchen auf Wassertiefe und eventuell vertriebene Fahrwasser-Begrenzungszeichen. Auch er ist Mahagonimann, aber ein so kleiner, daß er dem Mahagoniclub nicht angehört. Sein Boot ist schon verdammt alt. In diesem Winter mußte er den Kiel abnehmen, weil das Schiff dort Wasser machte. Die Kielbolzen aber waren schon recht vergammelt. Da mußte gesägt, aufgebohrt und abgezogen werden. Das klappte für Wolfgangs Geschmack gar nicht so besonders. Er hat eine unheimliche Menge schwarzer Locken und Zigeuneraugen wie Kohlen. Alle Augenblicke tauchte er aus dem Niedergang auf und rief zornerfüllt:

„Will jemand diesen verfluchten Scheißeimer haben? Für 10000 Piepen ist er weg."

Einer von uns opferte ein Scheckformular, füllte es mit 10000 Mark aus und reichte es Wolfgang hoch.

„Du willst wohl den Gummihammer auf die Birne haben, du Schrumpfkopf!" tobte er, denn inzwischen hatte er herausgefunden, wie's weitergehen konnte.

Und letztlich stand da noch Bremens Finanzpräsident, einer der besser dotierten Segler, der sich im Winter noch allein um sein Schiff kümmert. An diesem Tag lag er auf einem Pappstück darunter und schliff die Schwachstellen des Unterwasserschiffes ab.

Wenn nun ein völlig Fremder und Unbeteiligter in unseren Kreis getreten wäre und hätte Finanzpräsident, Ölscheich, Barkassenfahrer und Elektriker auseinanderhalten sollen, so hätte er das nicht können, weil wir einander gleichen wie ein Ei dem anderen. Alle hatten wir fleckiges Blauzeug an und den Wollpudel der Kälte wegen weit über die Ohren heruntergezogen.

Den Vogel aber hatte in diesem Winter der alte Jan abgeschossen. Ich kann diese Story einfach nicht für mich behalten:

Eines schönen Wintertages arbeiteten wir wieder einmal friedlich vor uns hin, als die Rolltür kreischend beiseitegeschoben wurde und im Schuppeneingang in blauer Phantasieuniform eine Art Admiral erschien, zwar ohne Rangabzeichen, dafür aber mit mancherlei Emblemen an der weißen Mütze. Seine sonst recht forsche Erscheinung litt ein wenig darunter, daß er einen Teppich – Persermuster – über der Schulter trug, den er gern an einen von uns verkauft hätte. Er wußte zu berichten, daß vor Afrikas Küste ein Steamer gesunken und es ihm unter Lebensgefahr gelungen sei, einige Perser aufs Trockene zu retten. Stück für den Spottpreis von 175 Mark.

Froh über diesen farbigen Akzent im Einerlei unserer Arbeit, eilten wir zum Admiral. Der alte Jan nahm sich seiner an.

„Braucht einer von euch so einen Teppich?" fragte er.

„Tatsächlich war einer da, der ein gewisses Interesse bekundete.

„Also, 75 Mark kannst du haben und keinen Pfennig mehr, sonst kannst du dich gleich wieder auf den Pad zu deiner Flotte machen, mein lieber Admiral", sagte Jan.

Der Admiral wand sich lange Zeit wie ein Wurm, erklärte sich aber schließlich widerstrebend einverstanden.

Der Käufer, einer von uns Älteren, mußte zunächst telefonisch das Einverständnis seiner Ehefrau einholen, das er auch erhielt. Der Admiral bekam also seine 75 Mark und einen Schnaps. Alles war in Ordnung. Aber noch nicht für Jan.

Hoch oben im Gebälk unserer Halle lagen einige hölzerne Paddelboote. Sie waren sehr alt, und wenn im Sommer die Sonne über dem Dachfenster stand, sah man ihre Strahlen fächerförmig durch die Schiffsböden auf den Schuppenboden fallen. Jan wußte den Admiral nicht nur auf eine Leiter zu locken, sondern ihn auch noch von der Seetüchtigkeit der Paddelboote zu überzeugen. Übrigens war vereinsseitig beschlossen worden, sie im Frühjahr zu verbrennen. Da gerade keine Sonne schien, gefielen sie dem Admiral, und er erwarb zwei davon für zusammen 65 Mark. Wir holten sie herunter, halfen noch, sie auf sein Autodach zu laden, und entließen ihn mit guten Wünschen für künftige Geschäfte.

Der Teppich kostete nur noch 10 Mark. Nun hätte der Teppichkäufer seiner lieben Ehefrau eigentlich von diesem vorteilhaften Einkauf berichten müssen. Weil diese ihn aber mit Taschengeld ungewöhnlich knapp hielt, tat er das nicht, sondern ließ sich den vollen Kaufpreis aus einem bereits von ihr angelegten Teppichfonds zurückerstatten, um ihn für eigene Zwecke zu verbrauchen. Immerhin hatten wir für ihn einiges getan. Er eilte davon, um ein Fläschchen zu erwerben.

So läuft der Winter stets dahin. Alles sind nette und sehr kameradschaftliche Wassersportler, die da zusammen arbeiten. Man hilft sich mit Erfahrung und mit Werkzeug aus. Leute, die die Nase hoch tragen, gibt es nicht unter uns, weil die nämlich so viel Geld, aber so wenig Zeit haben, daß sie sich um ihr Schiff nur bedingt kümmern können. Das tun fachlich geschulte Handwerker für sie, die gern unter uns arbeiten, weil sie auch gerne lachen, gerne einen kleinen trinken und in ihrer Arbeit von ihren Arbeitgebern nur bedingt kontrolliert werden können, weil die nicht allzuviel davon verstehen.

Ab Mitte Februar darf nicht mehr geschliffen werden, jetzt setzen Maler- und Lackierarbeiten ein.

AZIMUTH hatte bald einen wunderhübschen, knallroten Antifouling-Anstrich, ihr Gelcoatkleid leuchtete wie Speck in der Sonne, der neue japanische Quirl saß durabel in seiner Halterung. Glücklich stand ich oft unter meinem Schiff oder hockte in dessen Kajüte. Zwei Monate später würden wir wieder segeln, in stillen Wattprielen, auf Nord- und Ostsee und, wenn gesundheitlich alles so lief, wie ich es mir vorstellte, im norwegischen Oslofjord. Dazu wollte ich Anholt anlau-

fen, wo ich mit der finnischen Seglerin Britta verabredet war – Mitte Juni sollte das sein.
Britta – das ist eine junge Kunsthistorikerin aus Helsinki. Wir sind uns einst beim Mittsommerfest im schwedischen Västervik begegnet, wie zwei Löwenzahnschirmchen, die der Wind von der Küste hochgeweht hat und die manchmal mitten auf See aufs Deck heruntergeschwebt kommen. Jederzeit kann der Wind sie auch wieder auseinanderblasen.

Schon ihres Berufes wegen ist Britta ein einfühlsamer, künstlerischer Mensch. Diese bei ihr besonders ausgeprägten Eigenschaften haben ihr in jungen Jahren einen Schock versetzt, der mitbestimmend für ihr weiteres Leben werden sollte. In der Studienzeit war sie einem Kommilitonen nähergekommen, der ein ungewöhnlich intelligenter Mensch gewesen sein muß. Sie schenkte ihm ihre Bewunderung und ihr Herz. Ihm selber blieb diese scheue Zuneigung lange verborgen, doch als er es dann merkte, kam sie ihm sehr gelegen. Britta hatte damals eine kleine Erbschaft gemacht. Um die brachte er sie, denn er nährte sich mit dem Stoff, aus dem die Träume sind, und ging dann außer Landes.

Für Britta gab es ein böses Erwachen, das sich leicht in eine immerwährende Animosität gegenüber allem Männlichen hätte umkehren können. Sechs Jahre lang studierte sie ohne aufzublicken und machte ihre Examina mit leichter Hand, was ihr schließlich die Stelle als wissenschaftliche Mitarbeiterin in Helsinki eintrug.

„Na", höre ich jetzt die männliche Seglerwelt sagen, „den Intelligenzquotienten deiner Herzensdame in allen Ehren. Aber wie sieht sie denn aus?"

Da das eine berechtigte Frage ist, will ich sie beantworten. Denjenigen, der orientalischer Vollschlankheit den Vorzug gibt, muß ich enttäuschen, denn Britta ist eine schöne, schlanke, blonde und blauäugige Frau.

Bliebe also noch die Frage offen, warum diese mit angeblich so großen Vorzügen ausgestattete Dame sich einem so viel Älteren zuwendet. Tja, Leute, das kann ich nun auch nicht beantworten, das heißt, ich könnte es schon, wenn ich Dinge preisgeben wollte, die mit Vertrauen, Geborgenheit, Mitgefühl, Kameradschaft, Behutsamkeit, tiefer Zärtlichkeit, Lebenserfahrung und weißen Segeln auf blauer See zusammenhängen. Natürlich tue ich das nicht. Seglerinnen verstehen mich auch so, und Segler geben ohnehin keine Ruhe, bis sie nicht auch die letzte Einzelheit erfahren haben.

Frühling wird es im Kalender

Die Seekarte der Schöpfung – Die rituellen Handlungen des Auslagerungsgeschäftes – Der Pfarrer mit dem schnellen Flitzer – Seglerpech im Scheinwerferlicht

Vor unserem Bootsschuppen stehen eine Birke und eine Edeltanne. In jedem der Bäume saß eine kleine Kohlmeise und rief zu ihrer Nachbarin herüber: „Sizidäh-sizidäh-pink-pink." Beide hatten sie einen blauen Kopf und einen schwarzen Kehlfleck im strahlend gelben Bauchgefieder. Die im Gezweig der Tanne ließ sich, Kopf nach unten, vom Südwind wiegen und rief: „tüwüdü-tüwüdü" zurück. In der Meisensprache machten sie sich auf den bevorstehenden Frühling aufmerksam. Der erste Zitronenfalter taumelte seines Weges dahin. Am hellblauen Himmel segelten weiße Wolkenschiffe vor dem Wind. Wenn sie vor der Sonne vorüberzogen, vergoldete sie die Wolkenränder, und schimmernde Strahlenfächer brachen hinter ihnen hervor. Ihre Lichtbahnen fielen auf das Weserwasser, ließen es hier aufleuchten und da dunkel werden, immer dann, wenn der Wolkenschatten über den Fluß dahinwanderte. Vor jedem Wolkenschiff frischte der Wind ein wenig auf, warf ein huschendes, krauses Muster auf das Wasser und trieb kleine Wellen vor sich her. Wenn die unter die Balkenlage des Anlegers gerieten, kicherten sie, gluckstcn und ließen im Tropfenfall eine leise, silbrige Spinettmusik erklingen.

Die Stare waren angekommen und plapperten in den Pappeln neben dem Vereinshafen. Im Pappelgezweig riefen die Ringeltauber ihr „ruckedikuh". Zuweilen stiegen sie steil in den Himmel, klatschten dort in liebestoller Balzseligkeit mit den Schwingen und taten sich vor ihren Tauben wichtig.

Ich ging am Tag mehrmals vor den Schuppen und wartete auf meine ganz speziellen Freunde, die Austernfischer. Dann endlich überflogen sie mich. „Quiewip-quiewip-kwirr-kadüt-kadüt", schrien sie zu mir herunter. Vier Jahre zuvor hatte ich das erste Brutpaar bei uns registriert. Jetzt gab es schon eine ganze Menge davon. Das sprach für uns Wassersportler. Wir haben ihn gern, diesen taubengroßen, stimmfreudigen Regenpfeifervogel in den schwarz-weiß-roten Farben und mit den großen roten Augen im tiefschwarzen Kopfgefieder.

Es ließ sich nicht länger verheimlichen, der Frühling war da. Noch standen die Schiffe im Schuppen, aber Heinzi war schon auf dem Plan, ließ die Seiltrommel an seiner Winde dissonanzenreich in Vogelsang und Kuckucksruf hineinkreischen – das ist so seine Art, den Frühling einzuläuten – und schmierte sie dann. Sichere Anzeichen für baldiges Auslagern.

Wie für Heinzi die Trommelschmiererei, gibt es auch für mich ein Frühlingsritual, das sich alljährlich wiederholt. AZIMUTH ist segelfertig, meine Ungeduld und meine Sehnsucht nach der See steigen, und so fahre ich nach Bremerhaven, mit der Eisenbahn. Hier steht zwischen Geeste und Altem Hafen der Funkturm. Er ist 112 Meter hoch.

Ein Fahrstuhl transportierte mich auf die Aussichtsplattform. Ganz allein war ich um die Mittagsstunde dort oben. Die Sonne war bereits durch den Meridian gegangen. Ihr lodernder Tagesbogen begann sich allmählich dem Westen zuzuneigen. Von dorther kam auch der Wind, der mit leisem, geheimnisvollem Raunen um den Turm strich und dickbäuchige Wolkenfregatten vor sich hersegeln ließ. Ihre Schatten wanderten über die riesige Seekarte, die die Schöpfung zu meinen Füßen ausgebreitet hatte. Das Wasser war jetzt fast abgelaufen. Von hier oben sah man das daran, daß sich die Wattbänke naßglänzend wie Walrücken aus der Außenweser hoben. Linker Hand lag steil unter mir der Langlütjensand mit der Blexer Plate, der Franziusplate und der Imsumplate, in deren graue Sände wie ein funkelndes, goldglitzerndes Krummschwert der Suezpriel stieß. Rechter Hand, hart vor dem Wurster Land, unmittelbar hinter dem Wremer Tief, wurde das Wasser breiter. In diese einige Seemeilen breite Rinne des Wurster Armes griffen die Sände der Robbenplate. Die Außenweser selber war zu dieser

Ebbzeit nur ein schmales, silbernes Band, das sich in weitem Bogen in nordwestlicher Richtung im bläulichen Dunst der Kimm verlor.

Nicht lange mehr, dann würde die Flut hereinrauschen, hier oben vom Turm in ihrer Geschwindigkeit nicht abschätzbar, die trockengefallenen Sände eigentlich nur leise und unauffällig überspülend, aber doch so schnell, daß ihr an gewissen Stellen ein in Todesangst davonrennender Mensch nicht entgehen konnte. Schnell würde sie alles Land in Wasser verwandeln, aus dem die festen Seezeichen hervorragen und die schwimmenden rauschend um ihre Ketten taumeln würden

Zehn Meter unter mir schwebte ohne Schwingenschlag eine Mantelmöwe vorüber. Sie ist die schönste nordische Möwe – weit größer als ein Mäusebussard – mit majestätischem, reiherartigem Flug. Kohlschwarz lag ihr der Mantel über Rücken und Flügel gebreitet. Ihr strahlendes Nacken- und Schwanzgefieder leuchtete wie die perlmuttfarbene Innenschicht mancher Muscheln. Diesen rosafarbenen Glanz schenkte die Sonne her, die sie freundlich anstrahlte.

Die Möwe schwebte in eine schöne, weitausgeflogene Kurve. Ihr Kopf bewegte sich, aufmerksam nach unten spähend, hin und her. Als sie wieder meinen Turm ansteuerte, um sich ohne Schwingenschlag in dessen Aufwind zu hängen, winkte ich ihr freundlich zu. Wie soll ich es erklären – es sollte Sympathie, Freundschaft, Hochachtung und Liebe zu diesem hübschen weißen Segler ausdrücken. Sie aber winkelte die linke Schwinge ein wenig an und sah mir mit kaltem, scharfem, grauem Möwenblick ins Gesicht. „Ag-kak-jak-kiau-jau", schrie sie mich böse an und drehte belästigt ab.

Mit dem nun stärker auflaufenden Wasser wurde der Schiffsverkehr unter mir lebhafter. Mit weißem Schnurrbart vorm Bug schäumten sie heran, die Tanker, die Überseeliner, die England- und Skandinavienfähren. Die Seekarte unter mir begann sich zu verändern. Die Sände waren bereits versunken. Bald würden drei Meter Wasser über ihnen stehen.

Was für schöne, klangvolle Namen die Wattgebiete hier tragen. Sie sind wie eine uralte Melodie, man muß nur hinzuhören wissen: Minsener Oog, Spikaer Barre, Nordertill und Ostertill, Alte Mellum, Scharhörn, Langlütjensteert.

Aber sieh an, da war ja schon ein Macker unterwegs, den ich doch glatt übersehen hatte. Auf der Insumplate lag auf einem kleinen Sandhügel ein Jollenkreuzer, trockengefallen mit schräg weggekrängtem Mast. Im Glas sah ich, wie zwei winzige Figuren auf ihn zuliefen. Ich mußte lachen, weil ich aus ähnlichen Situationen wußte, was von den beiden da unten jetzt gesprochen wurde:

„Nu mach man 'n büschen zu, Hein, wenn du wirklich noch 'n Kaffee haben willst, ehe das Wasser da ist", sagte die Frau vermutlich zu ihrem achteran galoppierenden Mann.

Eine wundervolle, stille Welt, in der ich da oben so allein stand. Aber dann schwebte der Fahrstuhl herauf und brachte eine Menge vergnügt schwätzender Gäste mit. Ich benutzte ihn zur Talfahrt, krabbelte noch zu einem Bier zur SEUTEN DEERN an Bord und fuhr zurück nach Bremen.

Dann war es soweit. Endlich.

AZIMUTH war an der Reihe, zu Wasser gelassen zu werden. Wirklich ein schmuckes Schiff, das da vor mir lag. Mit schneeweißer Bluse, dem blauen Gürtel des Wasserpasses, rotem Rock und dem Silbergeschmeide von Bugkorb und Seezaun sah sie aus wie ein hübsches Zigeunermädchen, und der Name GIBSY GIRL hätte nicht schlechter zu ihr gepaßt wie der jetzige. Ob das aber der Geschmack von Rasmus gewesen wäre?

Heinzi war für derlei Spintisierereien in keiner Weise zu gewinnen. Für ihn war meine AZIMUTH lediglich ein sperriges Transportobjekt, das er mit einem schiefen Blick bedachte, weil Zigeunerweiber launisch und kapriziös sein und dazu neigen sollen, Schwierigkeiten zu machen.

Die rituellen Handlungen des Auslagerungsgeschäftes setzten ein. Im Grunde genommen wurde der Einlagerungsfilm nur rückwärts abgespult. Schwätzer und Plauderer wurden im üblichen Sinne geschuriegelt und zornfunkelnden Blickes in ihre Schranken zurückgeschrien. Aber stop – einen Unterschied gab es doch: Die Schiffe wurden Heck voran zu Wasser gelassen. Während der Eigner beim Aufslippen zu völliger Untätigkeit verdammt war, bekam er nun eine kleine Rolle zugewiesen. Er durfte die Vorleine auf der Schleppklampe belegen. Heinzi, mißtrauisch wie er ist, kontrollierte aber auch diese Arbeit mit kräftigem Zug an der Leine, weil er schon erleben mußte, daß diese Leine später am Wasser durch die Lippklampe rauschte, das Schiff jegliche Landverbindung verlor und er es fluchend mit einem Motorboot wieder einfangen mußte. Das sind so Dinge, die ihn verdrießen.

Ich selber hatte mit Heinzi keinerlei Ärger. Zwar zog er wie bei hundertfünfzig anderen auch an meiner Vorleine, fand aber alles in Ordnung, ließ mir ein leutseliges Grinsen zukommen, legte den Hebel der Seilwinde von „stop" auf „abwärts", und die am Slipwagen angeschäkelte Trosse trommelte sich ab. Gemächlich in ihrem Schienenbett dahinrumpelnd, machte AZIMUTH sich an den Abstieg, während ich, halblinks ausgeschert, mit der Vorleine in der Hand hinterherging.

Da gab es nämlich Holzköpfe, die in der Gleismitte hinter ihrem Schiff herlatschten. Die brauchten sich natürlich nicht zu wundern, daß ein Urschrei sie aus ihrer Lethargie aufschreckte. Bei ihrer troddeligen Passageart konnte Heinzi, der die Winde bediente, nämlich nur ihren Rücken, an dem ihm wenig lag, nicht aber das abwärts rollende Schiff sehen. Erschrocken, aber hurtig sprang der Sünder auf eine Art Treidelpfad neben dem Schienenstrang, und die Arbeit nahm ihren Fortgang.

Mit dem Tampen wurde das Schiff an den Anleger gezogen. Der Eigner ging an Bord, stand einen Augenblick still am Ruder, murmelte etwas, schlug ein Kreuz über dem Motor und ließ ihn an. In den meisten Fällen führte das zum Erfolg. Man muß bedenken, daß die Motoren monatelang im Schuppen gestanden hatten und viele von ihnen nun maulten. In ganz hoffnungslosen Fällen schwang sich einer von Heinzis Mannen in ein dafür bereitgehaltenes Motorboot und schleppte den Versager in den Vereinshafen.

Auch AZIMUTHS Motor, neu wie er war, kam nicht auf Anhieb. Ich hatte seine ersten Gehversuche im Testbecken des Händlers zwar verfolgt, im Augenblick aber ließ das Zusammenspiel der nur notdürftig eingefahrenen Teile zu wünschen übrig. Heinzis Stirn begann sich zu runzeln, weil er den Anleger für das nächste Schiff freihaben wollte. Aber dann war der Motor plötzlich aufheulend da. Er mußte mit einem 1:25-Gemisch eingefahren werden, was zur Folge hatte, daß er eine solch stinkende Qualmwolke aus dem Auspuff stieß, daß Heinzi seinen lästerlichen Seemannsfluch doch noch loswurde.

Unter stänkernden Geknatter legte ich ab und strebte in bläulichem Gewölk meinem Liegeplatz zu. Das waren knapp 100 Meter, die man in unmittelbarer Nähe des Ufers zurücklegte. Dort stand ein Mann in Trainingsanzug und schwarzer Baskenmütze, der grüßend die Hand hob. Es war der merkwürdigste und liebenswerteste Wassersportler,

dem ich je begegnet bin. Ich bedeutete ihm mit weitausholender Armbewegung, er möge zum Vereinshafen kommen, aber er zuckte bedauernd die Schultern, zeigte zur Sonne hoch und gab mir zu verstehen, daß er keine Zeit habe.

Dieser Mann war ein katholischer Pfarrer. Außer mir wußte das keiner. Drei Jahre zuvor noch besaß er ein kleines Motorboot, wie sie unter der Bezeichnung Flitzer über die Wasserstraßen fegen. Er hatte seinem 3,85 Meter langen Boot einen 35-PS-Motor aufgepackt, so daß das kleine übermotorisierte Ding klappernd wie ein Holzpantoffel auf Ziegelpflaster übers Wasser schepperte. Diesem Umstand verdankte ich die Bekanntschaft mit ihm. Eines Wochentags, als er allein auf der Bank unterhalb von Heinzis Schuppen saß, sprach ich ihn an:

„Was würdest du davon halten, wenn du einen Sandsack vorne in dein Boot legtest? Das drückt ihm die Schnauze nach unten, es läuft dann flacher und knallt nicht so."

„Da können Sie schon recht haben, nur habe ich keinen Sandsack", meinte er.

Das aber war kein Problem. Ich besorgte einen, und wir ließen das Boot auf dem Hänger zu Wasser, packten den Sandsack ins Vorschiff, und knatternd stob der Eigner davon. Zufrieden mit dem Resultat, legte er wieder an. Wir gingen zur Bank ans Wasser.

Da er auf mein familiäres Du nicht eingegangen war, redete ich ihn künftig mit Sie an und lud ihn zu einem Korn an der Theke meines Vereins ein.

Erschrocken wehrte er ab.

„Na, dann vielleicht einen Sprudel?"

„Ja, gern. Aber könnten wir den nicht hier draußen trinken? Ich bin kein Freund von Theken und Lokalen", sagte er.

Ich betrachtete ihn erstaunt, aber anerkennend, nicht nur deswegen, weil seine Verhaltensweise von meiner erheblich abwich, sondern weil unter Wassersportlern viel Mut dazugehört, sich so abnorm zu benehmen und das auch noch laut zu äußern. Ich kannte kaum einen Segler, der in einen Schnaps gespuckt hätte.

Ich holte also zwei Zitronensprudel mit Gläsern herunter. Als er sein Glas hob, bemerkte ich seine schmalen, gepflegten Hände mit absolut sauberen Fingernägeln. Unauffällig steckte ich meine in die Hosentaschen. Aber schließlich hatte ich schon an meinem Boot gearbeitet, und ich war es auch gewesen, der den Sandsack gefüllt und in den Tuffel gehoben hatte. Die Hände schienen mir nicht unbedingt dazu geeignet, eine Vorleine auf der Schleppklampe sicher und zu Heinzis Zufriedenheit zu belegen.

Wir plauderten so ein bißchen dahin. Ich wußte einfach nicht, wie ich ihn einstufen sollte. Studienrat mit Schwerpunkt alte Sprachen? Bibliothekar? Besitzer einer Kunstgalerie? Plötzlich sagte er:

„Ich sehe Ihnen an, wie merkwürdig ich Ihnen vorkomme. Ich bin katholischer Priester. Trotzdem wäre ich Ihnen dankbar, wenn Sie's für sich behalten würden."

Natürlich ließ ich mir mein Erstaunen so wenig wie möglich anmerken, und das nicht nur, weil ich evangelisch bin. Ich kannte zwar einen jungen evangelischen Pastor, der ein schweres Motorrad fuhr, daß aber katholische Pfarrer so was auch durften . . .

Jawohl, sie dürfen das. Ich bin der Sache ganz vorsichtig nachgegangen und habe herausbekommen, daß die Vorgesetzten meines Pfarrers es zwar lieber gesehen hätten, wenn er sich in seiner Freizeit mit Gitarre und Geige vor der gläubigen Jugend produziert und mit dieser in Jugendzirkeln und Altersheimen eine flotte Country music hingelegt hätte, sie konnten aber auch gegen einen so wunderbaren Sport, wie es der Wassersport nun einmal ist – gewissermaßen Gottesdienst in freier Natur –, wenig einwenden und taten das auch nicht.

Das taten nur die älteren Gemeindemitglieder, die sich in spießbürgerlicher, laienhafter Phantasie ihren Pfarrer mit wehender Soutane barfüßig auf einem Surfbrett vorstellten. Ihretwegen hatte sich mein Pfarrer 75 Kilometer von ihnen abgesetzt und bei Heinzi um einen Liegeplatz für sein Boot nachgesucht und ihn auch erhalten.

Ich jedenfalls war stolz auf diesen Wassersportkollegen, suchte seine Gesellschaft, wo immer es möglich war, und wahrte sein Inkognito, das mir immer begreiflicher wurde. Natürlich war ich zunächst ein wenig erstaunt, warum er sein seelsorgerisches Handwerk so geheimhielt, aber schnell begriff ich, warum er das tat, und begriff auch, daß ich alles andere, nur kein wassersporttreibender katholischer Geistlicher sein mochte. Das ist schnell erklärt.

Eines Vormittags saßen der Pfarrer und ich, einen kleinen Hafenrees haltend, wieder auf unserer Bank am Wasser. Da kam Konny seines Weges daher. Braungebrannt und ausgeruht war er soeben aus Spaniens Sonne zurückgekehrt. Er setzte sich zu uns und steuerte sofort auf Thema Nummer eins los, nämlich die spanischen Señoritas. Er wußte sie und sich nicht genug zu loben und machte sich gerade daran, seine Heldentaten mit Fotos zu untermauern, als der Pfarrer wegging.

„Was ist denn mit dem los?" fragte Konny erstaunt.

„Laß den man, der ist Guttempler oder in der Heilsarmee oder so was", erwiderte ich.

„Heilsarmee?" wiederholte Konny. „Na, dort wird der bestimmt General!"

Konny ging weg, und der Pfarrer kehrte zu unserer Bank zurück. Friedlich plaudernd saßen wir wieder zusammen, als irgendein anderer sich dazusetzte. Die Weser hoch kam eine große weiße Motoryacht mit Hamburger Flagge, vermutlich auf dem Wege zum Mittellandkanal. Hoch oben auf der Flybridge stand stolz und hochaufgereckt der Schiffsführer mit weißer Mütze und drehte lässig am Rad – wirklich ziemlich angeberhaft anzusehen.

„Nu kiek dir den Heini an, wie so'n Storch auf 'nem Nonnenkloster", sagte der Neuankömmling.

Der Pfarrer schwieg betreten und sah zur Seite. Ich versuchte ihn zu trösten, indem ich ihn darauf hinwies, daß er abends in seinem Kirchdorf ja wieder seine Ruhe haben würde.

„Das denken Sie sich so, aber Sie schießen neben das Ziel", sagte er.

Da hätte er beispielsweise einige Tage zuvor ein junges Paar getraut und wäre am Nachmittag zu einer Tasse Kaffee ins Hochzeitshaus geladen worden. Auf dem Glanzledersofa habe ein Förster neben ihm gesessen. Die Jagdgeschichte, die der aufzutischen gewußte habe, sei zwar sehr schön, aber schließlich für alle Teile doch ein bißchen peinlich gewesen. Da sollte von dem Förster nämlich ein Fuchs geschossen werden. Dazu hatte er sich gut getarnt in der Nähe des Baues angestellt und geduldig gewartet. Wörtlich klang der Jagdbericht dann treuherzig so aus: „Und was glauben Sie, Herr Pfarrer, was dieser verfluchte schlaue Schweinepriester macht? Er macht kehrt und verschwindet in seinem Bau."

Wir lachten zwar beide, aber ich sah ein, daß mein Pfarrer es in seinem Kirchdorf auch nicht sehr viel leichter hatte. Aber letztlich war das sein Bier, er wollte das ja werden. Sein Boot hat er mittlerweile verkauft, aber er ist alle Augenblicke am Wasser und in der Nähe von Schiffen zu finden.

An diesem Auslagerungstag motorte ich also knatternd und stänkernd die kurze Strecke weseraufwärts, schwenkte dann hart Steuerbord in unseren Vereinshafen und machte auf dem mir zugewiesenen Liegeplatz Nr. 25 fest.

Zwei Tage später sollten sämtliche Vereinsmitglieder Zeugen einer meiner größten Blamagen werden. Es war Sonntag, der 13. April. Mein Motor mußte zehn Stunden eingefahren werden. Wie bereits gesagt, handelte es sich um einen im Schacht liegenden Außenbordmotor. Ich bin deswegen ein Freund dieser Motorart, weil ich sowohl auf der Nordsee als auch auf der Ostsee schon mehrfach treibende Netzteile oder Plastiktüten in die Schraube bekommen habe. Man ist dann keineswegs hilflos, vielmehr hebt man den Motor aus seinem Schacht, befreit die Schraube mit Messer und Marlspieker von Netzwerk und Plastik, und schon geht die Reise weiter.

Kurz und gut, an diesem 13. ließ ich meinen Motor an, warf die Festmacher von Spundwand und Pfählen los, gab dem Boot mit dem Fuß einen kräftigen Schubs achteraus und legte das Ruder hart backbords, um ins schmale Hafenfahrwasser einzuscheren. Das hatte ich in diesem Hafen zehn Jahre lang unzählige Male gemacht, ohne dabei je ein fremdes Schiff zu berühren. Wenn das Schiff dann dem Ruder zu gehorchen beginnt, gibt man noch einen kräftigen Motorschub achteraus, geht in eleganter Kurve bis dicht vors Heck des gegenüberliegenden Schiffes, legt dort den Vorwärtsgang ein, und schon dampft die Fregatte dem Hafenausgang und damit der freien Weser zu.

So jedenfalls hatte ich mir das gedacht. Nun besitzen diese Motoren aber eine Sperre, die dazu dient, den Motor hochklappen zu können, sie tut das automatisch, wenn der Motorschaft unter Wasser einem Hindernis begegnet. Das ist sehr durchdacht. Nur bei „rückwärts" muß diese Sperre unter allen Umständen eingerastet sein, weil die quirlende Schraube sonst den Schaft nach oben zieht und wirkungslos wird. Darauf hatte ich natürlich geachtet und war sicher, daß die Sperre fest in ihrer Raste saß.

Als ich nun den eleganten Gasschub achteraus geben wollte, sprang die Schraube heulend der Wasseroberfläche entgegen, und ich sah entsetzt, wie AZIMUTH vierkant auf das Heck des gegenüberliegenden Jollenkreuzers zutrieb. ,,Ramming – Ramming – Affenschande – Zuschauergrinsen – Renommee im Eimer!" So etwa dachte ich, ehe ich den Vorwärtsgang nach vorn riß und ,,voll voraus" gab. Vermutlich durch die Schrägstellung des Schaftes bedingt, sprang der Gang aber nur in den Leerlauf. Der Motor heulte zum Gotterbarmen und zeigte keinerlei Wirkung.

Weil es Sonntag war, befand sich die Jollenkreuzer-Besatzung an Bord und kam, als sie das Koyotengeheul meines Motors hörte, ins Cockpit gestürzt. Hilfreiche Hände streckten sich aus und hielten mich vom Heck ab. Die Karre kam zum Stehen, der Schaft fiel in Raste und Halterung zurück. Es gelang mir, den Vorwärtsgang einzulegen, aber der Bogen, den das Schiff jetzt lief, war zu weit, zumal ein Segler seinen Mast gelegt hatte und damit das Fahrwasser noch mehr einengte. Unaufhaltsam lief ich wieder auf ein Heck zu. Auch von diesem hielten sie mich ab und schoben mich angewidert von sich. Erst jetzt bekam ich die Sache halbwegs in den Griff.

Das Fazit dieses verunglückten Unternehmens ist folgendes: Es ist falsch, daß Einhandsegler immer alles alleine machen wollen, auch wenn viele hilfreiche Hände vorhanden sind, die zufassen wollen.

Es ist ferner falsch, mit einem nicht ausprobierten Motor im eingeengten Hafenbecken Kapriolen schlagen zu wollen.

Trotzdem hat mir dieses Mißgeschick versöhnlich einen tiefen Einblick in die lauteren Charaktere meiner Segelfreunde und Vereinskameraden gewährt. Da kamen sie heran, Rolf und Helga, Andreas und Inge, Jochen, Helmut, Gerd und Otto, sahen mir ins schuldbewußte Antlitz und sagten fast übereinstimmend und trostspendend:

„Laß man, Alter, so was vergißt sich auch wieder."

Jeder Wassersportler aber weiß, daß sich so etwas, schon wegen des großartigen Gesprächsstoffs, so schnell nicht vergißt, jedenfalls so lange nicht, bis dieses interessante Ereignis von einem neuen, noch interessanteren abgelöst wird. Auf vorliegenden Fall traf das ganz besonders zu.

Ein Segler nämlich belegte mich mit einer Fülle von Verbalinjurien und konnte sich in Mutmaßungen nach alkoholischen Zusammenhängen nicht genug tun. Dabei war ich nüchtern wie ein Kameltreiber mitten in der Sahara. Dieser Segler hatte aber auch allen Grund zu seinem Verhalten, weil er im Seglerpech mein Vorgänger war. Er hatte im Jahr zuvor auf der Unterweser eine Tonne so umgenietet, daß sein Boot eine Beule von der Größe einer Kinderbadewanne davontrug. Nun war er natürlich überglücklich und tat das mit lautem Protestgeschrei gegen mich und AZIMUTH kund, obgleich ich sein Pech mit der Tonne aus dem Rampenlicht des Vereinslebens in die Kulisse der Vergessenheit geschoben hatte.

Dafür stand nun ich im Scheinwerferglanz unverhohlenen Vereinsinteresses. Ich war jetzt derjenige, der auf den nächsten Pechvogel warten mußte, um abgelöst zu werden und im Dämmer langsamer Vergeßlichkeit unterzutauchen. Betrübt fiel mir der Ausspruch eines berühmten Mannes ein, der da lautet: „Der Erfolg hat viele Väter, der Mißerfolg aber bleibt ein armes Waisenkind."

Früh am anderen Morgen wollte ich nun endlich mit der Einfahrerei beginnen. Steifbeinig kletterte ich über den Bugkorb und ging ins Cockpit, hob die Schachtklappe hoch und warf einen angewiderten, schiefen Blick auf den japanischen Motor, von dem ich den Eindruck gewann, daß er mir mit typisch asiatischer Grimasse ins Antlitz starrte.

Die Umstände als Einhandsegler bringen es oft mit sich, daß ich manchmal ein bis zwei Tage ohne Landsicht segle. Wenn man alt ist, neigt man dann dazu, mit den Dingen, die einen umgeben, zu plaudern. Ich murmele beispielsweise anerkennend mit Pinne, Kompaß, Selbststeueranlage oder prall im Wind stehendem Vorsegel oder schimpfe lauthals mit der Primusdüse, wenn sie stänkert.

Diesem glänzenden, schlitzäugigen Asiaten vor mir im Motorschacht aber hätte ich am liebsten eins in die lackierte Fassade gepfeffert, weil er mich vor den Augen meines Vereins vom Mandarin zum Kuli degradiert hatte. Ich hob die Motorhaube hoch und sah ihm in die Eingeweide. Dabei ergab sich, daß er an den betrüblichen Vorkommnissen nicht die geringste Schuld trug: Im Winterlager war mir ein Dreimillimeterbohrer abgebrochen. Das Bruchstück war ins empfindliche Federwerk der Motorsperre geraten und hatte sich dort verklemmt. Mit einer Pinzette holte ich den Störenfried heraus.

Ich kenne zahlreiche Segler, die vorm Anlassen eines nicht ganz zuverlässigen Motors ein Kreuz über ihm schlagen. Das tue auch ich oft. Aber hier, bei diesem Buddhisten vom Fudschijama, erschien mir dieses christliche Symbol unangebracht. Undurchschaubar, schweigend sah dieser Motor zu mir hoch. Nach einem Augenblick des Nachdenkens sagte ich deshalb zu ihm:

„Na, Sohn des Himmels, wie ist das nun mit uns beiden?"

Offensichtlich war das richtig, denn als ich ihn anließ, kam er sofort. Da ich diesmal allein im Hafen war und maliziöses Zuschauergelächter nicht zu fürchten brauchte, schob ich AZIMUTH achteraus, um das mißglückte Manöver noch einmal ins unreine zu fahren. Der zunächst zu steuernde Rückwärtsbogen war freilich nicht wie mit dem Zirkel gezogen, sondern ein wenig zittrig. Der Schreck schien mir noch ganz schön im Gebein zu sitzen.

Der „Sohn des Himmels" aber tat mit der sprichwörtlichen Geduld seiner Rasse seine seemännische Pflicht, stoppte sofort, als er den Befehl dazu erhielt, und brachte mein Schiff im Vorwärtsgang in schönem, gleichmäßigem Bogen in die Box zurück, wo ich mich vergnügt daranmachte, AZIMUTH aufzuriggen. Zehn Stunden Motoreinfahren lagen vor uns. Wir hatten Zeit, denn erst einen Monat darauf wollte ich mich auf den Weg in die Ostsee machen.

Als der Mast stand und Stander und Flögel vergnügt über ihm in der Mogenbrise zappelten, kam Heinzi seines Weges daher. Das Vorstag stand fest gespannt über dem Fockroller. Heinzi ergriff es mit dem Zeigefinger, legte sein Ohr daran, zupfte mit dem Finger an ihm und sagte:

„Besser hätte der Karajan das auf 'ner Harfe auch nicht hingekriegt."

Na, wenigstens ein Kompliment in dieser schwarzen Zeit seglerischen Pechs.

Und los kann die Reise gehn

Ein alter Bekannter: der Schleusenmeister Karl – Der schwärzeste Tag in der Geschichte des Weserwehrs – Katastrophendidi im Einsatz – Im Land der Butjadinger

Der Mai war ins Land gekommen und hatte alle seine Frühlingsherrlichkeiten mitgebracht. In den Auwiesen – 20 Bootsminuten weseraufwärts, oberhalb unseres Hafens – wuchtelten mir schon die Kiebitze wie schwarzweiße Lappen um die Ohren und schrien unablässig ihren Namen in den Frühlingswind hinaus. Sie hatten es gar nicht gern, wenn AZIMUTH unter der großen weißen Genua in der leichten Morgenbrise lautlos und in Ufernähe auf sie zugeweht kam. Sie waren ihrer Frauen wegen beunruhigt, die im Wiesengras auf ihren Gelegen saßen und bald auf eine Menge kleiner Kiebitzkinder aufzupassen haben würden. Es waren alles Kiebitzhähne, die mich da umflogen. Die Natur hat nur den Männchen die Schwingen ein wenig verbreitert, damit sie dieses sausende Wuchtelgeräusch erzeugen können. Kiebitzfrauen fliegen lautlos.

Meine Regenpfeifer – die Austernfischer – aber kümmerten sich nicht um mein Schiff und jagten in schnellem Flug hinter ihren Weibchen her. Etwas weiter entfernt tönte vom moorigen Wiesenteil der zärtliche Flötenton des großen Brachvogels herüber. „Tlahüt-tlahüt", rief er, und sein melodisches Flageolett ging in helle Triller über, wenn er balzend hoch im Himmelsblau seine Schwingen erzittern ließ. Mißtönend kreischte das gefräßige Volk der Lachmöwen in Lerchengedudel und Kuckucksruf und bettelte mir den größten Teil meines Frühstücksbrotes ab.

Genau wie eben geschildert war der Frühlingsmorgen, an dem ich in aller Herrgottsfrühe über die schmale Eisenbrücke des Weserwehrs ging, um an Bord meines Schiffes zu klettern. In der einen Hand trug ich den Seesack, in der anderen eine große Einkaufstasche mit Sichtfenster, in der mein Kater Pit pennte. Die finnische Seglerin Britta hatte ihn mir einst im Arkösund, im schwedischen Schärengarten von Stockholm, geschenkt, damit ich nicht immer so allein segle. Damals noch ein ganz kleines, blauäugiges Siamkätzchen, war inzwischen ein selbstbewußter, ausgewachsener Kater daraus geworden, der auch in den Häfen sehr weit entfernter Seegebiete nicht unbekannt ist. Seinetwegen war ich eine halbe Stunde zu spät dran, weil er sich die Nacht herumgetrieben hatte und erst kurz zuvor an die Burg gekommen war, wie man so sagt. Das war mir unangenehm, denn um sechs Uhr lief der Schleusenbetrieb an, in den ich mich einzufädeln gedachte.

Hier aber, am Brückenanfang, begann Pit zunächst in seiner Tasche zu rumoren und dann kläglich zu miauen. Ich hob die Tasche hoch und sah ihm durch das Sichtfenster in die Augen. Sie waren porzellanblau und vor Angst so groß wie Untertassen. Das war auf das Getöse zurückzuführen, das vom Fluß her zu uns heraufdröhnte. Im Teutoburger Wald, im Wesergebirge, im Deister und Solling waren starke Gewitter mit langanhaltenden Regenfällen niedergegangen. Die Hochwasserwelle hatte uns jetzt erreicht. Unter ohrenbetäubendem Brausen, Dröhnen und Zischen schossen die tobenden Wassermassen unter der Brücke hindurch und stürzten in schäumendem, kochendem Strudel über die Wehrkante.

Am 11. Februar, als unsere Schiffe noch im Winterlager waren, ereignete sich hier – gewissermaßen vor unserer Haustür – eine Katastrophe, die zwei Seglern das Leben kostete und ihre Yacht zerstörte. Darüber werde ich gleich noch berichten.

Zunächst aber beruhigte ich meinen Kater, indem ich meine Nase an sein Sichtfenster drückte. Tier und Mensch sahen sich an, Nase an Nase, Auge in Auge, nur durch ein papierblattstarkes Sichtfenster voneinander getrennt. Pit und ich kennen uns – immer im Rahmen unserer gegenseitigen Möglichkeiten – sehr genau und wissen eine Menge voneinander. Also begriff er auch hier, daß ich alles für ihn tun würde, falls wir in die tobenden Strudel unter uns geraten sollten. Beruhigt flegelte er sich, vom nächtlichen Ausflug mit stets damit zusammenhängenden Kämpfen und Abenteuern noch arg strapaziert, auf sein Kissen zurück. Unangefochten erreichten wir unseren Hafen.

Jeder von uns Seglern hier, dessen Schiff an der dem Land zugekehrten Seite des Hafens liegt, muß, wenn er an Bord will, ein gleich vorne-an festgemachtes Boot passieren, dem er sein vermehrtes Interesse zuwendet. Er späht aufmerksam nach dessen Wasserpaß, um festzustellen, ob der sich in gutem, ausgewogenem Verhältnis zur Wasseroberfläche befindet. Ist das nicht der Fall, eilt er unverzüglich zum Telefon und beordert den Eigner herbei. Diesen nennen wir insgeheim „Käptn Grausam". Meist trägt er eine weiße Mütze, die mit mancherlei Emblemen und sonstigem Zierat geschmückt ist, was ihn indes nicht hindert, keine Gelegenheit auszulassen, sein Schiff wegen mangelhaft geschlossener Ventile oder durchgerostetem Schwertkasten im Vereinshafen abblubbern oder vor Schleuseneinfahrten die Festmacheleinen fahren zu lassen und quer vors Schleusentor zu treiben. Wenn nur die geringste Möglichkeit besteht, Großbaum oder Mast aufs Deck donnern zu lassen, nimmt er sie wahr.

Weil ihm aber derlei Dinge so gut wie nichts ausmachen, betrachten wir interessiert sein oft unverständliches Tun. Mir selbst gibt seine wurschtige Einstellung zu den Dingen zu denken, und ich frage mich, ob seine Lebensphilosophie nicht vorteilhafter ist als die unsrige.

Um sechs Uhr war ich, den Mast der kommenden Brücken wegen, säuberlich in die Schere gelegt, vor der Schleuse, die zur Unterweser führt. Diese Schleuse ist ein Sorgenkind von uns. Sie hat ein Dreivierteljahrhundert auf dem Buckel. Auch heute standen wieder Zementtrommeln auf ihr. Damit sie noch halbwegs zusammenhielte, bekam sie wieder einmal ein Zementklistier. Nicht selten fällt einem im Schleusenbecken ein Zementbrocken aufs Deck, überall rieselt ihr der Kalk unterm Rock hervor. Karl ist ihr Meister. Wir sind Freunde.

Die Mütze im Genick, stand er auf seinem Schleusentower und peilte die Lage. Außer mir wartete nur noch ein Binnenschiff auf die Schleusung. Durchs Glas studierte ich aufmerksam Karls Gesicht. Noch hatte er mein Schiff nicht erkannt, dann aber sah er in meine Richtung, und ein zufriedenes Lächeln verschönte seine Seemannszüge. Dieses verdammte Lächeln kenne ich sattsam.

Unsere Schleuse verfügt über zwei Kammern. Für vorliegenden Fall ließ Karl das Licht vor der kleinen Kammer auf Grün springen. Das Binnenschiff lief ein.

„Sportboot einlaufen, auf Backbordseite festmachen", ließ er mich durch die Sprechanlage wissen.

Er kam jetzt die Leiter von seinem Turm heruntergestiegen und nahm dort Aufstellung, wo ich anlegen mußte. Zunächst würde er hoch über mir stehen; wenn das Wasser dann aber gestiegen sein würde, würde sich mein Kopf in Höhe seines Knies befinden. Auf diese typische Untertanenperspektive wartete er, denn dann konnte er zu mir sagen: „Also, mein lieber Freund, schlaf nur dieses eine Mal nicht, und sieh dir diese Schleusung sehr genau an, vor allen Dingen aus welcher Richtung das Wasser kommen wird, damit du in deinem nächsten Buch nicht wieder wo einen Bockmist schreibst. Wir sind hier nämlich tidenabhängig. Capito, Brodelhorst?"

Die Zusammenhänge sind die, daß die Klasingleute im Jahre 1979 ein Buch von mir veröffentlicht haben*. In diesem habe ich einen kapitalen Bock geschossen. Locker mit meinen Lesern dahinplaudernd, ließ ich damals, unter völliger Außerachtlassung der Tidenverhältnisse, das Wasser munter von der falschen Seite in die Schleuse „brodeln". Kein Mensch hat das gemerkt. Mein Freund, der Schleusenmeister Karl, aber ist kein Analphabet. Als ihm das Buch in die Finger fiel, fühlte er sich zunächst in seiner Schleusenmeisterehre gröblich verletzt, hängte mir den Spitzenamen „Brodelhorst" an und ließ keine Gelegenheit aus, mich in seinem Amtsbereich seine Befehlsgewalt spüren zu lassen.

Fieberhaft sann ich auf Abhilfe. Ich fand sie. Ich stellte zwei Dosen Bier aufs Schiebeluk des Niederganges. Als ich unter Karl festmachte, schwankte er lange zwischen Spottlust und solidem Männerdurst und entschloß sich dann, letzterem nachzugeben. Als ich mit dem Kopf seine Knie erreicht hatte, gab ich ihm erst die Hand und dann die beiden Bierdosen. In diesem Moment hätte er ja sein „Na, Brodelhorst?" an den Mann bringen können. Er ist ein so lauterer Charakter, daß er das nicht tat. Er fragte lediglich:

„Na, wo geht die Reise hin?"

„Zu den Jungfern-Inseln", erwiderte ich.

---

*) Horst Haftmann „Oft spuckt mir Neptun Gischt aufs Deck", Verlag Delius Klasing & Co., Bielefeld

„Mensch, das ist doch in der Karibik, wenn mich nicht alles täuscht. Was hast du denn da verloren?"

„Sie suchen da, auf den Virgin Islands einen Tanzlehrer für Fruchtbarkeitstänze."

Karl war eine Sekunde verdutzt und dachte nach, ehe er sagte: „Wär's für dich nicht besser, die Weihnachts-Inseln anzusteuern? Sie sollen dort einen Weihnachtsmann suchen."

Man merkt, daß Karl seebefahren ist.

Wir grinsten. Ich sagte, daß ich nach Norwegen wolle, und wünschte ihm eine schöne Zeit.

Abschiednehmend hob ich die Hand, denn behäbig öffnete sich das Schleusentor. Das ist für mich immer wieder ein beglückender Augenblick, denn mit Passieren dieses Tores habe ich Anschluß an die sieben Weltmeere. Nichts liegt mehr dazwischen. Wenn ich wollte, könnte ich geradenwegs zu den Lofotfischern im Norden oder zu den Kanakern in die Südsee segeln. Besonders bei letzteren soll es wunderschöne, rehäugige Mädchen geben. Verhältnismäßig glaubwürdige Bekannte, die da waren, haben es mir erzählt. Sie, die Mädchen, sollen jedoch sehr schlechte Zähne haben und dem Touristen für ein Kunststoffgebiß wochenlange Freundschaft zusichern – und Kunststoffgebisse sollen dort gar nicht mal so teuer sein. Das sind natürlich Dinge, die mich aus Gründen der Allgemeinbildung außerordentlich interessieren, aber andererseits wollte ich nicht zu den Südseemädchen, sondern zu Britta. Die aber hat blonde Haare, blaue Augen in einem schmalen, braunen Gesicht und so schöne ebenmäßige, weiße Zähne, daß sie damit spielend jede Haselnuß aufbeißen könnte, was man mit einem Kunststoffgebiß sicher nicht kann.

Mit langsam drehender Schraube machte sich das Binnenschiff vor mir auf den Weg nach Bremerhaven. Der kleine Bordhund schien Segelbooten nicht wohlgesonnen zu sein und als Pit aus der Kajüte hochkam, um sich belästigt diesen Kläffer anzusehen, rissen dessen Nerven. Er heulte und wimmerte vor Wut wie ein Schakal und mußte vom Schiffsjungen unter Deck geschubst werden.

Unmittelbar hinter der Vorschleuse hielt ich hart Steuerbord und motorte dem Weserwehr zu. Hier war der Teufel los. Die Wassermassen stürzten in brausenden Kaskaden über die Wehrkrone und wurden vor mir am Wehrfuß über stählerne Eisbrecher gejagt, die sie meterhoch aufschäumen ließen. Der Bug von AZIMUTH war nach Südosten gerichtet. Dort stand zu dieser Morgenstunde die Sonne und beleuchtete die tosenden, brüllenden, aufgepeitschten Wassermassen. Ein unbeschreiblich schönes, erregendes, furchteinflößendes Bild bot sich mir. Über dem versprühenden Wasserdunst spannte sich weit ein Regenbogen. Über jedem Eisbrecher wiederholte er sich und stand wie von Diamanten umfunkelt, die in Raketenbündeln in die Höhe schossen, in schimmernden Gloriolen über dem Flugwassergischt. Darüber erhob sich finster und schattenhaft die Wehrbrücke, anzusehen wie ein ernster, düsterer Rahmen über einem kostbaren Bild. Hier hatte sich drei Monate zuvor die Katastrophe ereignet, die uns Seglern so zu Herzen ging, weil da zwei Kameraden mit ihrem Schiff in diese tobenden Strudel gerissen wurden, und die junge Frau des einen das alles mitansehen mußte.

100 Meter oberhalb dieses Hemelinger Weserwehrs liegt eine Bootswerft, die sich einst auf den Bau von Segelyachten spezialisiert hatte. Man begegnet diesem Schiffstyp oft auf dem Wasser, und die Eigner sagen ihm gute Segeleigenschaften nach. Auch in meinem Vereinshafen gibt es einige davon. Sie waren nicht allzu teuer, sondern, wie man jetzt wissen will, zu billig, vermutlich wegen einer falschen Kalkulation. Im Winter jedenfalls ging es wie ein Lauffeuer durch die Bremer Segelvereine, daß die Werft am Weserwehr in Konkurs zu geraten drohe. Für uns Nachbarn eigentlich schwer vorstellbar, doch von befreundeten Bootsbauern auf der Werft erfuhren wir, daß die Auftragslage zwar keinesfalls schlecht, für regelmäßige Lohnfortzahlungen jedoch kein Geld vorhanden sei, so daß der Werftinhaber, um sich über Wasser halten zu können, bereits Kundenschiffe an Banken verpfändet habe. Wer Segler ist und vielleicht sogar ein Schiff im Winterlager oder als Neubau auf einer so bedrohten Werft in Auftrag gegeben hat, weiß, welche Katastrophenstimmungen derlei Nachrichten auslösen.

Jeder also, der mit der Werft in geschäftlicher Verbindung stand, versuchte zu retten, was noch zu retten war. Vielen gelang es tatsächlich, ihr Schiff aus der Konkursmasse herauszumanövrieren und möglichst weit weg im sicheren Hafen anzubinden. Es war ein warmer Winter, in dem die Weser zwar hohes Wasser, aber kein Eis führte. Trotzdem ließen anhaltende Regenfälle und die Schneeschmelze die Pegel von Ober- und Unterweser unablässig steigen, so daß durch enorme

Stromgeschwindigkeiten selbst die Binnenschiffahrt teilweise lahmgelegt war.

Am 11. Februar nun, dem schwärzesten Tag in der Geschichte dieses überalterten Wehres, war wieder ein besorgter Segler herbeigeeilt, der seine 10-Meter-Yacht im Vorjahr bei der Werft gekauft und dort für den Winter eingelagert hatte. Rechtlich abgesichert, erschien er mit Sohn und Schwiegertochter, um sein Boot abzutransportieren. Zum Beweis des Rechts auf Herausgabe des Schiffes hatten sie gleich einen Gerichtsvollzieher mitgebracht. Die Werft erkannte den Anspruch an und gab das Schiff frei.

Voller Grauen starrten die beiden Segler auf die vorüberschießende Strömung, voller Sorge hörten sie das brüllende Tosen der Wassermassen vom nahen Wehr her. Sie waren froh, kein Risiko eingehen und mit dem Schiff in diesen Hexenkessel hinaus zu müssen. Geduldig warteten sie auf den Tieflader, den sie bestellt hatten. Jedoch vergeblich. Durch den Konkurs verunsichert, wollten sie aber unter allen Umständen ihr Boot vom Werftgelände weg haben. Sie schienen sich in so angsterfüllte Kopflosigkeit hineingesteigert zu haben, daß sie beschlossen, die Werft auf dem Wasserwege zu verlassen. Eine gewisse Sicherheit gab ihnen der neue 36-PS-Bugh-Diesel, so daß sie alle guten Ratschläge der erfahrenen Werftbelegschaft, die Finger von dem waghalsigen Unternehmen zu lassen, in den Wind schlugen. Der Plan war jetzt der, dicht am Ufer, wo der Strom nicht ganz so stark war, mit Full speed stromaufwärts zu gehen, weit oben dann in weitem Bogen das Weserwehr zu erreichen oder zunächst notdürftig in unserem Vereinshafen festzumachen.

Wenig später hing die Yacht am Kran und wurde, vom Ufer aus durch Haltetrossen gesichert, zu Wasser gelassen. Zuverlässig brummte der starke Diesel los, er schien die Gegenströmung spielend zu schaffen. Die Leinen wurden losgeworfen, und scheinbar mühelos lief die Yacht in Ufernähe stromaufwärts.

Plötzlich scherte das Schiff nach Steuerbord aus – Fachleute meinen, daß sich die Ruderanlage verklemmt hatte – und begann sich in Spiralen zu drehen. In diesem Augenblick war es sofort ein Spielball des tobenden Stroms. Es schoß aufs Wehr zu, durchbrach mühelos die dort gespannten Fangdrähte und stürzte über die Wehrkante drei Meter tief den Strudel hinunter auf die stahlbewehrten Eisbrecher.

Die Belegschaft war wie erstarrt. Bis auf einen. Hoch erklingt das Lied vom braven Mann, dessen Name hier nicht verschwiegen werden soll. Hans von Twistern, Motorenspezialist der Werft, raste zum Wehr herunter. Da lag das Schiff in Gischt und Schwell in den Eisbrechern. Ein Stück weserabwärts sah von Twistern einen Anorak treiben. Ohne zu zögern, sprang er in den eiskalten Strom und schwamm mit dem Ohnmächtigen an Land, wo helfende Hände das Rettungswerk vollendeten. Der Gerettete war der jüngere der beiden Segler, er hatte das Boot gesteuert.

Die Rettungstat wurde nicht belohnt. Wer einmal bei Hochwasser von der Brücke übers Wehr hinuntergesehen hat, weiß, daß niemand lebend diesem Inferno entrinnen kann. Der Sohn, von den Eisbrechern schwer verletzt, erlangte das Bewußtsein nicht wieder. Der Vater wurde viele Wochen von der Weser nicht hergegeben.

Das schlimmste Los aber traf die junge Frau. Sie mußte das alles vom Ufer aus mitansehen. Wie man sagt, erwartete sie ein Kind.

Ich habe vorhin von dem Segler Wolfgang erzählt; es ist der mit den Zigeuneraugen und dem 10000-Mark-Scheck, der auf der Barkasse fährt. Er war später an der Bergung der verunglückten Yacht beteiligt. Der hat zu mir gesagt:

„Du, da war nichts mehr zu machen. Heck weggerissen, Steuerbordseite voll eingedrückt, nichts mehr reparabel. Soweit ich weiß, will die Versicherung wegen grober Fahrlässigkeit nicht zahlen. Mensch, dank doch bloß mal an die arme junge Frau."

Jeder von uns Wassersportlern weiß, in welch besserwisserischer Manier hinterher über ein solches Unglück geredet wird. Jeder hätte es besser gemacht. Von mir will ich in dieser Angelegenheit lieber nichts sagen. Ich gehöre zu den Leuten, die ihr Schiff über alles lieben und daher leichter bereit sind, dafür eine unverantwortliche Dummheit zu begehen, die nur dann sinnlos wird, wenn es nicht um das Schiff an sich, sondern nur um dessen Wertverlust geht.

Mein Besuch hier war eigentlich als Totenehrung zweier Kameraden gedacht. Ich wendete AZIMUTH und ließ mich vom schnellen Strom bis hinter die Brücken mitnehmen. Da konnte ich an einem Binnenschiff festmachen, den Mast aufstellen und meinen Weg zur See fortsetzen. Als mein Schiff dann unter Vollzeug munter dahinmarschierte, waren alle trüben Gedanken von der frischen Brise wie weggeblasen. Ich war dem Augenblick und damit der Welt der Seefahrt wiedergegeben.

Als ich die Vulkanwerft passierte, lag da ein Dreihunderttausendtonnenschiff an der Ausrüstungskaje. An der Bordwand des Riesentankers hingen klein wie Ameisen Männer mit blauzuckenden Schweißgeräten. Bugstrahlruder wie Scheunentore und Haltetrossen dick wie die Oberschenkel des Catchers Mustafa waren da zu sehen.

Ich hatte Farge querab. Dort senkt sich ein Höhenrücken, der bisher an Steuerbord neben mir hergelaufen war, in die weiten Wiesenpläne herab, die sich nun bis Bremerhaven erstrecken. Unmittelbar hinter dem sich senkenden Hügel steht ein großes Elektrizitätswerk. Klar, daß sich zwischen Hügelhang und Gebäudekomplex eine Düse bildet, die den Wind um wenigstens zwei Beaufort auffrischen läßt. Daß diese Düse wieder voll in Betrieb war, erkannte ich an der vor mir segelnden Yacht, die sich jäh überlegte.

Da hatte der Wind auch mich schon am Wickel, warf das Schiff hart auf die Backbordseite, Wasser kam aufs Deck geschossen und lief rauschend den Speigatten zu. Pit kam den Niedergang hochgesaust. Er sah mich lange und forschend an, weil er alles und jedes auf sich bezieht. Dann wandte er sich ab, vermutlich kopfschüttelnd, und machte sich mit größter Wahrscheinlichkeit wieder auf meiner Koje breit. Das war ihm verboten, aber er schien zu ahnen, daß ich im Augenblick nicht von der Pinne wegkonnte.

Dann wurde der Ebbstrom langsamer, verhaltener, die Tonnen stellten sich auf. Weit hinten sah ich Brake aufkommen. Der Weserstrom war jetzt breit geworden. Der Wind fing an zu schralen, und ich begann zu kreuzen. Es ist für mich ein großes, seglerisches Vergnügen, das Schiff locker und leicht von Ufer zu Ufer laufen zu lassen, durch den Wind zu gehen, Schot und Großbaum kommen zu lassen, die Fockschot blitzschnell dicht zu holen, mich zu freuen, wenn ich keinen Zentimeter verloren habe und das Boot sich elegant auf die Leeseite legt, oder aber laut zu fluchen, wenn die Fockschot sich auf der Schotwinde übertörnt und die Fock eine Weile herumflappt, bis sie wieder zu ziehen beginnt.

Verdammt noch mal, mir eilte doch nichts. Abends würde ich weit draußen im Watt ankern, am nächsten Morgen nach Helgoland segeln, und dann würde man weitersehen. Ich besaß doch im Augenblick alles, wonach mein Herz sich den langen Winter über gesehnt hatte. Ein Schiff unter vollen Segeln unter mir, eine wunderschöne Flußland-

schaft mit Möwengeschrei und Kuckucksruf, mit zappelndem Weidenlaub um knorrige Stämme an den Ufern um mich und weiße Buffwolken in blauer Himmelsseide über mir.

Die große Yacht PUMA lief stromaufwärts. Sie liegt in meinem Vereinshafen. Wir winkten uns zu. Trudi, die Eignerfrau, lachte und zeigte mit dem Finger schräg abwärts. Weil ich wußte was das bedeuten sollte, grinste ich so breit ich konnte zurück. Sie wies auf Wasser- und Benzintank. Gerd saß auf der Flybridge und führte mir in berechtigtem Besitzerstolz seine 480 Pferdestärken vor, die die PUMA in ihrem Bauch vorzuweisen hat. Er ist Pilot und fliegt normalerweise mit Riesenjets in der Weltgeschichte herum.

Dieser Flieger Gerd liebt seine Frau Trudi sehr, aber die Gerechtigkeit gebietet mir anzumerken, daß er seine PUMA nicht sehr viel weniger liebt. Dieses Schiff hatte er im Vorjahr bereits zur Ostsee überführt, es in einem Hafen festgemacht, sich noch für einige Tage in die Lüfte geschwungen, um dann seinen Urlaub anzutreten. Trudi machte die PUMA unterdessen urlaubsklar. Bei dieser Tätigkeit aber verwechselte sie die Einfüllstutzen von Diesel und Wasser und füllte letzteres munter in den Dieseltank. Spät erst bemerkte sie ihren Irrtum, stieg in den luxuriösen Salon herunter, sank auf ein Polster und rang dort verzweifelt die Hände.

In diesem Augenblick tiefster Depression muß wohl Rasmus leise den Salon betreten und ihr ins Ohr geflüstert haben: „Keine Panik, Schätzchen, da gibt's doch in Bremen unseren Katastrophendidi."

Didi ist Schornsteinfeger. Freilich nicht so einer, der mit Zylinder, Kugel und Besen in schwarzer Montur auf den Dächern umherbalanciert und den man als Glücksbringer zu Silvester anfassen kann, sondern ein gehobener Schornsteinfeger, mit Schlips und Kragen gewissermaßen. Er kann alles. Ein Spezialist auf jedem Gebiet par excellence. Den rief Trudi an. Katastrophendidi ist nicht nur ein fähiger, sondern auch ein sehr hilfsbereiter Mann. Unverzüglich schwang er sich in sein Auto und sauste zum Katastrophenort, wo ihn Trudi bangen Herzens erwartete. Dort angekommen, mußte allerdings auch er erst kurz nachdenken. Dann glättete sich seine gefurchte Stirn. Trudi, die sein Mienenspiel nicht aus dem Auge gelassen hatte, schöpfte neuen Mut.

Didi wußte, wie's weiterging. Diesel ist leichter als Wasser. Mittels eines Schlauches also das Wasser unten abgesaugt, bis Diesel kam, diesen vor den Motoren noch einmal abgefiltert, und gutmütig brummend nahmen die beiden Motorklötze ihren Dienst wieder auf.

Später mal, in einer stillen, glücklichen Stunde, hat Trudi ihrem Flieger das Mißgeschick gebeichtet. Ich kenne ihn sehr gut und brauche kein Prophet zu sein, um zu wissen, daß er die günstige Gelegenheit sofort beim Schopfe ergriffen haben wird, um bei seiner Trudi ein zusätzliches Fläschchen lockerzumachen.

Mit gewaltiger Heckwelle zog die PUMA an diesem Tage dahin. Ich wußte, daß ich ihr in dieser Segelsaison noch einmal begegnen würde. Wenn alles normal verlief, würde diese Begegnung im Ostseehafen Grenå stattfinden. Gegenüber liegt, mitten im blauen Kattegat, die kleine Insel Anholt – und da wollte ich hin. PUMA machte das in vier Tagen, ich hatte vierzehn Tage dafür angesetzt, schließlich jagte mich ja niemand. Aber PUMA brauchte dazu 1000 Liter, ich als Segler 20.

Zum Einhandsegeln ist nicht jeder geeignet. Nicht deswegen, weil man allein mit seinem Schiff nicht fertig würde – das lernt sich schnell. Man muß mit sich selber fertig werden können und eigentlich auch ein bißchen dafür prädestiniert sein. Älter geworden, bin ich sehr gern allein, durch nichts abgelenkt, und freue mich über all die wunderschönen Dinge, die eine Reise auf eigenem Kiel zu bieten hat. Allerdings tue ich auch einiges dafür. Ich will über die Länder, die ich besuche, über ihre Geschichte und ihre Menschen so gut es irgend geht Bescheid wissen. Da sitze ich dann manchen Winterabend im Schaukelstuhl, den Kater Pit auf dem Schoß, arbeite meinen Törn aus und studiere alles, was an seinem Wege liegt. Und das ist weiß Gott eine nicht zu bewältigende Menge.

Meine Vorfahren stammen aus Pommern, einem geschichtsträchtigen Grenzland. In weißem Mantel mit schwarzem Kreuz über der Rüstung ritt im Jahre 1226 der Hochmeister des Deutschen Ordens Hermann von Salza an der Spitze seines Ritterheeres nach Osten hoch hinauf nach Livland und Kurland, baute die Marienburg und zwang den heidnischen Preußen das Christentum auf. Einige hundert Jahre später, nachdem alles einigermaßen gefestigt war, kamen meine Vorfahren nach Hinterpommern gezockelt und machten sich da breit, bestellten das Land, saßen bald auf stattlichen Höfen und brachten den wenigen noch verbliebenen Heiden mit dem Knüppel ihr Ave-Maria und später ihr Vaterunser bei.

Jetzt habe ich hier eine neue Heimat gefunden, bin neugierig ihrer Geschichte nachgegangen und bewundere diese Nachfahren der alten Germanen noch mehr als meine Vorfahren. Hier gab's nie Sklaverei oder Leibeigenschaft wie mehr oder weniger bei uns in Pommern. Die Gründe, weswegen das hier nicht möglich war, sind einfach und einleuchtend. Ich verlasse gerade das Land der Stedinger und segle ins Land der Butjadinger hinein. Sie sind Nachfahren der Chauken, die so um Christi Geburt herum hier siedelten.

Zu allen Zeiten hatten sie es schwerer, als es meine Vorfahren in Pommern je hatten. Seit über 1000 Jahren sitzen sie hier oben vor der Nordseeküste im immerwährenden Kampf mit der „solten See", im immerwährenden Kampf um die Beherrschung der Wesermündung und mithin in immerwährenden Querelen mit den Bremern. Zwischen den beiden gibt's heute noch Spannungen, und die abwertende Feststellung „Ick bin doch kien Bremer" ist aus Butjadinger Mund häufig zu vernehmen. Diese Menschen sind von der Unbarmherzigkeit der See und der Härte des Lebens geprägt worden.

Meine Altvorderen nahmen in den Gründerjahren Dreschflegel und Knüppel zur Hand, wurden mit den Slawen schnell fertig und machten sie mehr oder weniger zu Leibeigenen. Hier war das anders. Hier kamen jählings mit der Flut die Wikinger, überfielen blitzschnell ein Dorf, raubten es aus und verschwanden mit ablaufendem Wasser wieder in den Weiten der Nordsee. Später fielen die Dänen, Schweden und Norweger ein, in den Augen der Butjadinger genau solche Tunichtgute, jedenfalls keinen Deut besser als die Wikinger. Unablässig kämpften sie ums nackte Dasein. Aber nur so konnte diese großartige Sache entstehen, die heute noch Friesenfreiheit heißt. Denn es war nicht angängig, daß ein freier friesischer Bauer seinen Knecht mit Helm, Schild, Schwert und Spieß ausrüstete, mit ihm Schulter an Schulter gegen den Feind focht, um ihn nach Beendigung der Gefahr wieder zum Sklaven zu machen.

Verheerende Flutkatastrophen, die sogenannten Mannstränken, hatten die Butjadinger zu überstehen, Sturmfluten, in denen Teile des Festlandes zu Inseln im Weserdelta wurden und die Stadt Aldessen im Jahre 1428 im Meer versank. Immer wieder aber hoben sie die Köpfe aus den Wesersümpfen und waren, wenn sich die geringste Gelegenheit bot, wahrhafte Schlitzohren. Ein solcher Lichtblick war für sie Napoleon. Um England zum Frieden zu zwingen, schloß er es vom Handel mit dem Festland aus und verhängte die sogenannte Kontinentalsperre. Das stank nicht nur den Engländern, sondern dem deutschen Hinterland genauso. Man jammerte nach gewohnten Genüssen wie Kaffee, Tee und Zucker, mit denen die Engländer schwunghaften und profitreichen Handel trieben. Schließlich handelte es sich um Produkte ihrer Überseeplantagen.

Na, das war doch eine Sache für die Butjadinger. Da halfen sie ihren darbenden deutschen Landsleuten im Hinterland doch gerne aus, da eröffneten sich ihnen doch großartige Perspektiven, an eine Menge Geld zu kommen. Risiko und damit verbundene Gefahr waren nicht unerheblich, die Gewinne beim Schmuggel von Kaffee und Zucker aber ebensowenig. Und so machte sich denn mancher unserer Butjadinger Freunde in diesen unruhigen, aber gewinnträchtigen Zeiten auf einen kleinen nächtlichen Törn nach Helgoland – auf der Hinreise mit leerem, auf der Rückreise mit randvoll gefülltem Schmuggelkutter. So mancher von ihnen hat sich da eine goldene Nase verdient, sehr zum Mißfallen Bonapartes.

Ich jedenfalls freute mich, in ihrem Land segeln zu dürfen, motorte noch ein Stückchen die Weser abwärts, weil auch der letzte Windhauch ins Bett gegangen war, und lud mich schließlich in Nordenham zu Gaste, wo mich ein Binnenschiff, das Landzugang hatte, längsseits kommen ließ. Der Schiffer kam auf ein Bier zu mir an Bord. Er war noch jung, hatte kluge, graue Augen und ein braunes, schmales Raubvogelgesicht, scharfgeschnitten wie das eines Indianers. Ich wollte wissen, ob er aus dieser Gegend sei. Ja, das war er, seine Eltern, Großvater, Urgroßvater, alle, seit Menschengedenken.

Da hatte ich also einen Sohn dieser Landschaft vor mir sitzen, einen, von dessen Vorfahren meine im Winter gelesenen, klugen Bücher zu berichten wußten, daß sie den Bremer Pfeffersäcken auf der Außenweser klammheimlich Unmengen von Koggen abgezweigt hatten, in schönster Koalition mit den Likedeelern – ein Schiff du, lieber Klaus Störtebecker, das nächste dann ich. Ein friedliches Arrangement, das den Bremern verdammt schlecht schmeckte.

Die Kinder dieser Nachfahren der Vitalienbrüder tobten gerade um das Binnenschiff herum. Sie spielten Verstecken wie alle Kinder das tun. Um den Sucher zu bestimmen, bedienten sie sich eines Abzählreims. Wir Pommernkinder zählten früher ab: ,,Eck un du, Müllers Kuh, Müllers Esel, dat büs du.'' Nicht so diese Gören hier. Ihr Abzählreim lautete:

,,Enne, menne, micken, macken,
en oll Fru de kann nich kacken,
nemmt en Stock, purrt en Lock,
schiet en groten Heringskopp.''

Tja, zwischen Hinterpommern und Butjadingen gibt's schon feine Unterschiede.

An diesem Abend kam ich nicht mehr weiter, genauer gesagt: ich wollte das nicht. Es gab keinen Wind, und ich hatte keine Lust mit der Abendtide unter Motor ins Watt hinauszulaufen, um dort zu ankern. Die Dämmerung kam, und mein Miniaturtiger wurde rege. Er setzte sich vor mich hin und sagte mir, daß er nun einen Landgang zu machen wünschte – kleines Geschäft, großes Geschäft und so was alles.

Seine Bordtoilette im Cockpit, eine Kiste mit antiseptischem Sand, benutzt er nie. Er spart alles sorgsam auf, um den Herren Katern des am Wasser gelegenen Bezirks seine Visitenkarte in die Vorgärten setzen zu können. Da kommt es oft zur Nachtzeit zu lautstarken Auseinandersetzungen. Ich kenne die Stimme meines Katers genau und höre auf meiner Koje, ob er gesiegt hat oder sich auf dem Rückzug befindet. In fremden Häfen verliert er meistens seine Gefechte und kommt oft mit Schrammen über der Nase oder durchbissenen Ohren an Bord zurück. Nicht, daß er schwächer wäre als die meisten seiner Kontrahenten, aber die Natur hat es so eingerichtet, daß sie für die seßhaften Kater einen Heimvorteil gelten läßt. Jede Katze hat einen Kompaß eingebaut, der sie auf 30 bis 40 Kilometer Entfernung verhältnismäßig sicher wieder nach Hause finden läßt. Bei den Einheimischen läßt sich dieser Kompaß leicht justieren, aber dazugekommene wie Pit müssen sich nicht nur auf das Gefecht, sondern auch noch auf Rückzugsmöglichkeiten im fremden Terrain konzentrieren. Im Augenblick schlabberte er noch eine Schale Milch, drückte seinen runden Katerkopf gegen meine Schienbeine, hüpfte wie ein Gummiball den Niedergang zur Backskiste hoch und flog von da wie ein Vogel aufs Deck des Binnenschiffes. Dort sicherte er lange, prägte sich Umgebung und Heimweg ein und verschwand, wie man so sagt: auf Katzensohlen, in der Dämmerung. Selbst in Häfen, die voller Yachten sind, findet er mit nachtwandlerischer Sicherheit zu AZIMUTH zurück.

Ich wartete auf Norddeich Radio. Was sie schließlich von dort anzusagen hatten, hörte sich nicht sehr ermutigend an. Ein Sturmtief war im Anmarsch. Noch lag es weit vorm Englischen Kanal, aber am Nachmittag des folgenden Tages würde der Wind schon aufbrisen und auf Nordwest drehen, just in die Richtung, in der mein Ziel lag: Helgoland. Eine Regenwand war im Anzug, dann aber sollte es ein Zwischenhoch geben. Na gut, ich würde erst mal mit dem Frühhochwasser starten. Bei „Roter Sand" oder „Alte Weser" konnte man dann ja weitersehen. Schließlich segelte ich hier schon so manches Jahr.

Im Watt

Rees bei Molle mit Kompott – Wie Land zu Wasser, Wasser zu Land wird – Das Watt versinkt – Wenn der Schlick singt – Die drei Wurster Bauern und Marlenchen Klatt

Jeder ältere Segler, der mal als Artillerist hat dienen müssen, weiß, daß man beim ohrenbetäubenden Abschußknall einer schweren Feldhaubitze ruhig schlafen kann – eine reine Gewöhnungssache. Völlig anders sieht das nachts auf einem Segelschiff aus. Da merkt man so recht, welch geräuschempfindliche Naturen Segler doch sind. Gewiß, es gibt auch sture Böcke darunter, die das Schlagen eines Falls am Metallmast zwar stört, die aber dergleichen Mißlichkeiten zu mitternächtlicher Stunde einfach in ihren Schlafrhythmus miteinbeziehen und nicht im Traum daran denken, ihret- oder des lieben Nachbarn wegen die Knallerei abzustellen. So schnell sind diese Typen nicht aus der warmen Koje zu kriegen. Aber laß bloß mal das winzigste Kontermütterchen oder einen kleinen Sicherungsring in schwärzester Nacht aus dem Mast kommen, da kann man sehen, wie blitzschnell sie aus dem Schlafsack schießen. Dazu genügt auch schon der leichteste Bums, wenn der Fender verrutscht ist und das Schiff sacht gegen Dalben oder Anlegerplanke schlägt.

Wie eben geschildert ergeht es mir auf meinen Törns in sehr vielen Nächten, jedenfalls immer dann, wenn AZIMUTH derart angebunden ist, daß Anleger oder Kaimauer so hoch über uns sind, daß der Kater Pit unser Deck und damit seinen Schlafplatz nur in steilem Absprung erreichen kann. Nicht nur sein bumsender Aufsprung – bei der Resonanz von Kunststoffschiffen einem gedämpften Paukenschlag vergleichbar –, auch sein darauf in der Kajüte einsetzendes leises Miauen erfordern Nervenstärke und Tierliebe.

Er lernt es nicht, daß ich auf die nächtlichen Begrüßungen und Zurückmeldungen nicht den geringsten Wert lege; er setzt sein weinerliches Gemiefe vielmehr so lange fort, bis ich ihn mit der Hand berührt habe. Das genügt ihm. Er geht schlafen, und wenn seine Mäusejagd von besonderem Waidmannsheil begünstigt war, manchmal bis zu 14 Stunden. Als ich in dieser Nacht hier in Nordenham seiner Bitte nachkam und ihn streichelte, fühlte ich, daß sein Fell naß und voller Grassamen war. Ob es draußen regnete? Aber da hätte ich doch den klingelnden Tropfenfall vom Großbaum aufs Kajütdach hören müssen. Abgesehen davon, daß es meiner meteorologischen Selbsteinschätzung rundweg ins Gesicht geschlagen hätte.

Ich knipste die Deckenbeleuchtung an. Da saß mein klatschnasser Kater auf dem Kajütteppich und blickte mich hilfsbedürftig an. Eine nasse Katze sieht erbärmlich mager aus – wie ein von der Reling herabhängender tropfender Feudel. Da Pit bei näherer Besichtigung keine tiefgreifenden Spuren nächtlicher Gefechte aufzuweisen hatte, konnte er noch warten.

Die Borduhr zeigte drei Uhr an. Ich schob das Schiebeluk zurück und sah ins Wetter. Dick und weiß wie Watte stand der Nebel ums Schiff. Weit hinten hörte man einen Ankerlieger sein Nebelsignal geben. Dann kam der Klopfton eines schweren Schiffsdiesels auf, wurde lauter, und ich konnte nur ahnen, daß mich da in der Fahrwassermitte ein großes Seeschiff mit brüllendem Nebelhorn passierte. Wie langsam es unter Radar dahinfuhr, war am schwachen Wellenschlag zu merken, der, als er AZIMUTH erreichte, nur sanft die Fender an der Bordwand des Binnenschiffes rubbeln und quietschen ließ. Der Weserlotse aß in dieser Suppe gewiß kein leichtes Brot.

Wenn man im Binnenland Nebel hat, wird das meistens als Schönwetterzeichen gewertet. Das ist dicht vor der See anders, hier signalisiert Nebel einen bevorstehenden Wetterumschlag – stets zur Verschlechterung hin, wie Norddeich bereits angedeutet hatte. Bei meiner schon erwähnten profunden Wetterkenntnis wußte ich aber auch, daß der Nebel sich zwar vor zehn Uhr nicht lichten würde, daß wir aber noch einen schönen sonnigen Tag zu erwarten hatten.

Weil ich Britta vor Jahren versprochen hatte, dem Kater Pit alle nur erdenkliche Hilfestellung zukommen zu lassen, wandte ich mich dieser nassen Ratte zu und rieb sie mit einem eigens für diesen Zweck in Bereitschaft gehaltenen Frotteetuch trocken. Aus Pits Blick ersah ich, daß er das erwartete; dafür leckte er mir zum Gutenachtgruß die Hand.

Um etwa sechs Uhr würde Hochwasser sein. Dann freilich war mit Sicherheit noch Nebel auf dem Strom. Wenn ich um zehn Uhr startete, würde ich Helgoland bei Tageslicht bestimmt nicht mehr erreichen, aber ich konnte bis an die Kante des Wurster Watts kommen, und das ist eines der Fleckchen, die ich besonders liebe.

Da im Augenblick wenig zu machen war, kroch ich wieder in meine Koje und stellte den Wecker neben mir auf acht Uhr. Mit leisem Zischen strich das auflaufende Wasser um mein Schiff. Wenn ein Stück Treibholz oder eine leere Bierbuddel zwischen meiner und des Binnenschiffes Bordwand dahintrieb, machte sich das mit dumpfem Klopfen und blechernem Scharrgeräusch bemerkbar. Das war der Wassermann – Herr von Brake wars, der sich gern zu mir in die Kajüte gesetzt hätte, weil die Klüverbäume, auf denen er früher im Reitsitz übers Wasser fuhr, in diesen modernen Zeiten mehr als selten geworden sind. Ihm und Rasmus war am nächsten Tag im Watt ein Gläschen Rum sicher.

Das Watt aber ließ mich in dieser Nacht unruhig schlafen. Und das hatte seinen Grund. In meinem Verein konnte man nämlich einen merkwürdigen Trend beobachten. Waren Segler und Schiff älter geworden, sahen sich die Herren Kapitäne auf den Bootsausstellungen nach Neubauten um. Da stand dann plötzlich eines schönen Tages ein Tieflader mit einem neuen Schiff vor dem Hafen. Alles, was Fahrtensegler war, stellte die Bierbuddel neben sich auf die Backskiste und eilte herbei, um den Ankömmling zu bestaunen und seinen mehr oder weniger qualifizierten Senf dazuzugeben.

Zu meiner Verwunderung waren sehr viele dieser Schiffe, die da in allen Details ihrer Unterwasserform sichtbar am Kranhaken hingen, Kimmkieler.

Die Schar der Kritiker machte sich anschließend auf den Weg zum runden Tisch des Vereinslokals, um diesen unserer Ansicht nach fragwürdigen Einkauf zu diskutieren. Manche Flasche Bier mit kleinem Schnäpschen – liebevoll „Molle mit Kompott" geheißen – leerten wir da, denn was gibt es Schöneres unter Seglern, als über Schiffe zu debattieren.

Aber halt, die Regattasegler muß ich da ausklammern. Die bekommen nämlich – völlig gleichgültig, ob Laser- oder Admiral's-Cup-Segler – so eine Art Pokerface-Blick, eigentlich sogar noch ein wenig starrer, wenn's um ihr Schiff geht. Sie haben einfach zu viele Tricks und Geheimnisse, um sich vernünftig über Schiffe unterhalten zu können. Nee, nee, ich rede hier ausschließlich von uns Fahrtenseglern, von denen jeder jederzeit und gar zu gern seine Karten offen auf den Tisch legt. Wir sind eben Leute, die ihre Schiffe über alles lieben. Bei Regattaseglern kann das deswegen nicht so sein, weil die superempfindlichen Rennziegen oft schon nach Jahresfrist müde werden und ausgesondert werden müssen. Viele von ihnen trifft man dann in unseren Reihen wieder, oft nicht Fleisch noch Fisch, weil sie für unsere Zwecke viel zu sensibel sind und ihre berühmten Namen so recht nicht zu unserer rechtschaffenen Zockelei passen.

Wie wohltuend hebt sich doch der Fahrtensegler vom Regattasegler ab. Er segelt seinen oft verdammt langsamen Schlickrutscher nicht nur mit großer Hingabe, er weiß darüber hinaus auch noch Wunderdinge von der Ausgewogenheit seines Unterwasserschiffes zu berichten, wenn über Wasser schon nicht allzuviel damit los ist. Alle sind wir mehr oder weniger liebenswerte Idealisten und Individualisten, die selbstverständlich trotzdem genau wissen, daß es makellose Idealschiffe nie gegeben hat und nie geben wird. Derjenige unter uns, der einen Langkieler segelt, wird den nie begreifen, der auf einen Flossenkiel schwört, und beide schütteln nur den Kopf über den irregeleiteten Segelbruder, dem allein der Teufel einen Hubkiel untergebolzt haben kann. Sofort aber herrscht unter diesen dreien allerschönste Einigkeit, wenn einer mit einem Kimmkieler seines Weges daherkommt.

„Wie der seinen Eimer durch den Wind bringt, mag die Sau wissen", sagt der eine verwundert und kopfschüttelnd.

„Und stellt euch bloß mal das Geboller unterm Schiffsbauch vor, bei raumem Wind, eine von diesen Kimmbomben leicht angehoben. Nicht zu fassen", sagt entrüstet der andere.

Dem Kreis solcher Kritiker gehören im allgemeinen Segler an, die etwas weiter weg vom Wattenmeer beheimatet sind, sagen wir mal die vom Bodensee, von Kiel, Flensburg, Lübeck oder Heiligenhafen. Denen sind alle Kiele recht, wenn's nur kein Kimmkiel ist.

Sehr unterschiedlich dazu verhalten sich die Fahrtensegler von Hamburg und Bremen, von Nord- und Ostfriesland – kurz: alle die, die etwas dichter am Wattenmeer angesiedelt sind. Diese bekommen ein verstehendes, weichwehmütiges Licht in die Augen, denn erst Kimmkiel und Kielschwert erschließen dem Segler die wundersame und schwermütige Welt der Watten.

Ja, und das war es, was mir Kopfschmerzen machte in dieser Nacht. Älter geworden, zog mich die eine Hälfte meiner Seele auf die Ostsee, die andere Hälfte aber in eben diese geheimnisvolle Welt der Watten, um in ihr unterzutauchen, in ihr allein zu sein. Drei Interessenten für AZIMUTH hatten sich schon gemeldet, jüngere Segler, die das Schiff seines guten Namens wegen gerne haben wollten und die wußten, daß es auch mit rauher See gut fertig wird. Hinzu kam, daß Britta nach unserem gemeinsamen Urlaub auf Anholt für fast zwei Jahre nach Amerika gehen wollte, wo sie am „Museum of modern Art" in New York ein Stipendium erhalten hatte. Dann hätte ich doch sehr gut mit einem Kimmkieler die Wattengeheimnisse erforschen können.

Man muß nur mal mit einem Kimmkieler-Eigner schnacken. Die können einem den Mund schon wässrig machen mit diesem Schiffstyp, mit dem sie bei ablaufendem Wasser auf den Wattgrund herunterschweben, auf drei sicheren Standbeinen – Kimmkiele und Hacke – wie die Astronauten mit der Mondfähre landen, sich in Gummistiefeln vergnügt über die Reling schwingen und sich an die Erkundung ihrer schönen, stillen Umwelt machen.

Ich lauschte nach draußen und vernahm, wie ein Segelkollege mit einem Belegnagel munter auf seine Bratpfanne hieb, während ein anderer seinem Nebelhorn ein heiseres, hochgestimmtes Signal abrang. Ich hätte also liegenbleiben können. Dennoch: raus, Faulenzer! Rasiert, Kaffee gekocht und mit leichter Hansawellen-Tanzmusik den neuen Segeltag eingeläutet und damit das Röhren der Tritonhörner der Großschiffahrt vom Strom her überdeckt.

Wie richtig vermutet, begann der Nebel sich gegen zehn Uhr zu lichten. In einer kaum spürbaren Morgenbrise trieb er in langen Bahnen über das dunkel dahinziehende Wasser. Wie eine matte Bleischeibe stand wenig später die Sonne schräg über mir im Dunst. Dann wurden die Uferumrisse mit Häusern und Schuppen sichtbar und schließlich der große, schwarze Kran hoch über den Binnenschiffen. Schnell löste der Nebel sich auf. Nur noch im Schilf des gegenüberliegenden Ufers ließen die Nebelfrauen in drehendem Reigen ihre grauen Gewänder wehen, ehe sie ins Röhricht huschten. Weg war der Spuk, weg waren alle krausen Gedanken der Nacht. Schwalben flogen, Hähne krähten, Möwen schrien, aus einer Pappel rief ein Kuckuck. Strahlendes Licht gleißte und brandete über Schiffe, Wasser und Uferkante. Am Himmel stand eine silberne Wolkenkathedrale.

AZIMUTH, Pit und ich machten uns auf die Reise nach Bremerhaven. Mit dem Wind war nicht viel los. Er war so schlapp, daß ich gerade noch Ruder im Schiff hatte. Aber dann hüpfte er heran. Von weitem schon sah man ihn kommen. Auf dem Wasser fiel er mit Gekräusel ein, an den Masten auf den Ufern wehten die Fahnen aus. AZIMUTH begann mit rauschender Bugwelle abzumarschieren. Ihre Pinne vibrierte in meiner Hand. Ich hockte auf der stark nach Lee weggekrängten Backbordbackskiste und sah voller Seglerglück recht voraus.

Steuerbords kam Reede Blexen auf und eine Meile weiter die Geeste-Einfahrt. Hier war ich noch nie vorbeigekommen, ohne daß mir der bockbeinige, langschwänzige, schwefelstinkende Höllensohn nicht ins Ohr geflüstert hätte: ‚Na, Alter, wie steht's? Lauf doch Bremerhaven an. Denk an den kommenden Starkwind, denk an regen- und kondenswasserklammes Ölzeug, denk an die wunderbaren Fischrestaurants, denk an ein schäumendes Bier in ausgedörrter Gurgel.''

Aber er kriegte mich nicht rum. Diese Tide, die ohnedies schon zu dreiviertel abgelaufen war, segelten wir noch aus. Mit Stauwasser würden wir da sein, wo wir hinwollten, nämlich unterhalb der Schwarzen Gründe zwischen Eversand und Wurster Arm. An der Wattkante wußte ich einen guten Ankerplatz.

Und schon hatten wir Stauwasser. Das war gut, weil's flacher nicht mehr werden konnte. Auf 3,40 Meter Wassertiefe ließ ich den Anker fallen, suchte mir, als das Schiff zur Ruhe gekommen war, den Untereversand-Turm als Peilung und machte mir's mit einer Bierbuddel gemütlich. Still lag das Watt neben mir. Der Himmel war wolkenlos. Bom – bom – bom kam ein Fischkutter in mein Nebenfahrwasser hereingeschwenkt und verschwand in dem Priel neben mir. Der schöne Gongton seines Diesels verklang in der Wattweite.

Das Wort „Watt" geht zurück auf das altgermanische Verb „waten". Als Watt bezeichnet man den seichten Streifen der Nordsee zwischen Küste und vorgelagerten Inseln, der bei Hochwasser überflutet wird und bei Niedrigwasser trockenfällt. Die Dauer einer solchen Gezeit, hervorgerufen durch die Massenanziehung von Sonne und Mond in Verbindung mit der Erdrotation, beträgt an unserer Küste im Mittel zwölf und eine halbe Stunde. Die See kommt und geht also innerhalb eines halben mittleren Mondtages. Jede Gezeit verspätet sich dementsprechend.

Zum Glück gibt es den Tidenkalender, der es uns erspart, die Hoch- und Niedrigwasserzeiten selbst auszurechnen. Über das aber, was sich während dieses halben Mondtages im Watt ereignet, sagt er nichts aus. Kein Wort über die Wattströme, wie sie in Nordfriesland heißen und sich als Baljen oder Seegaten an der ostfriesischen Küste fortsetzen. Oft sind sie bis zu zwei Kilometer breit und haben Wassertiefen bis zu 50 Meter. Das auf- und ablaufende Seewasser schafft ein verästeltes System von Prielbetten, in denen die Flutströme heraufrauschen, um sich dann über die Wattflächen zu ergießen. Land wird Wasser, Wasser wird Land. Allerdings ein merkwürdiges Land, bestehend aus Sand,

Schlick oder einem Gemisch von beidem. Da entsteht eine geheimnisvolle Welt, die zur Hochwasserzeit den Fischen – kalt und stumm – und zur Ebbzeit den Vögeln – unbeschreiblich lebhaft und krakeelend – gehört, von den Amphibien, die mit beidem fertig werden müssen, gar nicht zu reden.

Zu reden aber von Licht und Schatten, einsamen Pricken und Baken, leisem Wellengemurmel, donnernder Kreuzsee, sausendem Wind über flachen, geriffelten Sandbänken, von Störtebeker und Godeke Michels, von den Vitalienbrüdern, die Anno 1401 von den Hamburgern auf Helgoland gefangen wurden, deren Köpfe in Hamburg auf der Stadtmauer staken, deren Seelen aber in den Sturmnächten im Watt klagen, und nicht zuletzt zu reden von der Glocke des Sternenhimmels in stillen Nächten.

Es war ein Uhr mittags. In wenigen Minuten mußte der Strom kentern. Erst gegen acht Uhr abends würde das Wasser wieder aufgelaufen sein. Dann konnte ich, wenn das Wetter mitspielte, meine Reise nach Helgoland fortsetzen. Insgeheim aber hoffte ich, Rasmus würde es nicht zulassen, weil ich einen Schleichweg zum Nordostseekanal wußte, einen Schleichweg, in dem man zwar nicht segeln kann, der aber so wunderschön ist, daß man 65 Flußkilometer lang gerne darauf verzichtet: den Weg von Bremerhaven nach Otterndorf durch den Hadelner Kanal. Aber wozu diese Zukunftsgedanken. Erst mal hatte ich sieben wundervolle Faulenzerstunden vor mir, hier an der Wattkante des Wurster Arms.

Das kleine Korkstück zehn Meter vor mir schwamm zunächst noch unbeweglich an der Wasseroberfläche, AZIMUTH aber wurde bereits unruhig. Das kommt daher, daß das Oberflächenwasser immer noch eine Weile nachläuft, während sich die Flut über Grund schon hochschiebt. Das Schiff begann sich allmählich querzustellen und dem Flutstrom zu folgen. Bald trödelte das Korkstück hinterher. Wir passierten einen am Spülsaum liegenden, gedörrten Seestern und dann das helle Gehäuse einer Wellhornschnecke. Mit schnell wirbelnden Beinchen kam ein Zwergstrandläufer die Wattkante entlanggerannt, „dirrididit" rief er mir zu.

AZIMUTH wanderte jetzt über ihren Anker dahin. Als die Kette wieder steifkam, gab es nicht einmal einen Ruck, so gemächlich war unsere Fahrt. Die Arme über der Brust gekreuzt, lag ich überm Bugkorb – einem in Rente gegangenen Krabbenfischer im Fenster seines Häuschens hinter dem Deich nicht unähnlich – und blickte auf den Steven herunter. Da entstand allmählich ein hübsches kleines Wellenspiel. Zunächst bildete sich vorm Bug ein winziger Wellenberg, der sich in Licht und Gegenlicht funkelnd schwach aufbäumte. Dann liefen die Wellchen die Seiten des Schiffes entlang und bildeten am Heck einen Keil, der zartgefiedert auseinanderstrebte und sich im ruhigen Wasser verlor.

Jetzt begannen Kette und Trosse ganz langsam zu vibrieren und eigens für mich eine kleine zupfende Melodie zu spielen. Manchmal mußte ein Kettenglied dem Zug ein wenig nachgeben und schlug wie ein silbernes Hämmerchen den Takt in der Ankerklüse dazu. Ich setzte mich aufs Kajütdach, ließ mich von der Sonne in die Arme nehmen und mir von der leichten Brise das brauner werdende Fell kühlen und sah aufs Watt hinaus, das in diffusem, dunstigem Schimmer hinter den zitternden Lichtwellen des Uferstreifens in bläulichem Schimmer geheimnisvoll versank.

Vorm Bug fingen jetzt die Nixen und Meerjungfrauen zu kichern und zu plappern an und riefen mich aus der versponnenen blauen Stunde in die Wirklichkeit zurück. Mann, ich hatte ja den Nixenchef und Rasmus ganz vergessen. Schleunigst stieg ich in die Kajüte, holte die Rumbuddel hervor, setzte mich damit ins Cockpit und zog – plopp – den Korken aus dem Flaschenhals.

Das rief Pit auf den Plan. Sein heller Kopf mit den schwarzen Plüschohren und den blauen Augen tauchte im Niedergang auf. Er hüpfte aufs Brückendeck, gähnte mich aus rosigem Rachen voller spitzer Haifischzähne an, beleckte eine Vorderpfote und begann sich damit den Schlaf aus den Augen zu reiben. Da er elf Stunden geschlafen hatte, war das verständlich. Dann kam er zu mir, schnurrte wie ein Spinnrad und wollte sich vergewissern, was wohl in der Flasche sei, die ich da in der Hand hielt. Er hoffte, da er alle meine Tätigkeiten ausschließlich auf sich selber bezieht, daß diese Buddel vielleicht mit seiner verspäteten Frühstücksmilch in Zusammenhang stehen könnte.

Obgleich ich wußte, daß ich mir damit für eine kurze Weile seine Sympathie verscherzen würde, ließ ich ihn an der Buddel riechen.

Pit ist gegen Alkoholgeruch geradezu allergisch und gebärdet sich wie angefaßt, wenn er damit in zu engen Kontakt kommt. Leider führte diese Allergie schon des öfteren zu gegenseitiger Verstimmung. So auch hier. Er schüttelte sich schaudernd und zog sich angewidert in die Kajüte zurück. Dabei hatte ich ihm nicht etwa einen zweitklassigen Verschnitt unter die Nase gehalten, sondern einen wundervollen, reinrassigen Rum. Damit ging ich nun zum Bugkorb, um Rasmus wie üblich ein Trankopfer zu bringen – an einer Stelle, in einer Landschaft, wo jahrtausendelang nordische Menschen ein Gleiches gemacht hatten, um den großen Windgott demütig zu bitten, sie vor den verheerenden Sturmfluten mit ihren Mannstränken zu beschützen.

Als ich den Rum aus der Flasche in die See goß, murmelte auch ich irgend etwas, nichts Verständliches und Bestimmtes, sondern wohl so, wie es die Chauken, Germanen, Wikinger, Stedinger, Butjadinger, Wurster und Hadelner hier ebenso getan haben mögen, wenn sie für ihr Leben, für ihre Schiffe baten. Nicht auf die Worte, auf den Sinn kommt es an.

Natürlich gönnte ich auch mir ein Schlückchen, ehe ich mich ins Cockpit setzte, in stiller Zufriedenheit dem Wattzauber hingegeben.

Wie die Leute von Norddeich die Sache mit dem Starkwind noch schaffen wollten, erschien mir schleierhaft. Der Vergleich mit dem Segler drängt sich auf, der bei einer vereinsinternen Regatta sein Boot einen Tick zu zeitig über die Startlinie bringt. Er muß zurück, seinen Start wiederholen, hat die Flotte vor sich und braucht sich nicht zu wundern, daß ihm Dutzende bärtiger Männerköpfe zugewandt sind, die ihn schadenfroh angrinsen und ihm einen wedelnden Abschlepptampen hinhalten.

Meistens haben die Meteorologen ja recht. Wenn sie aber mal nicht im Recht sind, gewissermaßen hinter die Startlinie zurückmüssen, und bei der nächsten Ansage ein ganz klein wenig kleinlauter sind, dann wenden sich alle Seglerköpfe grinsend in Richtung 53° 37′ Nord und 7° 10′ Ost, allwo Norddeich liegt. Kiel Radio ist da ein bißchen humorvoller und hilft sich mit einem Scherz über derlei Peinlichkeiten hinweg.

Weil ich nichts weiter zu tun hatte, liefen meine Gedanken in dieser Richtung, während mein Blick automatisch den Verklicker im Masttopp suchte. Aha, da hatte diese Miniaturbrise, von der ein Segler sagt, daß sie nicht in der Lage wäre, den Dampf von der Kaffeetasse zu blasen, schon um 45° gedreht und kam nun aus Nordwest. Aber das allein war's nicht. In den schwachen Wind waren zuweilen wärmere und dann wieder kältere Luftwellen eingesprengt. Im Binnenland merkt man so etwas kaum. Norddeich würde recht behalten. Ich ließ mein paratgehaltenes Lächeln schnell wieder einfrieren und drehte den Kopf aus der Richtung dieser Seefunkstelle.

Auf einem sandigen Wattrücken, nicht weit von meinem Boot entfernt, standen drei Silbermöwen, drei unbewegliche, riesenhafte Vogelgestalten, die deswegen so einsam und gigantisch wirkten, weil in diesen stillen Weiten keine vergleichbaren Maßstäbe zu setzen sind. In ihrer lautlosen Beweglosigkeit kommen sie mir vor wie vorzeitliche Nornen, ernst und unheimlich. Warum standen sie hier herum?

Von ihren gefiederten Verwandten, den Lachmöwen, Mantelmöwen, Heringsmöwen, von den Fluß- und Küstenseeschwalben, vom sonstigen Vogelvolk der Watten, den Rotschenkeln, den See- und Halsbandregenpfeifern mit ihrem wunderhübschen melodischen Ruf, den hochbeinigen Säbelschnäblern, den schwarz-weiß-roten Austernfischern und den vielen Entenarten wußte ich, daß sie sich zu dieser Niedrigwasserzeit noch weit draußen an den Spülsäumen aufhielten, an ihrem dort überreichlich gedeckten Tisch. Noch etwa drei Stunden, dann, wenn das Wasser die Watten zu überfluten begann, würden sie zurückkommen und an mir vorbeifliegen, freilich nicht so vergnügt oder streitsüchtig wie im hellen Mittagssonnenlicht. In Dunst und Dämmer sind es mehr Orientierungsrufe, mit denen sie sich verständigen, damit sie einander auf ihrem Weg zum Vorland der Deiche nicht verlieren. So gemütlich wie die Amseln und Stare zu Hause haben es die Wattvögel nicht. Sie sind tidenabhängig und müssen, was Liebe, Nahrungsaufnahme und Schlaf betrifft, ihre Gewohnheiten auf diesen Umstand abstellen.

Ich erinnerte mich einer Nacht bei Stauniedrigwasser, die ich etwa um die gleiche Zeit im Vorjahr hier erlebt hatte. Sie ist mir unvergesslich. In bewegungsloser Ruhe stand das Wasser dunkel und geheimnisvoll um das Schiff. Man hörte damals nur das Blut in den Ohren singen. Oder doch nicht? Irgend etwas wurde hörbar, das Watt begann zu mir zu reden, wispernd, knisternd, flüsternd, ein bißchen gespenstisch. „Der Schlick singt", sagen die Leute hierzulande. Nicht die tote, schlickige, tonige Materie läßt die eingeschlossene Luft zischelnd an die Oberfläche steigen, es ist die Tierwelt, die leise Lebenszeichen von sich gibt. Der Ton des Einzeltieres würde nicht vernehmbar sein. Aber ich kenne den winzigen Musikanten und auch sein Musikinstrument, mit dem er sich vernehmbar macht, und weiß, daß davon etwa 40000, jeder Musiker etwa sechs Millimeter lang, auf einem Quadratmeter Wattboden siedeln. Dieser Winzling hat zwei Antennenpaare, mit denen er Schlick in sein Häuschen schaufelt. Beim Spreizen zerreißt ein zwischen den Antennen gespanntes Wasserhäutchen mit fast unhörbarem Klicken. Als Mensch, mit unzulänglichem Gehör ausgestattet, kann man nur ahnen, welche Milliardenorchester am Werk sein müssen, um das Watt singen zu lassen.

Langsam wird begreiflich werden, was es im einsamen Watt alles zu entdecken gibt und wie hart hier Tier- und Pflanzenwelt ums Überleben zu kämpfen haben. Fast alle Tiere müssen sich eingraben können, weil ihnen sonst die sengende Sonne das Leben nimmt; mit der auflaufenden Flut aber steht eine Wassersäule von drei Metern Höhe über ihnen. Voller Bewunderung also stehe ich dem Schlickkrebs, den verschiedensten Schneckenarten, den Borstenwürmern gegenüber und weiß, daß es darüber hinaus noch so merkwürdige Lebewesen wie beispielsweise die Pfeffer- oder die Sandklaffmuscheln gibt, die aus einer Tiefe von zehn bis 30 Zentimetern ihre Siphonschläuche weit über die Wattoberfläche hinausstrecken, um an die nährstoffreiche oberste Schlickschicht zu kommen.

Aber auch die Pflanzenwelt sei nicht außer acht gelassen. Man muß sich nur einmal vorstellen, wie diese standorttreuen, auf einem Wurzelgeflecht festsitzenden Lebewesen kämpfen müssen, um den harten Lebensbedingungen des Watts gewachsen zu sein – Ebbe, Flut, Ebbe, Flut, Wattströme, Sturmfluten, Sonne, Regen, Eis und Schnee.

Dabei weiß ich erst einen Bruchteil vom Wattleben, ich weiß aber auch, daß ich mich an Ort und Stelle noch intensiv damit beschäftigen werde – ungestört, wann immer ich will, allein in den Weiten des Watts.

Ich ging in meine Kajüte herunter und kümmerte mich um das Abendbrot für mich und meinen Dachhasen, ersetzte später den Ankerball durch das Ankerlicht und steckte zwei Meter Kette nach, damit AZIMUTH ausgeglichener im Flutstrom lag.

Aber da stand er plötzlich über der Kimm im Abenddunst, er, der Veranlasser aller dieser Unregelmäßigkeiten, fast noch rund und pausbäckig, wie eine große dunkelrote Apfelsine. ,,Na, Klamottenheini, wo geit di dat so?" redete ich ihn repektlos an, nahm aber doch vorsichtshalber meine Schiffermütze ab.

Klamottenheini deswegen, weil eine Menge von Astronautenklamotten auf ihm zurückgeblieben sind und die Liebespaare seit dieser Zeit nicht mehr so seufzend zu ihm aufblicken, wie wir das früher taten, sondern die gleichen Gefühle lieber in Diskothek und vor abgedunkeltem Fernseher abreagieren. Aber schließlich ist die nächtliche See ohne Mondenschein wie eine Suppe ohne Salz. Er sah mich mit seinen Krateraugen gleichmütig an. Störend war eigentlich nur, daß er über eine langgestreckte, dunkelblaue Wolkenbank lugte. Das Tief meldete sich an.

Die Sonne war im Westen versunken. Behutsam begann sich die Dämmerung über die Watten zu senken. Mit dieser Dämmerung setzte das zweite, mich so sehr faszinierende Schauspiel ein. Zunächst ein wenig zaghaft, dann immer heller, blinkte, funkelte, leuchtete und zuckte es in Rot und Grün und Weiß, war hier stationär, bewegte sich da, zuckte hier als Lichtpünktchen auf einer Fahrwasserbegrenzungstonne auf und kam dort als breite Lichterzeile einer Englandfähre durch die Dämmerung herangewandert. Ein großartiger Lichtertanz mit den unterschiedlichsten Taktkennungen der Leit-, Richt- und Quermarkenfeuer leuchtete durch die Nacht und wies den Weg durch die gefährlichen Wattenfahrwasser. Im Osten, wo die Befeuerung am spärlichsten war, begann die Dämmerung das Watt zu besetzen. Aus ihm war inzwischen eine graue, im diffusen Licht mit dem Flutstrom dahinwandernde Wasserwüste geworden.

Gegen Mitternacht hatten wir wieder Stauwasser. Der Mond versteckte sich hinter dunklen Wolkenschiffen. Wind war aufgekommen und pfiff sein hohles Flageolett im Rigg von AZIMUTH. Bald überzog der Wolkenschirm den Himmel über uns. Regenflagen trieben über Strom und Schiff.

Ich bedauerte den voreiligen Spott, den ich über die Norddeich-Leute ausgegossen hatte. Ihre Prognose war richtig. Mit dem nächsten auflaufenden Wasser würde es Starkwind aus Nordwest geben. Ich würde also den Teufel tun und bei dem zu erwartenden Dreckswetter durch die Nacht nach Helgoland segeln. Vielmehr stellte ich den Wecker auf drei Uhr, um mit dem Flutstrom Bremerhaven zu erreichen. Um fünf Uhr gedachte ich durch die Hafenlichter in die Geeste einzuschwenken, dort schnell den Mast zu legen und zur Kanalschleuse Schiffdorf hochzumotoren.

Es war noch sehr dunkel, als ich die Fock an den Stagreitern hochklickern ließ, den Anker aus dem schlickigen Grund hob und ihn mit einem gewaltigen zähen Dreckbatzen fluchend zwischen den Flunken unterm Bugkorb festlaschte. Unter dem Vorsegel brachte ich das Schiff ins Hauptfahrwasser, querte es und folgte den Taktkennungen des Steuerbord-Tonnenstrichs, Windstärke 5 achterlich in den Segeln. Backbords, jenseits des Stroms, lag das Land Wursten. Als ich vor drei Jahrzehnten diesem Namen erstmalig auf der Seekarte begegnete, mußte ich grinsen. Komischer Name. Natürlich war ich inzwischen der Sache nachgegangen. Mit Produkten wie Wurst hat die Sache nichts zu tun. Die Zusammenhänge sind da völlig andere. Seit uralten Zeiten hatten die Bewohner dieser Gegend zum Schutz gegen das Wasser ihre Hütten auf Erdhügel – sogenannten Wurten – gesetzt. Mithin hieß das Land schon in grauer Vorzeit „Land der Wurtsaten", Menschen also, die auf Wurten saßen. Im frühen Mittelalter, als alle Namen latinisiert wurden, entstand daraus „Terra Wursica". Dann aber haben seine Bewohner nicht aufgepaßt, so daß sich daraus schließlich „Land Wursten" bildete.

Natürlich war ich von Bremen aus sofort aufgebrochen, um mir diese Landeskinder anzusehen. Seitdem liebe ich sie sehr und bin auch noch keinem von ihnen begegnet, dem es nicht völlig Wurst wäre, als Wurster bezeichnet zu werden. Schon in der Steinzeit lebten hier Menschen, wobei ich darauf hinweisen darf, daß die jüngere Steinzeit, das Neolithikum, so etwa 3000 vor Christi über die Weltbühne lief.

Auf diese Tradition sind sie, weil humorvolle Leute voller Mutterwitz und gesunder Bauernschläue, keineswegs eingebildet. Ein Beispiel mag das verdeutlichen. Die Wurster sind weit in Deutschland durch ihre Porträtgrabsteine berühmt. Vor einem solchen stand ich, ehrerbietig der Würde des Ortes und der des 1585 Verstorbenen hingegeben, als mein Führer, ein hundertprozentiger Wurster Lehrer, zu mir sagte (ich kann es nur in Bremer Platt wiedergeben, weil ich Wurster Platt nicht beherrsche):

„Nu staht Se man nich so bedrüppelt rüm as gistern de dree Wurster Buern hier up dissen Kerkhoff."

„Wat wör denn damit?" fragte ich neugierig.

„Tscha", sagte der Schulmeister „dar hett eener von jem fragt: ‚Segg mol, Tjark, wenn du mol dot bliwst, näben wäm wullt du woll upp usen Kerkhoff hier liggen?'

‚Och', säh de annere, ‚ick wull woll näben usen oolen Paster graben weern, dat weer een goden Minsch. Un du?'

‚Ick?' säh de twete, ‚ick wull woll näben minen oolen Schoolmester to liggen kamen, de hett us veel bibrocht!'

‚Na, un du?' frögen se den drütten.

‚Ick?' segg de, ‚ick wull woll näben Marlenchen Klatt to liggen kamen.'

‚Näben Marlenchen Klatt? Aber de läft doch noch,' säen de andern beiden.

‚Deswegen jo grade,' säh disser Wurster."

Rasmus schien für diese Art von Humor wenig Sinn zu haben. Er ließ den Wind in den Böen auf Sturmstärke aufbrisen. Zwischen den Böen pladderte der Regen aufs Ölzeug, Fallen knallten gegen den Mast, die Flagge hinter mir knatterte einen rasenden Trommelwirbel, und AZIMUTH fegte vorm Wind her mit schäumender Bugwelle die Außenweser aufwärts, Bremerhaven entgegen.

Mit Full speed – bei diesem Schiebewind war beim besten Willen keine Fahrt aus dem Schiff zu nehmen – donnerten wir in die Heckseen der entgegenkommenden Seeschiffe. Wie eine weiße Wasserwand stand dann hochstiebender Gischt vorm Schiff, während die sattsam bekannten zweiten und dritten Wellen uns mit je einem halben Kubikmeter Spritzwasser bedachten.

Man kann so alt sein wie man will, aber bei solcher Segelei schreit man vor unbändigem Vergnügen in Sturm, Welle und Regen hinaus. Erstens hört es eh keiner, und zweitens gebe ich für diesen Fall hier zu bedenken, daß ich schon 24 Stunden lang mit keinem Menschen ein Wort gewechselt hatte und nun berechtigt zu sein glaubte, meinem Mitteilungsbedürfnis in dieser Form Luft zu machen.

Ein wenig später – ich stand bereits eine knappe Meile vor den Hafenfeuern – war es dann gar nicht so einfach, die zum Zerreißen gespannte Fock auf die Rolle zu trommeln, das schlagende Großsegel wegzunehmen und mit zwei Zeisingen am Großbaum festzubändseln. In diesen Situationen ist auf verkehrsreicher Seeschiffahrtsstraße der alle Probleme lösende Aufschießer nicht drin. Nur so bekam ich halbwegs die Fahrt aus dem Schiff. Freilich, der Motor mußte jetzt unbedingt auf Anhieb kommen, damit ich die Fock nicht wieder abrollen und bei diesem Sauwetter vielleicht doch noch unter dem Vorsegel durch die schmale Hafenpassage mußte. Selten, daß man da nicht einer Fähre begegnet.

Ich beugte mich also über den ,,Sohn des Himmels'', bat ihn herzlich, keinen Mist zu machen, und zog den Choke.

Na, das war ja wieder eine Sache für Rasmus. Da ich mein Gesicht dem Motor und damit dem Wind zuwenden mußte, riß er mir die Kapuze vom Kopf, legte damit meinen Nacken frei und goß mir genüßlich, schrill dabei in den Wanten pfeifend, zwei randvolle bayrische Maßkrüge kühlen Weserwassers die schaudernde Wirbelsäule herunter. Ich bemühte mich, so gut ich konnte, Haltung zu bewahren und Rasmus nicht merken zu lassen, daß ich bei solchem Fehlverhalten dem ihm im Watt gespendeten Rum doch ein wenig nachtrauerte.

Aber der ,,Sohn des Himmels'' kam sofort. Ungefährdet passierten wir die Hafeneinfahrt. Überwindig, warm und verhältnismäßig gemütlich nahm uns der kleine Hafen auf.

Eine Menge großer Segel- und Motoryachten lagen vor und hinter der Geeste-Brücke, Schiffe, die sich eigentlich, auf ihrem Wege nach Helgoland, der Schubkraft des nun bald wieder ablaufenden Wassers anvertrauen wollten. Die Skipper dieser Dickschiffe sehen auf Kleine wie mich immer so ein bißchen nachsichtig lächelnd herunter. Auch wenn's von Helgoland her noch so kachelt, lassen sie sich in Bremerhaven ihren Neid nicht anmerken. Die großen Segler nämlich können nicht durch den Hadelner Kanal, weil sie ihre gewaltigen Steckmasten nicht legen können und weil sie außerdem zu großen Tiefgang haben. Trotzdem braucht man sich um sie keine Sorgen zu machen, weil sie, wenn auch ungern, mit kleiner Fock und ein paar Reffs im Groß hoch am Wind oder in harter Kreuz immer noch Helgoland erreichen können.

Bedenklicher sieht das mit den Vollmotorisierten aus. Um ungefährdet durch die berüchtigten Kreuz- und Grundseen bei ,,Rote Sand'' und ,,Alte Weser'' zu kommen, sind sie zu flachbodig. Den hübschen kleinen Hadelner Kanal aber können sie wegen ihrer Aufbauten mit den eleganten Flybridges nicht passieren – dazu sind die zahlreichen Brücken, die ihn überqueren, nicht hoch genug.

Tja, was machen die Kleinen denn da bloß?

Sie tippen verständnisvoll und mit freundlichem Lächeln mit dem Finger an den Mützenschirm und verschwinden Richtung Hadelner Kanal, während die Großen nervös mit den Fingern auf der Mahagonireling herumtrommeln oder – Frequenz Norddeich – so lange am Tuner ihrer Grenzwelle drehen, bis sie das Sturmtief überm Englischen Kanal endlich weggekurbelt haben.

Trotzdem gestattete mir ein Großer, bei ihm längsseits zu gehen und meinen Mast zu legen. Meinen späteren höflichen Dank und mein „Gute Reise" nahm er allerdings recht säuerlich entgegen.

Eine halbe Stunde später würden wir wieder Hochwasser haben, das mich gerade noch zur Schiffdorfer Schleuse mitnehmen würde. Für diesen Umstand war ich sehr dankbar. Denn kaum eine andere Wasserstraße in Norddeutschland ist so widerwärtig wie die Geeste bei Niedrigwasser. Man schippert da in einer übelriechenden Brühe an hochaufragenden Schlickufern entlang. Noch vor gar nicht langer Zeit ergossen großkalibrige Zementröhren sprudelnd den Fäkalienausstoß des am Flüßchen gelegenen Stadtteils von Bremerhaven in die Geeste. Bei Hochwasser indessen sieht man derlei Dinge nicht, und ein manierlicher kleiner Fluß schlängelt sich zwischen Wiesen und Schilfufern der Weser entgegen. Sobald man aber die Schleuse erreicht hat, wendet sich alles zum Guten.

Zwischen allerlei Schleusen

Der Gentleman von der AZIMUTH – Im Land hinter den Deichen – Ein geschäftstüchtiger Piesel – Hadelns paradiesische Tierwelt – Büschen mall: Frau Antje – Die Alten auf Otterndorfs Kommandobrücke

Der Schleusenmeister stand neben dem Schaltkasten auf der Mauer seiner schmalen Schleusenkammer und spähte unter vorgehaltener Hand noch einmal durch den Regen geesteabwärts, ob vielleicht noch weitere Kundschaft im Anmarsch sei. Dann schaltete er den Strom ein. „Klack" machte es, und ich fühlte förmlich, welche enormen Kräfte da am Werk waren, diese breite, von Staufferfett triefende Gliederkette in schneckenhaft langsamem Tempo aufwärts zu bewegen. Langsam folgte das große, graue Stahltor diesem Zug. Als sich seine Stahlsohle vom Grund löste, gab es ein hohles, schlapfendes Stöhnen von sich. Brodelnd strömte das Wasser in die Kammer. Von diesem Wasser speicherte das Tor aber immerhin noch so viel, daß es mir, als ich darunter hindurch mußte, noch eine gute Pütz voll über Kopf und Schultern schütten konnte, ehe es sich hinter mir wieder schloß.

Ich blickte nach oben. Da standen neben dem Schleusenmeister noch zwei Männer in gelbem Ölzeug. Sie hielten jeder in der einen Hand einen Farbkübel, in der anderen einen roten Farbquast und verliehen der hier vorherrschenden eintönig grauen Eisenarchitektur mit großen roten Mennigeflecken ein attraktiveres Kolorit – Künstler also. Der Schleusenmeister und ich hoben zum Zeichen des Erkennens und der Begrüßung den Zeigefinger der rechten Hand, die beiden Maler salutierend ihren Pinsel.

„Hast du was für die Schleusenmeister von Lintig oder Otterndorf mitzugeben?" fragte ich.

„Nee, aber trotzdem vielen Dank. Und gute Reise."

Ich hob wieder die Hand: „Also dschüs denn, Schleusenmeister, dschüs auch die Herren Picassos!"

„Di lot wi glicks dat Door up dinen Mors dalsusen", erwiderte einer von ihnen. Wir grinsten, weil wir alle wußten, wie gemächlich es um das Heruntersausen dieser Schleusentore bestellt war.

Dann war die Kammer geflutet, das Tor hob sich, und ich lief aus, hinaus in Regen und pfeifenden Wind, der das Weidengezweig um die Stämme peitschte. Ein schöner Steam mußte jetzt auf der Außenweser toben. Jedenfalls hätte er allen denen den Wind aus den Segeln genommen, die bei meinem Rückzug aus dem Watt in dieses friedliche Fahrwasser mißbilligend gesagt oder gedacht haben mögen: „Na, Skipper, erst große Sprüche von Tanzlehrer bei de Kanakerdeerns machen und denn vor son büschen Wind schon den Schwanz einziehen. Im Alter läßt die Risikobereitschaft scheint's doch lütt bäten nach, oder?"

Derartige Anzüglichkeiten hätte ich natürlich gar nicht beantwortet.

Von Schiffdorf bis Lintig waren etwa 30 Kanalkilometer zurückzulegen. Dort würde ich jetzt hinmotoren, mein Schiff an der Spundwand für Binnenschiffe festmachen und erst am nächsten Morgen weitergehen. Denn nicht nur ich, sondern auch mein Kater hatten schließlich Urlaub. Er liebt Lintig und sein buschreiches Terrain sehr und die dort wohnhaften Mäuse nicht viel weniger. Für mich hatte das den Vorteil, daß er abgesehen von einem Schälchen Milch, für diesen Tag ein kostensparender Selbstversorger war.

Aber wie so oft begab sich zunächst alles ganz anders.

Als ich so auf die regennasse Ungemütlichkeit des kleinen Kanals hinausblickte und dazu den Hals bewegte, bemerkte ich, daß Troyer und Hemd unter der Öljacke klatschnaß waren. Ich fröstelte und ließ scheinheilig die Zähne gleich ein bißchen mitklappern. Und schon war er wieder an meinem Ohr, dieser verdammte „Gottseibeiuns", der mir oft so zu schaffen macht. Diesmal murmelte er: „Na, Alter, wie wär's denn jetzt so mit 'nem heißen Grog und hinterher 'ne. Heilbuttschnitte nach Seemannsart?"

Wie jeder Segler habe auch ich für derlei verfängliche Situationen meine Zaubersprüchlein zur Hand. Im vorliegenden Fall entschied ich mich für folgenden: ,,Der Geist sagt nein, das Fleisch sagt ja, der Klügere gibt nach.''

Das hatte ich noch nicht ganz zu Ende gedacht, als ich auch schon hart Ruder legte, aus dem Fahrwasser schor und am Heck eines am Dalben liegenden kleinen Binnenschiffes längsseits ging. Dort klopfte ich an die Bordwand. Vergeblich. Der Schleusenmeister aber hatte mein Tun scharf im Auge behalten und rief mir zu:

,,Keiner an Bord. Die ham'ne Reparatur.''

,,Kann ich hier für drei Stunden liegenbleiben?''

,,Kannst du.''

Ich verschwand unter Deck. Pit guckte belästigt zu mir hoch. Er hörte den Regen aufs Deck trommeln und befürchtete, von Bord zu müssen, wo's doch wieder so urgemütlich war – selbstredend auf meiner Koje.

30 Minuten später kam ein rechter Gentleman den Niedergang von AZIMUTH hoch, dem es gelungen war, den penetranten Geruch von Teer, Brackwasser und Farbe, den ein Binnenschiff nun mal so an sich hat, mit einem dezent duftenden Rasierwasser zu verdrängen. Er trug eine Prinz-Heinrich-Mütze, die allerlei goldene Stickerei um das Vereinsemblem aufzuweisen hatte. Unterm Hemdkragen lugte eine Krawatte hervor, geschmückt mit einer Menge blauer Ankerchen. Blazer, graue Hose und handzwiegenähte schwarze Schuhe vervollständigten dieses Bild gediegener Eleganz. Um die Schultern war lässig ein leichter Regenmantel gehängt. Der Gentleman – und der war selbstredend ich – kletterte ein bißchen steifbeinig an Bord des Binnenschiffes, wo sich auf Knopfdruck ein Schirm öffnete, der sich schützend über seine Gala breitete.

Ich stieg die Stufen zur Schleusenbrücke hoch, um von dort meine weiße AZIMUTH vor der dunklen Bordwand des Binnenschiffes zu betrachten. Unbeschreiblich sauber und blankgewaschen lag sie unter mir. Selbst der zähe Kleiklumpen aus dem Watt zwischen den Ankerflunken war verschwunden. Das hatte alles mein lieber Rasmus für mich getan, als er so fürsorglich auf der Außenweser Welle auf Welle übers Deck gejagt hatte. Im Augenblick war er damit beschäftigt, mit einer Süßwasserdusche das Salz abzuspülen.

Als die beiden Maler mit den Farbtöpfen mich auf der Brücke sahen, ging ihr ein bißchen gammliges Gebaren in rege Tätigkeit über. Sie

klopften hier, kratzten da, bückten sich nach unten und streckten sich nach oben, alles auf der Suche nach Rost und Korrosion. Von mir hielten sie respektvolle Distanz, weil sie mich in meiner Maskerade nicht erkannt hatten und mich für einen Großkopfeten vom Hansestadt-Bremischen Amt hielten, der auch auf der Suche nach Rost war, aber nicht, um ihn zu entfernen, sondern um ihn ihnen unter die Nase zu reiben.

,,Moin, Picassos'', begrüßte ich sie.

Wir gaben uns die Hand. Aber das Sprichwort ,,Kleider machen Leute'' war in diesem Fall völlig deplaziert. Kein vernünftiger Schnack kam mehr auf und so großzügige Angebote wie vorhin ,,di lot wi glicks dat Door up dinen Mors dalsusen'' schon gar nicht. Schade. Erst drei Stunden später, wenn ich wieder mein schlichtes Hochseeseglerhabit tragen würde, war mit einer Buddel Bier alles wieder einzurenken.

Ich ging stadteinwärts.

„Taxi" dachte ich, besann mich aber eines Besseren, als ich mir vorstellte, daß ich bald wieder Deck schrubben und eine Leine vom Vorstag zum Mast spannen würde, um Hemden, Strümpfe und Taschentücher daran festzuklammern, und dazwischen unter Deck stürzen mußte, um Labskaus oder Erbsen mit Speck auf dem Primus nicht anbrennen zu lassen.

Nee, derlei Leute gehören in keinen Mercedes, die gehören in eine Tram. Ein solche bestieg ich und machte mich auf den Weg in die Seestadt Bremerhaven. Als ich über die Geeste-Brücke fuhr, lagen sie noch alle vor und hinter ihr, die Großen. Sturm und Regen hatten nur ein wenig nachgelassen. Die Skipper würden hier über Nacht bleiben und, wie ich das übersah und falls sie von ihren Bordfrauen nicht daran gehindert wurden, in der kommenden Nacht alle Puppen tanzen lassen, ausschließlich aus Wut.

Bis zu meiner Heilbuttschnitte nach Seemannsart waren noch gut zwei Stunden Zeit. Wo ich die verbrachte, war eine klare Sache: im Deutschen Schiffahrtsmuseum.

Das hing mit einer alten Hansekogge zusammen, die, im Jahre 1380 gebaut, im Jahre 1962 in der Weser bei Bremen gefunden, von 1972 an dort ihre zweite Kiellegung erlebte. Voller ehrerbietigster Hochachtung vor Wissenschaftlern und Restauratoren hatte ich diesen Werdegang verfolgt. Tief im Wesergrund versunken, versandet, verschlammt und durch die jahrhundertelange Nässe weich, morsch und jede Bergung erschwerend, war da aus etwa zweitausend Einzelteilen, Spänen und Splittern in unbeschreiblicher Feinarbeit und mit größter Akribie ein Schiffskörper aufzubauen.

Es gibt mehrere so alter Koggen, die einst im Dienst der Hanse standen und in Dänemark, Holland oder Schweden geborgen wurden. Keiner dieser Funde aber war so vollständig zu restaurieren wie diese Bremer Kogge. Daraus sind Erkenntnisse gewonnen worden, die es zuließen, auch alle vorherigen Funde richtig einzuordnen.

Dann aber war der Nordseeheilbutt mit Kräuterbutter an der Reihe und vorweg eine Krebssuppe. Das haute zwar ganz schön in die Devisen, aber ich schonte diese nicht.

„Pit noch am Leben?" fragte das bedienende Fräulein, woraus man ersehen mag, daß ich hier kein Fremdling war.

Ehe ich ging, legte sie ein Päckchen neben meinen Teller: „Für Pjotr Petrowitsch." So hatte ein russischer Matrose im schwedischen Västervik Pit mal genannt. Als ich es später für ihn auspackte, war es nicht Heilbutt, sondern Seezunge.

Ich stieß mein Schiff in den Kanal hinaus. Bei Licht besehen, ist die Bezeichnung Hadelner Kanal, wie sie unter Wassersportlern üblich geworden ist, nicht richtig. Geeste, Geeste-Kanal, Aue, Hadelner-Kanal und die Medem ergeben den Schiffahrtsweg Elbe – Weser. Er ist rund 65 Kilometer lang und bei ausreichendem Wasserstand etwa 1,50 Meter tief. Wenn man trotzdem in Ufernähe, in Kurven oder beim Ausweichen vor kleinen Binnenschiffen aufbrummt, ist das nicht weiter schlimm. Der Untergrund ist weich und moorig, man kommt leicht wieder frei.

Die beiden Endschleusen, Schiffdorf und Otterndorf, sind tidenabhängig. Etwa in der Mitte befindet sich die hübsche kleine, gemütliche Schleuse Lintig – amtlich Schleuse Bederkesa geheißen. Hier wird man zur Kasse gebeten.

Wenn man unterwegs bis hierher die Augen aufgemacht hat, muß man gemerkt haben, daß die Kanalunterhaltung angesichts der umfangreichen Uferbefestigungen nicht billig sein kann. Trotzdem sind die Kanal- und Schleusengebühren für die Sportschiffahrt durchaus zivil; sie errechnen sich nach der PS-Zahl. Mit meinem 8-PS-Quirl komme ich günstig davon. Wenn man mit mehreren Booten gleichzeitig geschleust wird, erhält man Mengenrabatt.

Die ganze Sache ist also zur allgemeinen Zufriedenheit geregelt. Und doch gibt es da einen Umstand, der zwischen Kanalverwaltung und Wassersportlern zu gewissen Spannungen führt.

Die Höchstgeschwindigkeit auf den 65 Kanalkilometern beträgt acht Kilometer pro Stunde. Damit nun dieses vorgeschriebene Tempo möglichst eingehalten wird, hat eine weise Kanalverwaltung jeden Kilometer durch einen großen, weißen Stein markiert – voraussetzend, daß die Verkehrsteilnehmer errechnen können, daß man dann im Achtkilometerlimit bleibt, wenn man für einen Kilometer 7,5 Minuten braucht.

Ein wenn auch verschwindend geringer Teil der Passanten beruft sich aber darauf, bei derart komplizierten Berechnungen in der Schule gerade gefehlt zu haben und aus diesem Grunde die einzuhaltende Geschwindigkeit nur grob und über den Daumen gepeilt schätzen zu können. Andere wieder behaupten, solche schwierigen mathematischen Exempel nur mit Hilfe eines Elektronenrechners lösen zu können, den sie aber bedauerlicherweise zu Hause vergessen hätten.

Kurz und gut: Diese schlampige Kollegenschaft nagelt dann mit zehn oder gar 15 Stundenkilometern durch den kleinen Kanal. Das Gas nehmen sie erst kurz vor Lintig weg, dort aber so rechtzeitig, daß der Schleusenmeister eigentlich seine helle Freude an ihnen haben müßte, wenn sie so unschuldig und kanalschonend herangeschlichen kommen. Hier aber haben sie ihre Rechnug ohne den Wirt, nämlich ohne diesen Schleusenmeister gemacht, der über die Kostenträchtigkeit des Kanals selbstredend voll orientiert ist und mithin keinerlei Verständnis für Raser und Spundwandzerstörer aufbringt. In vielen Fällen werden sie also angeprangert und dem Wasserwirtschaftsamt Stade zu weiterer Veranlassung gemeldet.

„Woran merken diese Hundesöhne das denn bloß?" fragt sich verunsichert der Delinquent, wenn er wutentbrannt sein Strafmandat studiert, das für seinen Geschmack einen viel zu hohen Betrag ausweist.

Ich bin interessiert diesen Zusammenhängen nachgegangen und habe herausgefunden, daß die Schleusenmeister nicht nur telefonisch miteinander in Verbindung stehen, sondern darüber hinaus durch manche bittere Erfahrung so gute Psychologen geworden sind, daß sie leicht die Spreu vom Weizen sondern und den Temposünder schon nach Verlassen der Schleuse am Funkeln der Augen im Rennfahrergesicht und ein wenig später am aufwirbelnden Kielwasser erkennen können.

Meine Studien haben mich aber noch zu einem weiteren interessanten Ergebnis geführt. Die Bauern, die Anlieger des Kanals sind, werden, da er schließlich ihre Wiesen bewässert, erheblich zur Beteiligung an den Instandhaltungskosten herangezogen. Jeder Landmann aber zahlt jegliche Abgabe erfahrungsgemäß nur unter mißfälligem Murren. Er hat also ein waches Auge auf den Kanal und seinen Verkehr. Da die Zeiten lange vorbei sind, in denen ein Bauer nur mit Fahrrad, Brieftaube oder Signalhorn ausgerüstet war, eilt der moderne Agrarier zum Telefon, und schon zappelt der Sünder in den Gesetzesmaschen, in denen er verwundert begreift, welche erstaunlichen Möglichkeiten der

Landwirtschaft heutzutage in die Hand gegeben sind, sich wirkungsvoll und schnell verständlich zu machen.

Mir fehlt für diese Wassersportler ohnedies jedes Verständnis, weil sie offensichtlich nur auf Geschwindigkeit bedacht sind und streßgeschüttelt kein Auge für ihre Umwelt zu haben scheinen. Wer aber die einfachen Regeln des Verkehrs und des Anstands einhält, dem wird eine der schönsten Landschaften der norddeutschen Tiefebene geschenkt. Da erstrecken sich riesenhafte Wiesenpläne mit allen Farbvariationen vom zartesten Frühlingsgrün des jungen Grases an den Kanalufern bis hin zum dunklen Blau des Föhrenwaldes an der Kimm. Diesen seemännischen Ausdruck kann man hier getrost anwenden, weil die Landschaft flach wie der Seespiegel ist. Nur weit hinten erhebt sich ein duftig kolorierter Höhenrücken aus der Aulandschaft und schwingt sich in sanfter Linie vor den Horizont. Bei Nennung seines Namens bekommen Eingeborene und Eingeweihte einen eigentümlichen unchristlichen Glanz in die Augen. Der Höhenzug ist die Wingst, von uralten Geheimnissen umwittert. Wir sind im Lande Hadeln, wo seit Menschengedenken die Hadelner sitzen. Hadeln leitet sich vom altgermanischen „Haduloha" oder „Hadulaun" ab. Das hieß damals soviel wie Kampfwald.

In meiner neugierigen Art blicke ich stets spähend in die Gesichter der Hadelner, ob ich da vielleicht doch noch etwas Germanenhaftes entdecken kann. Aber die alten Germanen sollen ja nur eine Lebenserwartung von 29 Jahren gehabt haben. Die Hadelner aber, die sich hier mit Mähmaschine, Trecker, Gespann und Hirtenstab zu schaffen machen, sind kerngesunde Kerls und Deerns, denen unsere Durchschnittslebenserwartung von 70 Jahren aus spottlustigen, listigen Bauernaugen leuchtet. Ihnen ist anzusehen, daß sie ihre Heimat mit Schild, Speer und Keule verteidigen würden – wie vor tausend Jahren ihre Vorfahren.

Ein bißchen mehr Glück als die Wurster, Stedinger und Butjadinger hatten die Hadelner freilich schon. Sie saßen nicht ganz so naß und klamm im Watt und in den Sümpfen. Wir dürfen bei Betrachtung dieser schönen Landschaft nämlich eines nicht vergessen: daß zur Zeit der zweiten Eiszeit Helgoland Festland war und die Doggerbank, über der heutigentags 30 Meter Wasser stehen, damals zur Küstenlinie des Festlandes gehörte. Aber gerade diese zweite Eiszeit machte den Leuten von Hadulaun ein großartiges Geschenk. Von Norden nach Süden schob sich eine gewaltige Endmoräne heran und legte ihnen den hübschen Hügelzug der Wingst vor die Füße.

Wingst, was ist das für ein Name? Da gibt es in der germanischen Mythologie den Riesen Wingis. Der kam in grauer Vorzeit aus den Harzgebirgen hierhergewandert. Da stieß er, durch die Sümpfe und Urstromtäler heranwatend, auf diesen Höhenzug, der ihm so gefiel, daß er ihm seinen Namen gab.

Den Butjadingern habe ich ihre Schlitzohrigkeit Herrn Bonaparte gegenüber mit ihrem Schmuggelkuttereinsatz bereits nachgewiesen. Und die haben sie mit den Hadelnern gemeinsam. Der Höhenzug Wingst verfügt über einen für norddeutsche Verhältnisse überaus hohen Berg. Er heißt Fahlenberg und ist 61 Meter hoch. Mir wurde erklärt, daß sein Name sich vermutlich von den Fohlen ableitet, die die alten Germanen hier geopfert haben und deren Keulen und Filets sie hinterher verzehrten. Da gab's nun im Jahre 1852 hier einen Piesel, so nennt man in Norddeutschland die Gastwirte, der sich auf seine Theke lehnte und über Möglichkeiten sinnierte, die ihm, ohne sich dem Zugriff von Schmuggeljägern auszusetzen, trotzdem einen hübschen, kleinen Verdienst einbrächten. Als ein deutscher Männergesangverein in oder vor seiner Kneipe ein zu Herzen gehendes Lied damals geltenden Geschmacks sang, fiel's ihm wie Schuppen von den Augen.

„Was heißt hier Fahlenberg?" so dachte dieser geschäftstüchtige Hadelner Sohn. „Deutscher Olymp muß er heißen." Noch ein bißchen Reklame dazu, einen zündenden, cleveren Slogan gewissermaßen, und schon kamen sie herangeströmt die Wanderer, Sänger, Bier- und Kaffeetrinker, die Skatspieler nicht zu vergessen.

Unbeschreiblich der Frieden, der von dieser abseits des Weltlärms gelegenen Landschaft ausgeht. Doch der Schein trügt. Bald wird es wohl vorbei sein mit dem von den alten Germanengöttern, aber auch vom Christengott gewollten klangvollen Akkord von Moor, Marsch und Geest des Landes Hadeln – des Landes hinter den Deichen. Das nennt man dann Infrastruktur.

Der jetzt noch bestehende paradiesische Zustand teilt sich auch der Tierwelt mit. Paradiesisch deswegen, weil die Tiere, wie früher im Garten Eden, vor den Menschen kaum Angst haben. Da ist beispielsweise der Reiher, bekanntlich ein scheuer Vogel. Sein Fluchtabstand beträgt normalerweise mindestens 100 Meter. Nicht aber hier. Wenn man sich richtig verhält und nicht allzu hektisch auf seinem Schiff herumzappelt, lassen einen die Reiher auf 20 Meter herankommen. Und wenn man es ganz richtig macht, bleiben sie reglos vor der Schilfwand stehen und lassen das Schiff passieren. Wenn sie aber doch auffliegen, bietet sich dem, der für dergleichen ein Auge hat, ein unvergleichlich schönes Bild. Da fliegt ein storchengroßer Vogel mit weitklafternden Schwingen hoch, der den Hals in schönem Bogen zurückgenommen hat und seinen langen Schnabel wie einen Speer vor sich herträgt.

Da stehen Rehböcke auf sechs Meter Entfernung im Schilfwald und springen nicht ab, wenn man sich bewegungsarm verhält. Da schwimmen Bläßhühner, Taucher, Rallen, Sumpfhühnchen und Wildenten mit den Federbällchen ihrer Jungen aus ihren schützenden Deckungen vertrauensvoll hervor, weil sie in vielen Jahren gelernt haben, daß ihnen ein Mensch, der auf einem Schiff vorüberkommt, nichts tut.

Für den Ornithologen aber habe ich einen besonderen Leckerbissen bereit: Hier nistet noch die Trauerseeschwalbe. Diese amselgroße, winzige Möwe ist sehr selten geworden.

Die Luft über dem Kanal ist erfüllt von Lerchengedudel, von Kiebitzschrei, vom ,,tlahüt'' der Brachvögel, vom ,,kadüt'' der lebhaften Austernfischer. Manchmal verstummt der Chor aller dieser Musikanten plötzlich. Wenn man dann nach der Ursache forscht, sieht man mit langsamem Flügelschlag eine Wiesen- oder eine Kornweihe heranschweben – eine tödliche Bedrohung für die kleinen Entchen, die Wiesenpieper, die hübschen Wippsteerte und die Rohrsänger. ,,Karre – karre-kiet'' krakeelen sie sofort wieder los, wenn die Gefahr vorüber ist. Auf dieses Signal hat das übrige Vogelvolk nur gewartet und musiziert, was die Kehle hergibt.

Heute aber ging der Wind über die Wiesen, rauschte in den Schilfwäldern und ließ das Gras in langen Wellenzügen dahindünen. Ab und zu regnete es. Das machte nichts. Ich saß im Ölzeug an der Pinne und stand einen Kilometer vor Lintig. Ich fuhr wie in einem Kirchenschiff dahin, denn die hohen Bäume an den Kanalufern wölbten sich hoch über mir übers Wasser. Da, wo dieses Laubdach ein wenig schadhaft ist, brechen bei schönem Wetter Sonnenpfeile hindurch und stehen mit zitternden Schäften auf braunem Moorwasser. Jetzt aber fiel mir der Regen pladdernd aufs Ölzeug, und ich war froh, als ich dem ,,Sohn des

Himmels", der wie eine Nähmaschine gearbeitet hatte, den Befehl zum Stoppen geben konnte. In sanftem Bogen trieb ich auf die Spundwand zu, wo ich AZIMUTH gewissenhaft festmachte, denn mein Freund der Schleusenmeister war einst Seemann und kann Schlamperei in dieser Richtung nicht leiden.

Er saß in seinem Glaskäfig über seiner Schleusenkammer, und man sah ihm an, daß er sich freute, mich wieder in seinem Amtsbereich zu haben. Wir lachten uns an, und wir wußten, warum wir das taten. Zwischen mir und seinem Vorgänger gab es nämlich eine unvergeßliche Geschichte, auf die ich noch zurückkommen werde.

Als ich die Fender ausbrachte, kam Pit hochgesaust, orientierte sich kurz und gewann in weitem, vergnügtem Satz Land. Es regnete zwar gerade nicht, aber die Hecken, die er sofort anstrebte, tropften vor Nässe. Da konnte ich ja wieder einen klatschnassen Waschlappen zurückerwarten.

Der Schleusenmeister machte die Schleuse gar nicht erst auf; er wußte, daß meine Reise für diesen Tag ihr Ende gefunden hatte. Aus dem Cockpit reichte ich zwei Flaschen Bier hoch, für jeden von uns eine. Er aber winkte mit allen Zeichen des Entsetzens ab. Diese Charakterfestigkeit freute mich, denn ein Herzinfarkt hatte ihn von den Füßen gebracht.

Als der Himmel ein wenig heller zu werden begann – das Zwischenhoch meldete sich an –, ging ich zum Schleusenmeister hoch, um mit ihm ein bißchen über Weib, Kind und dienstliche Ärgernisse zu schwätzen. Doch er regt sich über nichts mehr auf, nicht nur, weil er das aus gesundheitlichen Gründen nicht darf, er hat auch mittlerweile begriffen, daß er vom Seemann zum Staatsdiener umfunktioniert worden ist. Letztere aber neigen ohnedies mehr zu ruhiger Beschaulichkeit als zu hektischer Zappelei. Wo kämen wir denn sonst auch hin?

Wir warteten noch auf das kleine Binnenschiff ANNEGRET. Es war von Bremerhaven her unterwegs. Da schwamm es auch schon heran. Ich kannte den betagten Schiffer, seine betagte Frau Annegret und auch das betagte Schiff. Lange wollten die drei es nicht mehr machen, so lange nur noch, bis der letzte Sohn das Studium hinter sich gebracht und Boden unter den Füßen hatte. Dann wollten die Alten sich zur Ruhe setzen. ANNEGRET sollte abgewrackt werden.

Sie wollten auch nicht mehr geschleust werden.

Zufrieden krochen wir zu einem Nachmittagsschläfchen in die Koje, im verschlafenen Lintig, wo die Zeit stehengeblieben zu sein scheint.

Nur wenige Wassersportler machen hier fest. Sie bleiben allenfalls über Nacht, wenn die Schleuse geschlossen ist, und gehen dann lieber die zwei Kilometer nach Bederkesa weiter, wo sie in großen Mengen unter ihresgleichen sind. Wenn es dann wieder ruhig geworden und das Gelächter der vergnügten Crews aus der Schleusenkammer und hinter dem nächsten Kanalknick verklungen ist, fällt die Schleuse in ihren Dornröschenschlaf zurück. Aus den alten Pappeln läßt der seltene Pirol wieder seinen wunderschönen, lautflötenden Ruf „düdlia – dlüo" erklingen. Er ist leuchtend gelb und hat rötliche Augen. Und in den Mai- und Juninächten schlagen die Nachtigallen in den Hecken. Eine ist dabei, die schluchzt und weint wie eine Zigeunergeige.

Als der alte Schleusenmeister noch lebte und Dienst tat, kam ich mit einem Schiff hier vorbei, das einem Freund gehörte und das ich nach Maasholm bringen sollte. Dieser Freund war ein gebildeter Mann und wollte das offensichtlich auch zum Ausdruck bringen: Das Schiff hieß PERSEPHONE, nach der Tochter des Zeus und der Demeter, die später mal den Hades geheiratet hat. Ich machte damals vor der Schleuse fest und ging zum Alten hoch, um zu klarieren. Er erwartete mich und hatte bereits Bleistift, Stempel und Quittungsblock zurechtgelegt.

„Wo heet din Schipp?" wollte er wissen.

„PERSEPHONE", antwortete ich.

„Segg dat no mol."

„PERSEPHONE."

„Son Schiet schriew du man sülben, min Jung", sagte er und schob mir den Block hin. Ich tat wie mir geheißen und erklärte ihm, daß es nicht mein Schiff sei und den Namen daher auch nicht von mir erhalten habe, daß Persephone aber eine griechische Göttin sei. So viel Albernheit nahm er nur kopfschüttelnd zur Kenntnis.

Im nächsten Jahr kam ich mit meinem eigenen, neuen Schiff AZIMUTH hier vorbei.

„Wo heet din Schipp?" ging's wieder los.

„AZIMUTH", antwortete ich.

„Din Schipp?" wollte er wissen.

„Jo, min Schipp", sagte ich.

Mißbilligend sah er mich an, mich, den er bis zur Stunde immer für einen normalen Menschen gehalten hatte. Dann sagte er:

„Mann, Mann, wat is dat nu wedder för ne orientalsche Hure, disse Azimuth."

Dieser oder jener mag sich sowieso schon darüber gewundert haben, warum sich meine AZIMUTH mit h am Ende schreibt, und wenn ich schon dabei bin, will ich auch für die, die's nicht wissen sollten, erklären, daß das Azimut (wohlgemerkt, im deutschen ohne h) eine bestimmte Winkelgröße ist, die man zur astronomischen Standortbestimmung benötigt.

Ich hätte diesen Namen ja auch gern ohne h aufs Heck geklebt, doch nach Beendigung der Klebearbeit – gewissenhaft wie ich bin, hatte ich einen Zweikomponentenkleber dazu genommen – mußte ich feststellen, daß der erste Buchstabe um eine Breite zu weit backbords gerutscht war. Ohne Schmirgelei wäre das Ganze nicht mehr wegzubekommen gewesen. Mein ästhetisches Empfinden aber war so nachhaltig gestört, daß ich nachzudenken begann und verhältnismäßig schnell die Lösung fand: Ich ließ den Namen einfach stehen, wie er war, und klebte lediglich ein h dahinter.

Mit der Schlaferei an jenem Nachmittag wurde nicht viel. Wenige Minuten zuvor hatte ich Pits Aufsprung aufs Deck gehört. Gleich darauf setzte Hundegebell ein. Da stand wohl draußen eine Auseinandersetzung bevor. Hier war zur Zeit sowieso nichts Besonderes los, so daß eine kleine Rangelei zwischen Hund und Katze schon eine angenehme Unterbrechung sein konnte – tierpsychologisch meistens hochinteressant. Ich steckte den Kopf aus dem Niedergang. Da stand ein kleiner Hund, anzusehen wie eine Schlummerrolle mit Fransen, die ihm über die schwarzen Augen hingen, und blickte schwanzwedelnd auf AZIMUTH herunter, während Pit, der auf dem Kajütdach saß, zu ihm hochsehen mußte. Aufmerksam studierte ich das völlig gegensätzliche Verhalten von Katze und Hund. Die Wissenschaft meint, daß dies auch der Grund für ihre sprichwörtliche Feindschaft ist.

Der Hund hatte seine Ohren aufgestellt. Pit die seinen flach an den Kopf zurückgelegt. Er sah wie ein kleiner, wütender Puma aus und knurrte dumpf und warnend hinten in der Kehle. Der Hund dagegen bellte und wedelte lebhaft mit dem Schwanz. Pit hatte den seinigen lang und gerade nach hinten weggestreckt, nur die Schwanzspitze zuckte hin und her. Der Hund kannte Katzen, das sah man ihm an, und hatte nichts gegen sie. Er wäre sogar zu einem Spielchen bereit gewesen. Pit aber hat eine Menge gegen Hunde. Sie sind ihm zu laut und den Menschen gegenüber zu demütig, nicht stolz genug, eben zu hündisch. Da er weiß, daß er auf seinem Schiff sicher ist, setzte er zum Sprung an und machte einen Satz auf den kleinen Hund zu. Der erschrak und sauste die regennasse Böschung hoch. Dort bellte er sich die Seele aus dem Hals.

Das rief den Schiffer von ANNEGRET auf den Plan.

,,Wullt du woll Freden gäben, lüttje Töle'', schimpfte er, weil er sich belästigt fühlte. Dann sah er mich und sagte:

,,Wenn du Kaffee und Koken hebben wullt, komm röber no uns Schipp.''

Ich ging rüber, und wir tranken auf dem alten Binnenschiff Kaffee, drei recht betagte Leute, die voller Geschichten steckten und einander gern mochten.

Ursprünglich wollte ANNEGRET hier liegenbleiben, doch ein Telefonanruf aus Hamburg änderte diesen Plan. Sie legte denn auch bald ab. Der alte Schiffer ging hinters Rad. Er stand in der Öljacke im Regen, weil das Ruderhaus der niedrigen Brücken wegen gelegt werden mußte. Seine Frau kümmerte sich um Trossen und Holzfender. Langsam tuckerte das Schiff durch die Schleusenkammer, Richtung Otterndorf. Am nächsten Morgen wollten sie von dort nach Hamburg weitergehen.

Ob ich verstanden werde, wenn ich sage, daß dies Abschiede sind, die mir zu Herzen gehen? So kleine Binnenschiffe werden nicht mehr gebaut, diese ganz spezielle Art von Schiffern wird immer weniger. Vielleicht werde ich die beiden Annegrets und den alten Schiffer nie wiedersehen.

Aber da kam Leben in die Bude. Ein holländisches Schiff lief ein, und machte bei vielerlei Manöver eine Menge Wellengeschwabbel, um sich dann vor mich an die Spundwand zu legen. Ich vernahm Radiomusik, dann sah ich das bläuliche Geflimmer eines Fernsehapparates. Das Schiff hieß FROUW ANTJE. Ein hübscher Name.

Der nächste Morgen lugte häsig durch Wolken und Wind. Ich verabschiedete mich vom Schleusenmeister und wurde zusammen mit dem holländischen Boot geschleust. Es war ein großes, eisernes Plattbodenschiff, stabil und gemütlich, bunt angepinselt und mit mancherlei Schnitz- und Fancywork versehen, so wie die Holländer das eben lieben. Frau Antje, eine hübsch anzusehende, mollige Deern, stand neben ihrem Mann am Ruder. Ich winkte den beiden einen Gutenmorgengruß zu.

Sie gingen aus der Schleuse und zimmerten sofort mit Full speed ab. Der Schleusenmeister runzelte mißbilligend die Brauen aber als Staatsdiener liebt er Rapporte wenig, Ausländern gegenüber schon gar nicht, weil nichts dabei herauskommt. Außerdem sind Schleusenmeister bei Schiffen und Polizisten bei Autos gehalten, bei Ausländern nicht den üblichen Behördenton wie ihren Landsleuten gegenüber anzuschlagen, sondern aus Gründen des Devisengeschäfts ein wenig höflicher zu sein. Manche beherzigen das sogar.

Mein Schleusenmeister hier in Lintig machte die Tür seines Glaskäfigs noch einmal auf und rief mir nach:

„Du, wenn du sie mal verscheuerst, vergiß mich nicht. Du hast mir versprochen, daß ich erstrangig bin."

„Erstrangig? Du bist allenfalls dritte Wahl, aber wenn sie jemand kriegt, bis du das! Ganz fest versprochen."

Ein Schleusenmeister ist, was den Kauf eines Schiffes anbetrifft, kein Onassis, und meiner hier wollte so gern ein Segelboot haben, aber zu einem Neubau reichte es halt nicht. Ich blickte über die Schulter zurück zu ihm hoch und sah, mit welch liebevoller Zärtlichkeit er auf die edlen Linien meines Schiffes herunterblickte. Die kleinen, minderbemittelten Leute sind es, die ihr Herz noch mit aller Intensität an eine Sache hängen können. Wenn ich selber auch nicht gerade minderbemittelt bin, fühle ich mich dennoch ihnen zugehörig.

Die beiden Holländer waren bereits außer Sicht. Am aufgeregten Kanalwasser ließ sich erkennen, daß sie immer noch einen Affenzahn drauf hatten. Da ihr Schiff später in Bederkesa an der Spundwand lag, führte ich ihr ungewöhnlich scharfes Anfangstempo darauf zurück, daß sie noch Lebensmittel und Benzin brauchten und nicht allzuviel Zeit verlieren wollten, um die Schleusung in Otterndorf nicht zu verpassen, die von der Cuxhavener Tide abhängig ist und etwa gegen 16 Uhr stattfinden mußte. Bei Einhaltung des vorgeschriebenen Limits würden wir zum Mittagessen dort sein. Zeit genug also.

Da die Herren aus Norddeich sich mit ihrer Schönwetterprognose offensichtlich wieder einmal schwer taten, zog ich die Kapuze über die Ohren, hockte, mit meinen Lebensumständen zufrieden, im Nieselregen, hinter der Pinne und sah den Bisamratten zu, die von Ufer zu Ufer schwammen und sich in ihrer dickfelligen Art durch das Schiff in keiner Weise stören ließen, sondern einfach darunter hindurchtauchten. Der Wind ging allmählich von Nordwest auf Nord herum und schien sich wohl doch um die Norddeicher Anordnung zu kümmern, langsam auf Ost zuzupendeln. Alles bestens. Seemännisch in keiner Weise gefordert, dachte ich an nichts Bestimmtes, atmete friedlich vor mich hin und ging in eine gemütliche, weitausgezogene Kanalkurve, als jäh unmittelbar neben mir quäkendes, nebelhornähnliches Getute einsetzte. Normalerweise hört man ja den Motor eines achterlich aufkommenden Schiffes, aber mein Motor lief schließlich auch. Außerdem hatte ich die Kapuze über den Ohren und fuhr die vorgeschriebene Geschwindigkeit, so daß mich eigentlich niemand überholen konnte. Erschrocken schor ich hart steuerbords aus dem Fahrwasser und spürte, wie mein Kiel durch den moorigen Boden schleppte. Das ist ein Gefühl, als wenn man mit geschlossenen Augen im Seesand liegt und plötzlich von einem Spaßvogel ganz sachte in die Magengrube getreten wird – unangenehm jedenfalls.

Also fuhr ich wie von der Tarantel gestochen herum. FROUW ANTJE passierte mich mit rauschender Bugwelle in einer Entfernung von etwa 60 Zentimetern. Da ich kein Holländisch spreche, versuchte ich mir zunächst mit pommerschem Platt weiterzuhelfen: „Hebbt ji'n Vagel?" Das verstand Frau Antje jedoch nicht wie ich ihrem Gesichtsausdruck entnehmen konnte. Auch nicht: „Büschen mall, wa?" mit entsprechendem Fingerzeig.

Erst mit „stupid, crazy, silly" zeitigte ich eine gewisse, wenn auch schwache Wirkung, die darin bestand, daß Frau Antje eine abwertende Handbewegung zu mir hin machte und zusätzlich die Mundwinkel verächtlich nach unten zog. Da waren sie auch schon vorbei und quirlten mit etwa zwölf Stundenkilometern munter davon. Ihr Beiboot, viel zu lang angebunden, tanzte in Schlangenlinien hinterher. Auch ich mußte vorübergehend Vollgas geben, sah, daß mein Schraubenwasser mit Torfschlamm durchsetzt war und dunkelbraun hinter mir herquirlte, kam aber leicht wieder frei.

„Du verdammter Mijnheer scheinst wohl nicht zu wissen, daß der Schleusenmeister Karlsdorf in Otterndorf mein Freund ist, den ich veranlassen könnte, dir deine krummen Pfeffersackbeine langzuziehen", dachte ich erbost, war dann aber schnell wieder versöhnlich gestimmt: „Ach was, wenn man von ihrem Verhalten absieht, ist diese Frau Antje doch recht attraktiv."

Ich hatte aber auch allen Grund zur Zufriedenheit. Die Wolken, die tags zuvor noch grau, regenschwer und so tief vor dem scharfen Wind dahinsegelten, daß sie ihre dicken Hängebäuche an den Pappeln am Horizont strählten und in ihrem Bemühen, mir Wasser zwischen Hals und Öljacke zu spritzen, keinen Augenblick nachließen, fingen an, höher zu fliegen. Der Regen wurde dünner und versprühte eine gewisse Zuversicht, wie das auch die Hansawelle von Radio Bremen tat, die das sprichwörtliche Blau vom Himmel herunterlog.

Durch viele dieser Orakel mißtrauisch geworden, wandte ich meine Aufmerksamkeit lieber Dingen zu, die mir für eine Wetterprognose als sicherer galten: Da waren zunächst die Schwalben wieder da, ganz plötzlich und wie hingeweht. Sie flogen allerdings noch so tief, daß sie ihren silbrigen Bauch oft ins braungoldene Kanalwasser tauchten. Schlagartig erschienen auch die Lachmöwen auf dem Plan und ließen das Boot nicht aus dem Auge, immer in der Hoffnung, daß vielleicht doch etwas über Bord fallen könnte, was freßbar war – sie machen selbst vor Zahnpastaschaum nicht halt. Dann aber kam er wirklich, der ersehnte Silberstreif am Horizont. Das war das Startsignal für die Lerchen. Zu Hunderten stiegen sie auf. Einhandsegler haben Zeit zum Nachdenken, die sehen sich so was an und wundern sich, wo so ein kleiner Federball nur die unglaubliche Puste hernimmt, wie rasend mit seinen Flügelchen zu schlagen und dabei zu singen, was die Kehle hergibt.

Schräg über mir hing so ein winziger Musikant hoch in der Luft.

Da stockte mir der Atem. Ein schwarzer Punkt fiel aus dem grauen Himmel, wurde größer und immer schneller und wurde zum heranrasenden braunen Strich. Auch die Lerche ließ sich wie ein Stein zu Boden fallen. Es war ein verzweifeltes, aber vergebliches Bemühen. Dem Wanderfalken entging sie nicht. Der hat beim Sturzflug über 200 Kilometer auf seinem Tachometer.

Armes, kleines singendes Vögelchen. Oder? Auch dieser Falke hatte lange nichts gefressen; außerdem war es Ende Mai, und im Horst hatte er sicher eine Menge Nestlinge, die satt werden wollten. Da zeigte sie sich wieder, die Nahrungskette, da traf das „friß oder werde gefressen" wieder zu, da bewies die Natur eindringlich, daß sie auf unsere menschlichen Gefühlsduseleien pfeift.

Ich motorte weiter und war entschlossen, dem Hafenmeister Karlsdorf die FROUW ANTJE doch nicht zu melden – was ich freilich bald bereuen sollte.

Als ich gegen Mittag die letzte scharfe Kanalkehre vor Otterndorf erreichte, riß der Himmel in einem breitklaffenden, hellblauen Spalt auf, dessen sich sofort die Sonne bemächtigte. Das dunkle Wasser leuchtete silbern auf, kleine Wellen hüpften funkelnd vor der leichten Brise übers Wasser, unter Kopfweiden und Pappeln lagen schwarze Schlagschatten. Mich selber nahm die Sonne liebevoll in die Arme und wärmte mein Gesicht und die nassen, klammen Hände, so daß ich mich behaglich räkelte und streckte wie ein zufriedener, alter Kater.

Das mußte mir automatisch meinen Kater Pit ins Gedächtnis zurückrufen. Er war die letzten Stunden so merkwürdig ruhig gewesen. Da hinter der erwähnten Steilkurve der Kanal fast gradlinig verläuft, arretierte ich die Pinne und lugte von oben auf meine Steuerbordkoje herunter. Sie war leer. Das hatte allerdings nicht allzuviel zu besagen. Ich kontrollierte meinen Kurs noch einmal, stieg schnell den Niedergang herunter und befühlte das Fußende der Koje. Wie erwartet war der Platz wunderbar durchwärmt.

Dieser durchtriebene Dachhase hörte natürlich ganz genau, wenn ich die Pinne verlasse, weil dabei ein leichtes Knarren der Gräting im Cockpit unvermeidlich ist, hebt sich augenblicklich hinfort und verschwindet in Schiffswinkeln, die nur ihm zugänglich sind. Dort wartet er, bis mein Zornesanfall vorüber ist, und hat ein feines Gespür dafür, wann der Zeitpunkt seines Wiedererscheinens am günstigsten ist, und die Sache möglichst ohne Krach oder gar leichten Tritt in den Hintern abgeht. In den seltenen Fällen, wo ich ihn aber mal in tiefstem Schlummer auf meiner Koje überrasche, reißt er eins seiner großen, porzellanblauen Augen auf, macht es aber sofort wieder zu. „Seh ich dich nicht, siehst du mich vielleicht auch nicht" oder „Wer sich bewegungsarm verhält, wird schwerer entdeckt", so oder ähnlich mögen bei diesen

Verhaltensweisen seine Gedankengänge sein. Im großen und ganzen aber hat er, und das möchte ich zu seiner Ehrenrettung ausdrücklich festhalten, einen lauteren Charakter.

„Na, komm schon her, Pit", sagte ich in einem Ton, von dem er weiß, daß keine Unannehmlichkeiten mehr für ihn zu erwarten sind, nahm ein Kissen und ging an die Pinne zurück. Sofort hüpfte er wie ein Gummiball hinter mir her, schnurrte wie ein Spinnrad, rieb seinen runden Katerkopf an meiner Wade und wandte sich dann interessiert dem Kanalufer zu, weil dort ein Schof hübscher, schneeweißer Hausenten schwamm, von denen er von Geburt an weiß, daß sie eßbar sind. Er sah mir prüfend in die Augen, um festzustellen, wie's um ein Anlegemanöver bestellt wäre, begriff schnell, daß da nichts zu machen war, sprang auf sein Kissen und begann gewissenhaft mit seiner Morgentoilette. Wie wohl alle Edelkatzen ist Pit stets so sauber und adrett, als wenn er soeben aus der Waschmaschine gekommen wäre.

Als ich wenig später Otterndorf erreichte, galt mein erster Blick den kleinen Anlegern auf Steuerbordseite. Gott sei Dank, da lag sie wieder, die FLUNDER, das Schiff meines Freundes Karl. Alle älteren Segler Norddeutschlands, die hier gelegentlich Station machen, kennen ihn. An Bord aber rührte sich nichts. Ich suchte mir am schwimmenden Anleger einen guten Platz.

FROUW ANTJE war, nur durch eine Kanalbreite von mir getrennt, am jenseitigen Ufer festgemacht.

Ich kletterte zur Brücke hoch, sagte dem Schleusenmeister Karlsdorf guten Tag und ging dann zur FLUNDER herunter. Sie war nun bald 40 Jahre alt. Der alte Karl Hanuß hatte sie selbstgestrickt, aus Eisen. Stets im Frühling legte er mit den Schwalben hier in Otterndorf an, im Herbst zog er mit ihnen wieder nach Bremen davon. Zehn Jahre lang hatte Karl mir jedes Jahr gesagt, daß jetzt aber endgültig Schluß sei, aber jedes Jahr war er mit seinem braven Schiff wieder hier. Er war nun im 86. Lebensjahr. Der Liegeplatz vor der Schleuse gehörte nur ihm allein, der Schleusenmeister hatte ihn eigens für ihn reserviert.

Als ich aufs Deck der FLUNDER klopfte, meldete Karl sich nicht. Er war nach Otterndorf zum Einkaufen gegangen, wo er mit den Eier-und Butterweibern an deren Ständen gern ein bißchen feilschte. Nach guten und zu seinem Vorteil abgewickelten Geschäften besuchte er dann den

„Goldenen Hahn" und gönnte sich einen, wie man so sagt – ein Bier und zwei Körnlein.

Gerührt stand ich über dem alten, kleinen Schiff, das eigentlich gar nicht FLUNDER, sondern WALROSS heißen sollte. Vor dem Stapellauf hatte Karl sich eine wundervolle Eichenplanke besorgt und sich an das mühselige Werk gemacht, mit Stichel und Schnitzmesser den Namen WALROSS schön und plastisch aus dem Holz erblühen zu lassen. Als

der dann Blasen an den Händen hatte und nach langer Zeit alles fertig war, kamen zahlreiche Gäste, um einen Kleinen zu trinken und sich das Schnitzwerk anzusehen. Leider war auch ein sehr Gebildeter dabei, der Karl darauf hinwies, daß man Walroß nur mit einem l schreibt.

Angewidert warf Karl das Eichenbrett auf den Mist beziehungsweise verheizte es, denn sein Boot hatte damals noch einen mit Holz, Kohle oder Torf zu betreibenden Eisenherd im Vorschiff stehen. Die Abgase wurden durch ein Rohr über Deck geleitet. Selbstverständlich hatte sich Karl inzwischen den modernen Zeitläufen angepaßt und einen Petroleumkocher installiert.

Eins aber hat er nie wieder getan: Er hat kein Schnitzmesser mehr in die Hand genommen. Er begnügte sich damit, FLUNDER mit schwarzer Farbe aufs Heck zu pinseln.

Ich ging zu AZIMUTH zurück, weil mir der Schleusenmeister gesagt hatte, daß in etwa einer Stunde geschleust würde. Diese Zeit braucht man, um Talje, Werkzeug sowie stehendes und laufendes Gut für das Aufstellen des Mastes im hinter der Schleuse gelegenen Otterndorfer Hafen parat zu haben.

Dem Schleusen geht als Präliminarium stets die gleiche rituelle Amtshandlung des Schleusenmeisters voraus. Er stellt sich übers schwarze, eiserne Mittelschleusentor und ruft lauthals: „Fertigmachen!" Daraufhin entwickelt sich eine Art Korso, der in entgegengesetztem Uhrzeigersinn unter dem Schleusenmeister paradiert, der wohlgefällig seine Flotte unter sich kreisen läßt.

Alle motorten schön linksherum, nur FROUW ANTJE mit dem Mijnheer am Ruder ging eigene Wege und fuhr rechtsherum. Ihr Skipper wurde vom Schleusenmeister per Megaphon darauf hingewiesen, daß er bei solchem Fehlverhalten wenigstens sein Beiboot dichterholen sollte, das immer noch an zu langer Leine in Schlangenlinien hinter ihm herkurvte.

Sieh an, auf einmal verstand er Deutsch und war sogar bereit, dieser Anweisung nachzukommen. Dazu übergab er Frau Antje vorübergehend das Ruder. Sehr zu meinem Nachteil, denn durch den Korso verunsichert, hielt sie mit ihrem schweren Eisenkahn vierkant auf mein Schiff zu. Entweder Ramming oder hart Ruder. Letzteres aber bedeutete: rin in den Mutt. Schon das zweitemal, daß mich FROUW ANTJE in den Dreck jagte.

Das Tor war jetzt hoch, und FROUW ANTJE wollte sich hurtig davonmachen. Sie sollten mich aber rückwärts aus dem Schlamm ziehen. Ich sah, daß sie dazu keinerlei Anstalten machten, und da ich hoffte, daß sie möglichst viel Pidgin-English verstanden, schoß ich eine Salve recht häßlicher englischer Seemannsflüche hinter ihnen her, behielt mein schwerstes Geschütz allerdings in Reserve. Wie man noch sehen wird, war das sehr durchdacht. Der Schleusenmeister drohte dem Troublemaker mit der Faust und zeigte nach mir.

War ja alles halb so wild. Ich ließ den „Sohn des Himmels" rückwärts gehen, und als er die schwere Fuhre aus dem Mutt nicht herausgezogen bekam, ging ich mittschiffs, griff in die Wanten und krängte das Schiff einmal nach links und dann nach rechts weg. Schon waren wir frei.

„Hör zu", rief ich dem Schleusenmeister hoch „gleich bring ich dir die beiden in Handschellen nach oben, schmeiß du schon die Seilschlinge übers Schleusentor. Wollen sie baumeln lassen. Hurry up, Ladykiller!"

„Lasso leider kaputt, sonst gern zu Diensten, Sheriff", erwidert er.

Später würden wir ein Bier zusammen trinken, jetzt aber mußte ich aufpassen: Durch die Verspätung stand schon eine Menge Strom in der Schleuse.

Ich passierte das uralte, dicke, hölzerne Schleusentor und hatte die Kanalbrücke über mir. 100 Meter weiter schwenkte ich ins Hafenbecken, fand einen guten Stegplatz und machte mich unverzüglich daran, meinen Mast aufzustellen, und zwar so gewissenhaft und für alle Windstärken berechnet, daß er nun für ein paar Wochen wartungsfrei durchhalten würde. Dann ging ich zur Schleusenbrücke zurück. Es war später Nachmittag, die Kaffeezeit war vorbei, auf der Brücke herrschte reges Leben.

Otterndorf ist das Eldorado für altgewordene Segler aus Bremen, Bremerhaven und näherer Umgebung. Des Schotenreißens auf Nord- und Ostsee, auf Weser und Elbe müde, kommen sie mit Jollenkreuzer oder Motorboot hierher, legen sich gemütlich an Steg und Anleger und verbringen an Bord ihrer Schiffe viele wundervolle Sommerwochen. Das Charakteristikum dieses Idylls aber ist die Brücke, die sich über die Tunnelschleuse spannt. Es ist eine Kommandobrücke, denn auf ihr stehen sie mehrfach am Tage, diese alten Fahrensleute und Segler, sehen über die Elbe, nach links bis zur Kugelbake von Cuxhaven, nach rechts bis zum schnellen Brüter von Brunsbüttel und geradeaus weit über die in blauem Dunst liegende Elbuferlinie Schleswig-Holsteins hinweg. Sie wissen alles voneinander, meistens seit Jahrzehnten. Deswegen haben sich Gruppen gebildet, Hierarchien, die einen gewissen Abstand voneinander einhalten. Nicht etwa, daß sie sich besonders böse wären, nein, aber diese Alten haben vielerlei spezielle Gewohnheiten angenommen, die sich keinesfalls mit denen ihrer Nachbarn decken.

Selber auf dem Weg ins Alter, studiere ich seit Jahren aufmerksam ihr Betragen und versuche daraus mein zukünftiges Verhalten als voraussichtlich späteres Mitglied dieser Brückencrew abzuleiten. Aber das hat noch gute Weile, da ich für diese zwischen 70 und 87 Jahren liegenden Altersschichtungen noch ein verdammt junger Pensionär bin, der hier weder Sitz noch Stimme hat und allenfalls diese oder jene Bierbuddel aus Schleusenmeister Karlsdorfs kleiner Kneipe auf die Brücke hochholen darf, ehe er ernsthaft zur Kenntnis genommen wird.

Ein besonders ins Gewicht fallender Nachteil für mich ist der, daß ich weder bei der Kriegsmarine gedient habe noch bei der Handelsmarine gefahren bin. Da helfen die größten Meriten beim Heer nicht, hier werde ich stets zum Stoppelhopser degradiert sein.

Das Verhalten der Bootsfrauen paßt sich nahtlos dem ihrer Herren Kapitäne an, natürlich mit ein wenig mehr Neugier gepaart, dafür aber mit erheblich größerer Gleichgültigkeit unseren Heldentaten auf See und Land gegenüber. Da kommt man nur mit ausgesuchter Höflichkeit weiter. Karlsdorfs kleine Kneipe hilft auch hier. Man kann da für den nächsten Morgen Brötchenbestellungen aufgeben. Als Frühaufsteher hole ich dann die Tüten herunter und lege sie ins Cockpit. Solches Tun findet die gleiche Anerkennung wie die Bierbuddeln auf der Kommandobrücke.

Nur in eine Sache kann ich mich noch nicht so recht hineindenken. Die meisten Menschen bemühen sich doch, ihr Alter zu kaschieren und das Geburtsdatum um ein paar Jährchen zu ihren Gunsten zu verschieben. Das ist hier völlig anders, weil da ein merkwürdiger Altersstolz aufkommt. Der Slogan „Alter ist kein Verdienst" ist hier jedenfalls völlig deplaziert. Auf dieser Brücke trägt der Seniorenchef sein Alter wie einen Verdienstorden vor sich her. Der 87jährige läßt den 86½jährigen seine Würde durchaus fühlen, was letzteren häufig zu der Bemerkung veranlaßt: „Kiek mol, wie disser Hein do wedder afstackert, recht knickebeinig. Lange mokt he dat ook nich mehr."

Möge der liebe Gott oder Rasmus oder Neptun, wer auch immer, geben, daß diese ganze liebenswerte Crew es noch recht lange macht, ehe wir an der Reihe sind, um auf der Brücke zu diskutieren und maßgeblich mitzubestimmen, ob das im fernen Fahrwasser vorbeiziehende Seeschiff 13 000 oder 14 000 Tonnen hat, ob die große, von der Elbe kommende Segelyacht, die gerade die äußerste Kanalmarkierung – Eisenpfahl mit Nordtoppzeichen passiert, bei ihrem wirklich beschissenen Fahrverhalten verdientermaßen aufbrummen wird oder ob den beiden großschnauzigen, langmähnigen Piratenseglern unten am Steg beim Kommiß die Hammelbeine nicht getrost ein wenig länger hätten gezogen werden können.

Dann kam der Alterspräside tatsächlich die Treppe von seinem Boot hochgestakt – mein Freund Karl. Er ging jedoch nicht zu dem ihm zustehenden Platz ans Brückengeländer, um, die Arme auf die Brüstung gelegt, seine Blicke über das wundervolle Elbpanorama mit seinem Schiffsverkehr schweifen zu lassen, wie er das sonst zu tun pflegte. Mich hatte er noch nicht gesehen, weil er sofort das Brückenende, gewissenmaßen die Brückennock, ansteuerte und dort für sich allein stehenblieb. Da stimmte doch was nicht?

„Tag, Koarl", sagte ich, „was ist mit dir?"

„Junge, Hoarst, fein, daß du da bist. Komm, wir gehn einen trinken."

Wir taten das – und nicht nur einen, denn ich hatte es mit einem trinkfesten Burschen zu tun. Er war mal als Seemann angefangen, hat aber in aller Welt schon jegliche Arbeit verrichtet, war Tellerwäscher, Goldgräber, Holzfäller, Plantagenarbeiter und wußte von den Kohlengruben Pennsylvanias Erstaunliches zu berichten. Er steckte bis zum Decksprung voller Geschichten. Na gut, ich will zugeben, daß diese alte Teerjacke in ihren Geschichten die Butter manchmal ein bißchen dicker aufs Brot schmierte, als es der Realität entsprach. Aber wer kann mir auch nur einen Segler nennen, der von der Wahrheit manchmal nicht ein wenig ausufert? Da ist schnell dahergeredet: „Mein lieber Mann, damals von Helgoland zur Außenweser, pottendichter Nebel, Vorstag nicht zu sehen, aber, glaub's oder glaub's nicht, die Heultonne Nordergründe mitten auf'n Kopp." So was ist jedoch das Salz in unserer Segelei, und wir machen die Abstriche von diesen Storys schon selber, damit alles schön im Rahmen bleibt.

Im hohen Alter wird man aber wohl hartherzig, beinahe grausam. Jedenfalls hatte ein paar Tage zuvor, als Karl auf die Brücke kam, ein junger 75jähriger Spund laut und für alle vernehmlich gesagt: „Schön Dag ook, Lögenkoarl."

Das hatte den alten Mann hart getroffen, und seitdem hielt er sich lieber abseits.

„Eigentlich 'ne Schweinerei", sagte ich, wußte aber, daß sich derlei Querelen wieder einrenken würden. Was wäre die Brücke auch ohne sie?

„Laß uns man heute ordentlich einen nehmen", ließ Karl wissen.

Lange nach Mitternacht brachte ich ihn auf die FLUNDER, legte ihn auf seine Koje und deckte ihn sorgfältig zu. Er schlief sofort ein.

Ich kletterte über den Koppelzaun und machte mich auf den Weg zu AZIMUTH zurück. Über den Wiesen hing ein leichter, flacher Bodennebel, aus dem die Kühe nur mit den Köpfen herausschauten. Ein bißchen gespenstisch sah das aus. Plötzlich machte es „miau". Mein Kater war neben mir. Auch er wollte nach Hause. Ich nahm ihn hoch, doch mit allen Zeichen des Entsetzens strebte er wieder nach unten. Ich roch mal wieder ein bißchen nach Schnaps.

Schlimm konnte das aber nicht gewesen sein, denn als ich am nächsten Morgen aufwachte, lag er zu meinen Füßen auf der Koje.

Endlich wieder im Kiel-Kanal

Wie Horst zum germanischen Wüterich wurde – Impressionen vom Nord-Ostsee-Kanal – Die Dame mit den roten Lippen, die strahlten wie ein Backbordlicht – Kampf mit einem Schwanenvater – Ratschläge für Lord Nelson

Viel Schlaf bekamen Pit und ich nicht in dieser Nacht. Mit der Sonne tuckerte ein Fischkutter in den kleinen Hafen und mit ihm das lärmende Möwenvolk. Ich rannte in Badehose zum nahen Wasserhahn und schrubbte mir die leichten alkoholischen Nachwehen aus Kopf und Gliedern. Ein heißer Kaffee, Eier mit Speck, Leinen los, und gutmütig brummend nahm der „Sohn des Himmels" seinen Frühdienst auf. Achtsam motorte ich die Prickenreihe entlang bis zum eisernen Enddalben mit dem Nordzeichen im Topp. Dort nahm ich das Glas und sah zur Brücke herüber. Sie war leer. Die Segelbruderschaft lag noch in der Koje und schöpfte dort neue Kraft für den Kampf um Rangordnung und Querele, aber auch für viel Spaß und manchen munteren Seemannsschnack.

Ich setzte die Segel. Eine kleine Morgenbrise ließ AZIMUTH munter vor sich hermarschieren. Die Stromgeschwindigkeit des auflaufenden Elbwassers trug zu unserem Sechsmeilentempo erheblich bei. Keine zwei Stunden, und die Brunsbütteler Schleusen würden backbords aufkommen. Die Elbe benahm sich wunderbar gesittet, was sie durchaus nicht immer tut.

Aber was war das? Na was wohl? Da segelte doch ziemlich weit vor mir FROUW ANTJE. Zufrieden stellte ich fest, daß ich dem Holländer näher kam, dessen Schiff aus Gründen des Gewichts, seiner behäbigen

Breite und seines unvorteilhaften Segelschnitts nicht besonders schnell sein konnte.

,,Na warte, Troublemaker'', dachte ich, holte hier ein bißchen dichter, fierte da ein wenig mehr und verhalf der kleinen Brise zum vorteilhaftesten Einfall in Groß und Fock. Wir holten ganz schön auf. Ich war enttäuscht, als FROUW ANTJE lange vor der Schleuse bereits die Segel wegnahm und mit aufrauschender Bugwelle davonmotorte. Die mußte wirklich einen Hammer von Motor vor der Schraube haben.

Ich holte das Glas hoch. Zahlreiche Kollegen tummelten sich bereits vor der Schleusenkammer, ließen die auslaufende Berufsschiffahrt passieren und warteten ungeduldig auf das unterbrochene weiße Licht am Sinalmast, das das Einlaufen gestattet.

Troublemaker hatte es besser als ich gemacht. Als sein Heck durchs Schleusentor ging war ich noch 100 Meter davon weg – der letzte. Ein Schleusenmeistergehilfe – bestimmt beleidigte ich ihn mit dieser Amtsbezeichnung – stand auf der Schleusenmauer und ließ den rechten Arm wie einen Windmühlenflügel kreisen, während er den linken angewinkelt nach oben in die Luft stieß, womit er mir begreiflich machen wollte, daß ich tunlichst beschleunigen und mehr Gas geben möchte.

Gehorsam kam ich seinem Antrabebefehl nach, zinkte dem ,,Sohn des Himmels'' die Sporen ein, erschreckt wieherte er auf, setzte sofort zum Galopp an und tat sein Bestes. Das aber genügte dem Gehilfen noch nicht, er steigerte seine konvulsivischen Zuckungen. Aber schneller ging's nun wirklich nicht mehr, ich hatte die Kapazität meines Motors voll ausgeschöpft, was für den vorliegenden Fall besagte, daß wir mit Höchstgeschwindigkeit aufs Schleusentor zuschossen, was allerdings eine Stundengeschwindigkeit von nur 11 Kilometern bedeutete.

Als wir nun so dahinjagten, gelang es mir, einen schnellen Blick durchs weitgeöffnete Schleusentor zu werfen und nach einem günstigen Festmacheplatz Ausschau zu halten. Die Schleusenkammer aber war gerammelt voll, bis vornehin dicke Pötte und hinten das Wassersportvolk in zwei Päckchen auf Backbordseite. Ein einziger Platz war noch frei. Doch nicht lange: Dieses verfluchte, mir nun sattsam bekannte Beiboot von FROUW ANTJE, das wie immer unkontrolliert umherschwänzelte, legte sich quer vor die schmale Gasse, die sich zwischen einem dicken polnischen Pott auf Steuerbordseite und Troublemakers ANTJE auf Backbordseite bildete.

Es bimmelte. Wenige Meter hinter mir schloß sich das gewaltige Schleusentor. Trotz aller Lobpreisungen ist der „Sohn des Himmels" für Manöver auf schmalstem Raum nicht sonderlich geeignet. Es ist so eine Art Eiertanz, den ich aufzuführen gezwungen bin. Ich schrie den Mijnheern an, daß er seinen gottverfluchten Äppelkahn endlich aus der Gasse ziehen sollte. Bei dem Radau in der Schleuse hörte der aber nichts. Da nahm der Schleusenmeistergehilfe sein Megaphon zur Hand und verstärkte mein Geschrei. Na, endlich begriff der Troublemaker, worum's hier eigentlich ging, zog seinen Tuffel wie eine Ziege am Strick achteraus und knallte ihn mir vor den Steven. Da sich keinerlei Schuldbewußtsein in seinen Zügen regte, legte ich los.

Wer das Vokabular eines englischen Matrosen halbwegs kennt, weiß, daß ein solcher stets damit beginnt, seinem Kontrahenten mitzuteilen, wie wenig er von der Ehrbarkeit von dessen Mutter hält – nämlich so gut wie nichts. Zornrot tat auch ich das, steuerte mit aller gebotenen Vorsicht in die für mich übriggebliebene freie Gasse, warf die schon draußen klargemachten Fender über den Seezaun und schmiß Frau Antje, die auf dem Vorschiff stand, meine Vorleine zu. Sie nahm sie auch an und tüterte sie irgendwie fest.

In den Gesichtern der beiden Holländer sah ich, daß sie meinen hanebüchenen englischen Slang gar nicht verstanden und ich mein bestes Pulver wieder mal umsonst verschossen hatte. Nur die Besatzungen der deutschen Yachten grinsten sich verständnisvoll eins. Ich mußte also von meinem hohen Roß herunter und mich allgemeinverständlicher ausdrücken. Dazu schien mir „Son of a bitch" und „Son of a gun" zunächst versuchsweise geeignet. Es zeigte keine Wirkung. Der Holländer wandte mir lediglich den Rücken zu und begann, über die Nachbarschiffe zu steigen, um oben beim Schleusenmeister zu klarieren. Weil mein Boot achtern immer noch nicht fest war, kletterte ich an Bord von FROUW ANTJE und erledigte das. Die Bordfrau Antje selber hielt sich entsetzt, ängstlich und verunsichert auf dem Vorschiff auf. Ohne den Beistand ihres Kapitäns machte sie einen scheuen, hilflosen Eindruck. Aber ich hatte keine Zeit, das sich in meiner butterweichen Seele bereits wieder regende Mitgefühl aufkommen zu lassen, weil ich das eine Auge auf das herumvagabundierende Beiboot und das andere auf den

Schleusenmeistergehilfen gerichtet halten mußte. Er blickte zu mir her. Ich wollte ihm etwas sagen, konnte mich aber bei dem Radau in der Schleuse nicht verständlich machen. Also zeigte ich mit spitzem Zeigefinger auf meine Brust, dann mit ausgestrecktem Arm die Schleusenkammer entlang, dann mit dem Zeigefinger nach Backbord, wo die Sportboote lagen, dann auf ihn selber und rieb Daumen und Zeigefinger aneinander. Mühelos verstand er, daß ich nicht jetzt, sondern später zum Klarieren und Bezahlen kommen würde. Kopfnickend teilte er mir sein Einverständnis mit. Das konnte er leicht geben, denn ohne 15-Mark-Billett hätten sie mich später in Kiel-Holtenau ohnedies am Kanthaken gekriegt.

Frau Antje hatte meinem Gebaren erstaunt zugesehen. Da betrat Pit die Szene. Er peilte die Lage und sah mit sicherem Tierinstinkt, daß ich wütend war. Also lief er aufs Vorschiff zu Frau Antje – von Frauen hält er sowieso mehr als von Männern –, setzte sich vor sie hin und blickte sie mit seinen himmelblauen Augen an. Antje nahm ihn hoch und streichelte ihn. Ich wußte, daß er jetzt seinen Kopf an ihre Wange drückte und zärtlich schnurrte. Sie hatte ein lächelndes, gelöstes Gesicht und sah sehr hübsch aus. Ihre Lippen bewegten sich. Sie redete freundlich mit meinem kleinen Kater, der so tat, als ob er holländisch verstünde.

Gott sei Dank, daß sie die Sache mit der angezweifelten Ehrbarkeit ihrer Schwiegermutter vorhin nicht verstanden hatte. Mir wurde immer klarer, daß ich mit meinem nörgeligen Altmännergebaren später mal in der Otterndorfer Brückencrew einen Senatorensitz kaum einnehmen würde. Ich mußte mich einfach bessern und ab sofort jeder Verschrobenheit entgegensteuern.

Da kam der Troublemaker über ein halbes Dutzend Decks zurückgeklettert, trat zu seiner Frau und kraulte Pit hinterm Ohr. Dann blickten beide auf mich, den germanischen Wüterich. Sie taten das forschend, besorgt und auch ein bißchen schuldbewußt. Aber dann lachten wir drei wie auf Kommando los. Oranien und Hohenzollern vertrugen sich wieder, hier in der Eingangsschleuse zum Kaiser-Wilhelm-Kanal, den die Seekarten und mithin die Segler aus dem Binnenland Nord-Ostsee-Kanal nennen und der bei der Berufsschiffahrt unter dem Namen Kiel-Kanal läuft.

Noch bestand Hoffnung auf einen Logenplatz auf der Brücke.

„Where are you going to?" fragte ich.

„Next to Maasholm."

„Sorry that's not my course, I am going to Skagen."

„Have a good trip."

„Same to you."

Pit sah, daß Frieden herrschte, und kam jetzt zu mir. Das vordere Schleusentor öffnete sich, wir legten alle ab. Ich lief in den Sportboothafen und bekam dort von dem alten, gut bekannten Hafenmeister das Einverständniszeichen, daß ich gleich ganz vorne am Schlengel liegenbleiben durfte. Das war kein besonders günstiger Platz, aber ich wollte hier nur etwas Wasser und Benzin bunkern, zu Mittag essen und dann noch 40 Kanalkilometer weiterlaufen. Dort liegt die Gieselauschleuse, und vor der wieder liegen Wiesen und Schilfdschungel, die mit zu den Lieblingsjagdrevieren meines Katers Pit gehören.

Ehe ich festmachte, warf ich noch einen Blick über den Kanal. Dort sah ich ein letztes Mal FROUW ANTJE davonziehen. Mit rauschender Bugwelle nagelte sie wieder ganz schön ab. In weitgeschwungenen Serpentinen kurvte das Beiboot hinterher.

Um mich nicht auffällig zu machen und um jeglicher Kritik von Stegnachbarn sowie Passanten zu entgehen, griff ich tief in die Backskiste und kramte daraus mein bestes Sortiment an Leinen hervor. Alles, was auch nur ein bißchen nach Kuhschwanz aussah, sonderte ich aus. Diese Leinenpracht belegte ich auf den Stegringen mit hübschen Roringsteks, die man heutigentags nicht mehr sehr oft sieht und die daher nur noch von Kennern gewürdigt werden. Zufrieden betrachtete ich mein Schiff, das gebändigt und doch mit elastischem Spiel vor Spring, Leine und Fender arbeitete und mit dem kurzen, steilen Wellengeschwabbel, das dort ein Mittelding zwischen Fähre und Arbeitsboot spätestens alle 30 Minuten in den Hafen spuckt, spielend fertig wurde. Der Mann am Ruder dieses Arbeitsbootes, das vermutlich jeder Wassersportler, der in Brunsbüttel einmal gelegen hat, kennt, hatte es zu der erstaunlichen Fertigkeit gebracht, sein Schiff auf den dicht vorm Hafeneingang befindlichen Anleger losdonnern zu lassen und erst dann „voll zurück" zu geben, wenn der besorgte Zuschauer Schiff und Anleger bereits verlorengegeben hatte.

Daß er seinen Kahn lässig beherrschte, war daraus ersichtlich, daß er noch während des Anlegens seinen Kopf über die Schulter wandte und mit einem Auge in unseren Hafen linste, um festzustellen, ob sein Wirken auch effektiv genug war. Das konnte er am wilden Tanz der Masten über den Schiffsdecks erkennen. Mit dem Erfolg mehr oder weniger zufrieden, nahm er eine neue Arbeitsgang an Bord und donnerte mit immenser Hecksee schraubenquirlend wieder davon.

Prüfend sah ich auf meinen Mast; seine Pendelausschläge waren in Grenzen geblieben. Zufrieden holte ich Einkaufstasche und Benzinkanister nach oben, um mich auf den Weg in die Stadt zu begeben, in der es zu meiner besonderen Kurzweil zählt, festzustellen, ob sich die Auslagen in den Geschäften seit dem Vorjahr verändert haben, weil sie das in der Mehrzahl der Fälle nicht tun. Darüber bin ich sehr froh, weil das zu der gemütlichen Stimmung, mit der der Kiel-Kanal nun mal für mich umgeben ist, ganz wesentlich beiträgt.

Doch ich kam noch nicht sofort weg, weil ein Schiff am Stegplatz vor mir festmachen wollte, dem ich die Vorleine abnahm. Es war eine hübsche, schneeeweiße neue 27-Fluß-Yacht.

Ich hatte meinen Kugelschreiber an Bord vergessen und stieg daher noch mal in die Kajüte herunter. Zehn Minuten später war ich darüber sehr froh, weil es wieder eine komische Situation gab, die mein Einhandseglerdasein würzte wie der Paprika das Gulasch.

Der Eigner des hübschen Schiffes saß im Cockpit. Sein Schiff hatte er für meinen Geschmack mit ein wenig zu loser Spring festgemacht, dafür aber zwei sehr dekorative, blau-rote Kugelfender ausgebracht, die er an ziemlich langem Tampen fast auf der Wasseroberfläche schwimmen ließ. Da kam der Wellenmacher mit seinem Arbeitskahn wieder auf den Anleger zugedonnert. Er ließ seinen Wellenansturm auf unsere Schiffe los. Dabei ergeben sich stets, wenn auch nur sekundenweise, ungünstige Momente, in denen Schiff, Anleger, Fender und Welle in kurzen harten Rucken gegeneinander arbeiten. Hafenwasser und Balkenlage sind ohnedies ölig, Wasserpaß und Fender werden es schnell. Dermaßen eingeölt und dem Preßdruck voll ausgesetzt, sprang der vorderste Kugelfender wie ein Frosch aus dem Wasser auf den Anleger. An dieser Stelle bumste das Schiff natürlich nun gegen die Balkenlage. Das verdroß dessen Skipper im Cockpit. Zornig, aber hurtig schwang er sich über seinen Seezaun, stemmte sich gegen die Scheuerleiste seines Schiffes und hielt es mit beiden Händen der nächsten anstürmenden Welle entgegen, während er den Fender mit kräftigem

Fußtritt zwischen Anleger und Bordwand beförderte. Dann ließ das Wellengeschwabbel nach, und er bekam seine Hände frei, die er nunmehr zu Fäusten ballte und drohend zum Sündenbock hin schüttelte. Da dieser ihm jedoch keinerlei Beachtung schenkte, fuhr er härteres Geschütz auf, öffnete die Fäuste und legte die Hände wie Schalltrichter um den Mund.

„Du hast wohl nicht alle Tassen im Spind, du gottverdammter Kanaker, du Pontonschipper, du Schweinebauch."

Was dabei stimmte, war, daß der Rudergänger des Arbeitsbootes wirklich ein ziemlicher Fettwanst war; was jedoch nicht stimmte, das war der Vergleich mit den Tassen im Spind. Das führte dazu, daß alle Segler im näheren Umkreis zu grinsen anfingen, weil wir selbstredend Vergleiche anstellten, wessen Tassen nach dem Wogenanprall ganz sein mochten und sich noch im Spind befanden.

Uns gegenüber war der Pirat aus Otterndorf eingelaufen, dessen zweiköpfige Besatzung sich tags zuvor bei der Brückencrew auffällig gemacht hatte. Das tat sie auch hier. Als junge Segler übersahen sie die Situation sehr schnell, sahen auch den Zorn aus den Augen des betroffenen Seglers leuchten und stimmten unverzüglich an: „Wir ham alles im Griff auf dem sinkenden Schiff." Unser Grinsen und das Lied aber gefielen dem Segler verdammt nicht. „Blödmänner, blöde", murmelte er vor sich hin, schwang sich in sein Cockpit zurück und verharrte dort mit finsterer Miene. Wenig später beorderte er Frau und Tochter an Vor-und Achterleine und verließ angewidert uns und den sonst so gastfreundlichen Hafen. Er machte sich auf die Reise nach Kiel.

Ich vermutete, daß er erstmalig den Kanal passierte und nicht wußte, was ihn in Kiel-Holtenau erwartete. Was nämlich hier in Brunsbüttel der Schweinebauch mit seinem Arbeitsboot zu bieten hat, tut dort ein Lotsenboot, das seit Jahren alle 30 Minuten an den Anlegern vorbeigerauscht kommt und die Masten zu einer wilden Tarantella anregt. Der einzige Unterschied ist der, daß in Brunsbüttel der Steg dicht überm Wasser liegt, während er in Holtenau auf Pfählen etwa einen Meter über der Wasseroberfläche dahinläuft. Dort weiche ich jedenfalls von der guten alten Seemannsart ab, meine Fender an Seezaun oder Handlauf zu befestigen. Ich nehme sie an Land und binde sie an die Pfähle, so daß mir das Lotsenboot nichts anhaben kann, mag sich AZIMUTH auch noch so aufbäumen. Man muß halt aufpassen, daß man sie beim Ablegen im Morgengrauen nicht vergißt.

Ich führe stets gewissenhaft Logbuch, in dem jedoch nicht nur Wind, Wetter und deren Weiterentwicklung in Wort und Bild festgehalten werden, sondern auch alle kuriosen Erlebnisse ihren stichwortartigen Niederschlag finden. So eine Sache wie diese mit dem Arbeitsboot ist doch beinahe alltäglich. Wenn ich aber manchmal im Winter im Schaukelstuhl sitze, Pit auf den Knien und mein Logbuch in der Hand, kann ich mich noch einmal amüsieren, weil diese harmlosen kleinen Szenen wieder so lebhaft vor meinem geistigen Auge erstehen, daß sie mich oft zu lautem Gelächter veranlassen. Pit hebt dann verwundert den Kopf und denkt sich vermutlich seinen Teil.

Für diesen Tag damals im Hafen von Brunsbüttel aber steht noch eine weitere Anmerkung im Logbuch. Da ist der Hinweis auf eine mutmaßliche Privatsekretärin, die mir nicht nur ihrer Schönheit wegen auffiel, sondern viel mehr noch wegen ihres Verhaltens einem Kreuzworträsel gegenüber.

Ich holte also zunächst mein Benzin, für Pit einen Bückling und nahm meines schlichten Gewandes wegen in einem zweitklassigen Lokal ein erstklassiges, von der Wirtin nach Hausmacherart persönlich zubereitetes Mittagsmahl ein. Dann ging ich zur Schleuse hoch, um meine Hebegebühren zu bezahlen und ein Ticket zu erhalten.

Hoch über meinem Schiff auf der Schleusenmauer stehend, sah ich über den Kanal. Ein silberglänzendes Band zog sich da in Sonne und Wind flachufrig dahin und verlor sich im Blau des Horizonts. Seeschiffe, zu kleineren oder größeren Gruppen angeordnet, schwammen heran oder davon. In Kiellinie hielten sie sich in den Verbänden zusammen, in denen sie hier oder in Holtenau geschleust worden waren. Für mich geht von diesen langsam im Kanalbett dahingleitenden großen Schiffssilhouetten eine so große Hoheit, Würde und Schönheit aus, daß ich oft meine Mütze abnehme und ihnen einen achtungsvollen Gruß entbiete. Der gilt gleichermaßen den Kümos, die die Schiffsriesen wie Zwerge in ihre Reihen haben schlüpfen lassen. Die meistbefahrene Kanalstraße der Welt ist mir deswegen so ans Herz gewachsen, weil sie geradewegs in mein Heimatmeer, die Ostsee, führt. Und da würde ich schon anderntags sein. An dem Treiben vor und in den Schleusen kann ich mich einfach nicht sattsehen. Schiffssirenen dröhnen, Festmachecrews und Deckshände rufen einander zu, Trossen klatschen ins Wasser, Gangways knallen auf Granit, Schleusentore bimmeln, ehe sie lautlos vor die Kammern gleiten, gleichmäßig und tief wie Orgelton klopfen die Schiffsdiesel, es riecht nach Brackwasser, nach Teer, nach Manilatau, nach heißem Öl, nach Sonne, Wind und Meer – nicht zu vergessen die Möwen, Leuchtturmwärters Tauben, die allüberall in diesem Hafenkonzert ihre grellen Fanfaren blasen.

Mein Blick fiel auf das Heck eines großen, polnischen Stückgutfrachters. Als Heimathafen stand da „Szczecin". Diese Zusammenballung von sechs Konsonanten und nur zwei Vokalen sollte „Stettin"

heißen, und das war immerhin mal die Hauptstadt meines Heimatlandes. Na, macht nichts, wir wollen gerecht sein, auch in ,,Stettin'' sind nur zwei Vokale.

,,Dobre djen'', grüßte ich zu den Leuten auf dem Vorschiff herüber.

,,Dschin dobre'', antworteten sie und lachten. Wir mochten uns leiden.

Die Perspektive, die sich mir ein Stückchen weiter eröffnete, ließ mich die polnischen Seeleute auf der Stelle vergessen. Da lag unten am schwimmenden Anleger eine große, weiße Motoryacht, in deren Steuerhaus ein weißbemützter älterer Herr stand. Neben dem Schiff, auf der Balkenlage, befand sich sein Bootsmann, erkenntlich am Troyer mit eingewebtem Yachtnamen. Hinten aber, behaglich und graziös in weiche Kissen zurückgelehnt, saß eine sehr schöne Frau. (Man hat doch gewiß schon gemerkt, daß ich einen sicheren Blick für so etwas habe). Sie hatte eine helle lange Hose an, die aber so gehalten war, daß sie einen wohlgeformten Knöchel freiließ. Aus cremefarbenen, zierlichen Sandaletten lugten knallrot gefärbte Zehennägel. Als sie den Kopf hob – eine schöne Frau fühlt nämlich instinktiv, wenn ein Mann sie verstohlen betrachtet –, setzte sich das Signalrot der Zehennägel auf ihren Lippen fort, strahlend wie ein Backbordlicht.

Sie hielt eine Illustrierte im Schoß und schien intensiv mit einem Kreuzworträtsel beschäftigt zu sein. Nachdenklich fuhr sie sich mit dem Bleistift durchs tizianfarbene Haar, klopfte sich dann mit ihm an die schneeweißen, ebenmäßigen Zähne, schloß die Augen, ließ ein Fältchen über die gebräunte Stirn laufen und zeigte dem Rätsel gegenüber eine gewisse reizende Hilflosigkeit. Ganz bestimmt war sie hinter einem wahnsinnig komplizierten Begriff her wie beispielsweise aus der geologischen Zeitrechnung (Lösung: Paläolithikum) oder aus der Chemie. (Lösung: Tetrachlorkohlenstoff). Wenn ich ihr doch hätte helfen können und wenn meine Bluejeans nur nicht gar so verwaschen gewesen wären. Dabei hingen im Spind an Bord eine graue und eine blütenweiße Hose, beide mit Bügelfalten wie Rasierklingen.

Aber stop – da ging ein erlöstes Lächeln über ihre ebenmäßigen Züge. Gott sei Dank, sie hatte den Begriff auch ohne meine Hilfe gefunden. Sie nahm den Bleistift und schrieb. Zwei Buchstaben nur, wie ich ganz genau feststellen konnte. Vermutlich hieß der so mühsam gesuchte Begriff doch nur ,,Hühnerprodukt'' (Lösung: Ei).

Machte überhaupt nichts. Wer so hübsch war, brauchte derartigen Quatsch gar nicht zu wissen; dessen Qualitäten lagen dann sicher auf ganz anderen Gebieten.

Eigentlich hätte ich mich schämen sollen, so voller sündiger, zweideutiger Gedanken zu stecken und dabei auf dem Wege nach Anholt zu Britta zu sein. Schuldbewußt ging ich zum nächsten Schleusentelefon und rief in Helsinki an. Aber Britta war nicht da, sondern mit ihrem Kunstgeschichte-Professor unterwegs zu einem Symposion oder so was.

„Mit dem Urlaub aber klappt's, nur daß da irgend was mit Amerika ist", sagte die Sekretärin.

Was mochte das für ein Kanaker von Professor sein? Ach was. Keine Verdächtigungen. In acht Tagen würde ich auf Anholt sein.

Hier aber ging zur Zeit der Wind, die Sonne schien, und unter ihr lief die goldene Straße des Kiel-Kanals ins Traumland, in die Ostsee, in die Freiheit.

Ich löste mein Ticket, ging zu meinem Schiff, tröstete meinen eingesperrten, unglücklichen Kater mit dem Bückling, schob AZIMUTH achteraus und motorte auf den Kanal hinaus, den Kaiser-Wilhelm-Kanal. Über 85 Jahre war es nun her, daß am 19. Juni 1895 die Yacht HOHENZOLLERN mit dem Kaiser an Bord in Brunsbüttel ein schwarz-weiß-rotes Band durchfuhr. Ich dachte aber auch an die alten Haithabuleute im 10. Jahrhundert. Da gab es eine so wundervolle Wasserstraße nicht, und um damals ihre Schiffe von der Nordsee zur Ostsee zu bekommen, mußten sie sie streckenweise auf Holzrollen über Land transportieren.

Die Sonne strahlte, mein Radio dudelte, von überallher sagten sie das Wetter an. Der Wind sollte auf Nordost drehen. Das versprach zwar schönes Wetter, 48 Stunden später im Großen Belt würde ich ihn jedoch vierkant gegen mich haben und alles aufkreuzen müssen. Der Kanal war voller schneeweißer Schwäne, die manchmal mit pfeifendem Schwingenschlag dicht über meinem Boot dahinzogen. Vieh stand an den Ufern. Die Kälber – stumpfsinnige kleine Wiederkäuer – blickten mir mit ihren großen sanften Augen ins Boot und dann hinter mir her, wobei weniger ich als meine Flagge attraktiv für sie war. Dicht vor mir zog ein Angler einen Zander aus dem Kanal. Mit stolzgeschwellter Brust zeigte er ihn mir vor. Ich stand auf, machte eine leichte Verbeugung und nahm die Mütze ab. Das erfreute den Hungerpeitschenmacker; er beugte sich über seinen Rucksack, holte die Kornbuddel hervor und schoß mit diesem Sextanten vergnügt die Sonne, ziemlich lange. Noch zwei Tage, und auch ich würde wieder fischen, würde an den Abenden wann immer möglich vor Anker gehen, den Sternenhimmel ohne störendes Neonnebenlicht sehen, den Schwan, den Antares, den Großen Bären und die Kassiopeia. Auf Anholt würde ich auf Britta und später in Norwegen würde der Fischer Bojer in Skjærhollen auf mich warten. Großartig, Segler zu sein und so viel Zeit zu haben.

Die Kanalufer hoben sich allmählich, die Landschaft wurde hügelig, die Hänge waren waldbestanden. Der Himmel stand voller Wolkengebirge; schöne helle Schönwetterwolken, aber auch eine schneeweiße Kathedrale mit Portalen, Eckpfeilern und Bogenfenstern trieben dahin. Ihre Ränder waren golden. Auf einer Spitzendecke von Federwölkchen schwebte sie durchs Firmament. Aus ihr brachen flammende Lichtbündel, wie ein aufbrausender Choral, gleißende Lichtwogen, die das Wasser auffunkeln und die Bäume auf der Schattenseite von eben noch hellem Grün in dunkles Blau oder Schwarz versinken ließen.

Beide Beine auf der Backskiste, zwei Finger auf der Pinne, karjolte ich durch den Kanal, als an Backbordseite über mir ein hoch aus dem Wasser ragender, gelbbrauner Segelschiffsrumpf erschien. Da brauchte ich nur einen flüchtigen Blick darauf zu werfen und wußte schon, wer mich da passierte. MARIUS IV von Showmaster Kulenkampf hatte sich von hinten an mich herangepirscht. Er winkte mir vom Rad her zu. Nicht, weil er mich persönlich näher kannte, sondern weil er meinen Heimathafen Bremen auf dem Heck gelesen hatte, der auch der Heimathafen von MARUS IV ist. Wir hatten in seinem Verein schon mal ein Bier zusammen getrunken, auch ein paar Worte miteinander gewechselt, aber sehr viel häufiger waren sich unsere Schiffe auf Nord- und Ostsee, Weser und Elbe begegnet. Ich stand auf und nahm die Pinne zwischen die Beine. Kuli nahm die halbe Fahrt aus seinem Schiff.

„Hallo Kuli, wohin?"

„Schiff nur eben nach Göteborg bringen. Hab' in fünf Tagen 'ne Show, aber dann fünf Wochen Urlaub. Und selber?"

„Anholt, Strömstad, Oslofjord! Und gute Reise."

„Gute Reise."

Und ab nagelte MARIUS IV. Kuli hatte einen Vollbart wie ein Raubritter und seine alte, blaue Mütze auf dem Kopf. Inkognito, ohne Schiff, an Land, wäre er günstigstenfalls für einen Kümo-Steuermann gehalten worden.

Lautlos, schwarz und ernst kam wieder eine Flotte gewaltiger Überseeschiffe herangeschwommen: langsam klopften ihre Diesel, gemächlich drehten ihre Schrauben. Wie ein weißes Federchen trieb AZIMUTH unter ihnen dahin, als sie an uns vorbeiglitten. Durch Sonne und schöne Kanallandschaft dahinplätschernd war ich schnell bei Kilometer 40, scherte aus dem Fahrwasser aus und schwenkte in die Gieselau ein. Zunächst lief ich bis zur Schleuse hoch, drehte dort aber schleunigst wieder ab. Da lag ein 30er Jollenkreuzer, in dessen Cockpit der Teufel los war. Vier junge Segler saßen darin und machten Musik. Vor dem Niedergang auf dem Brückendeck stand ein Kasten Bier und auf dem eine Kornbuddel – beides größtenteils geleert.

Wer meine Lebensgewohnheiten bis hierher verfolgt haben sollte, weiß, daß das Dinge sind, die mich nicht im geringsten stören – im Gegenteil, wenn nur Musik und Gesang nicht gewesen wären. Gitarre und Ziehharmonika mochten ja noch angehen, aber der dritte Musikant verunsicherte mich. Er hatte ein Waschbrett auf den Knien, so einen richtigen alten Zinkapparat, wie Großmutter ihn einst in ihrem Waschzuber hatte. Dieses Instrument drückte er mit der linken Hand auf seine Knie. An der rechten hatte er – einem Schlagring nicht unähnlich – stählerne Krallen, mit denen er das gewellte Blech bearbeitete, nicht etwa der verhältnismäßig dezenten Tonwiedergabe seiner Mitspieler angepaßt, sondern mit aller ihm zur Verfügung stehenden Kraft – und die war erheblich. Ich bin ganz gewiß der Freund aller Leute, die voll an eine Sache hingegeben sind, also faszinierte mich auch dieser Rubinstein des Waschbretts. Wie ich aber aus den Gesichtern der vier Musikanten erkennen konnte, war eine Beendigung ihrer Darbietungen so schnell nicht zu erwarten. Jetzt schlug auch noch der vierte, dem Takt der Melodie angepaßt, die Schiffsglocke an, die er ab und an in hektischem Gebimmel aufjubeln ließ, wenn er meinte, bestimmte Songstellen besonders untermalen zu müssen. Sicher hatte einer von ihnen Geburtstag, und sie machten sich einen vergnügten Nachmittag. Ich winkte ihnen zu und drehte ab.

Einige hundert Meter vor der Schleuse kann man dicht vor einer Schilfwand anlegen, wo Grünschenkel, Lachmöwen, Austernfischer und Kiebitze ihr Konzert geben, das mir ungleich besser in die Landschaft zu passen schien als das des Waschbrettvirtuosen mit seinen drei Rendsburg-Ramblers. Das Festmachen ist hier etwas beschwerlicher, weil nur einige dicht über die Wasseroberfläche hervorragende Faschinen zur Verfügung stehen, die aber dem Sog, den die Kanalschiffahrt hervorruft, spielend gewachsen sind.

Als das erledigt war, ruhte ich mich im Cockpit aus. Leise wehte der Abendwind von der Schleuse zu mir herüber und trug ,,Rolling home'' mit Harmonika, Glockengebimmel und Sologesangsvortrag zu mir her. Der Mann am Waschbrett nahm wohl gerade eine kleine Stärkung zu sich, es störte jedenfalls nicht mehr.

Da kam ein Schwanenehepaar mit seinen Kindern herangeschwommen. Die Kleinen mußten erst ganz kurze Zeit zuvor geschlüpft sein. Man sah das an ihrer Zierlichkeit und ihren daunigen Kinderkleidchen. Zunächst hielten sie einen kleinen Abstand vom Schiff, und die Eltern zeigten ihrem Nachwuchs, wie man grüne Algen und Flechten von den Faschinen zupft. Ich holte ein Stück Brot aus dem Brotkasten, zerkrümelte es und streute die Krümel über Bord. Die kleine Familie kam herangepaddelt, versammelte sich vor AZIMUTHS Heck und nahm dankbar die Bereicherung ihrer Abendmahlzeit entgegen. Wenn eins dieser Daunenkinder zu gierig war, ermahnten es die Eltern mit tiefem, quarrendem Kehlton. Ein friedliches Bild, zu dem der summende Wind im Schilfwald eine kleine Melodie harfte, welche die trockenen Schilfstengel mit leisen, klappernden Trommelwirbeln unterstrichen.

Aber wie überall in der Welt ist solchen friedlichen Idyllen keine lange Dauer beschieden. Frisch und ausgeschlafen erschien Pit auf der Bildfläche, herbeigerufen von den mahnenden Lockrufen der Schwaneneltern. Er wollte sich die Schwänlein lediglich mal aus der Nähe ansehen. Normalerweise ein unerschrockener Kämpfer, hatte er sich diesmal gehörig verdisponiert. Als er seinen Kopf neugierig über Süllrand und Waschbord steckte, bemerkte ihn der Schwanenvater. Entsetzt fuhren Pit und ich zurück, denn der Schwan zischte wie eine Schlange, riß seine gewaltigen Schwingen hoch, hob sich mit pfeifendem Flügelschlag aus dem Wasser, ließ seinen langen Hals wie eine Harpune durch die Drähte des Seezauns fahren und wäre im Cockpit gewesen, wenn die Seereling ihn nicht daran gehindert hätte. Rasend vor Wut wiederholte er seinen Angriff. Blitzschnell gewann Pit in mächtigem Satz das Schiffsinnere, während ich mich auf die gegenüberliegende Backskiste zurückzog.

Nach angemessener Beruhigungspause hielt ich den Schwänen wieder Brot hin, aber die Alten zischten zu mir hoch und nahmen es nicht. Von Stund an gehörte ich zu dem Feindbild, von dem AZIMUTH für die Dauer ihrer Liegezeit in der Gieselau nun für diese wunderhübschen Märchenvögel umgeben sein würde – für mich ein deprimierendes Gefühl, von einem freilebenden Tier, dem ich freundschaftlich zugetan war, so plötzlich gehaßt zu werden. Der Schwan versammelte seine kleine Familie um sich und schwamm davon. Verängstigt hielten sich die Kleinen im Kielwasser ihrer Eltern.

Sündenbock Pit hatte an den Geräuschen der Außenwelt in seinem Versteck erkannt, daß die Luft wieder rein war, und erschien im Cockpit. Ich legte ihm seine Gangway zum Kanalufer rüber, über die er gemessenen Schrittes im Schilfdschungel verschwand. Er kümmerte sich um sein Abendbrot.

Das tat auch ich. Später hob sich die Mondsichel aus der Dunstglocke, die mit bläulichem Schimmer über den Wiesen stand. Über Gieselau, Kanal und Uferrand trieb mit der Nachtbrise ein feiner Bodennebel dahin. „Es wird schönes Wetter geben", dachte ich, als ich in der Nachtkühle in meine warmen Daunen kroch.

Das Kajütdach war zur Hälfte zurückgeschoben. Über mir stand der Große Wagen. Über seinem Deichselstern Mizar blinzelte das winzige Sternlein Alkor – das Reiterlein – zu mir herunter. Das hatte ich mal einige Jahre zuvor oben im schwedischen Arkösund Britta geschenkt. Warum ich bloß diese verfluchte Bangigkeit im Herzen hatte, als ich an sie dachte. Ich mußte mich zusammennehmen, um diesen Bastard von finnischem Professor einfach aus meinen Gedanken ausklammern. So leicht war das aber gar nicht.

Schließlich kam Pit, spürte mit sicherem Tierinstinkt meine Bekümmerung und glaubte, mir damit Trost zu spenden, daß er sich zu mir auf die Koje flözte. Ich bin einfach zu nachsichtig mit ihm. Aber schließlich schliefen wir beide ein, Kapitän und Vorschotmann – eine friedliche Crew.

Die goldene Sonne bekamen wir am nächsten Morgen erst wieder um zehn Uhr zu sehen, weil bis dahin pottendicker Nebel über der Kanallandschaft lag. Das sagte Kiel Radio auch richtig an. Mit der zu erwartenden Windrichtung allerdings stotterten sie noch so ein bißchen herum. Wenn die Herren von der Grenzwelle 2775 sich nicht ganz sicher sind, mischen sie unter ihre Wetteransage freundliche, kleine, lustige Schnacks. Damit hoffen sie unsere Aufmerksamkeit einschläfern zu können. Weit gefehlt, hellwach spähen wir dann ins Wetter und machen uns unser eigenes Bild. Keiner, der uns Sand in die Augen streuen könnte, ganz abgesehen davon, daß wir Rügen und Warnemünde selbstredend ebenfalls zu Rate ziehen. Aber diesmal wußten die auch nicht mehr. Sicher hatten sie voneinander abgeschrieben.

Für diesen Tag war ich mit dem Nebel zufrieden, weil er anhaltendes Schönwetter versprach. Vom nächsten Tag an, im freien Seeraum, mußte ich den Wetteransagen wieder äußerste Aufmerksamkeit widmen. Rund sechs Stunden waren es noch bis Kiel. Da hatte ich reichlich Zeit, mich dort um fehlendes Angelgerät und um die Vervollständigung der Verpflegung zu kümmern.

Gegen 17 Uhr stand ich vor den Holtenauer Schleusen. Selbstredend steuerte ich die Mittelschleuse an. Da kam sie aber herangeschäumt, die Wasserschutzpolizei, und jagte mich zu der eigens eingerichteten Sportbootschleuse. Der auf dem Vorschiff stehende Polizeibeamte murmelte etwas vor sich hin. ,,Trottel, tauber und halbblinder'', vermutete ich nach seinem Gesichtsausdruck.

Dann öffnete sich die Schleuse – sonnenüberflutet lag die Förde vor mir. Was da um den Steven plätscherte, murmelte, kicherte und mich freundlich begrüßte, war Ostseewasser. Einige hundert Meilen steuerbords lag Pommern, und da komme ich her.

Ich klarierte, fand im Hafen einen guten Liegeplatz, konnte die weit über dem Durchschnitt liegende Qualität meines Festmachens mit Hilfe der anbrandenden Wellen des Lotsenbootes kontrollieren, sperrte meinen sich sträubenden Kater ein und eilte leichtfüßig davon, um vor allen Dingen zwei Dorschpilker zu kaufen, die ich in Bremen vergessen hatte. Ein Verkäufer hätte es nie und nimmer fertiggebracht, eine hübsche Verkäuferin aber schaffte es, mir zwei sündhaft teure Pilker mit künstlerisch herausmodellierten Fischaugen und einem knallroten Wollbausch am Enddrilling anzudrehen. Dabei wußte ich dämlicher, alter Charmeur, der ein Leben lang fischte, daß Dorsche auch auf einen alten, ausrangierten Wantenspanner beißen, an dessen Gewindeöse man mit Draht ein oder zwei Haken bindet.

Eine Flasche Rum vervollständigte schließlich meine Besorgungen. Jetzt nur noch beim Hafenpförtner vorbei, um dort zehn Mark für Toiletten- und Duschschlüssel zu hinterlegen. Ich habe früher selber verwaltet und habe daher kein Recht zu meutern, wenn ich jetzt an der Reihe bin, verwaltet zu werden. Die Sache mit den Duschschlüsseln in Brunsbüttel und Holtenau schmeckt mir allerdings verdammt wenig. Vor allem deswegen nicht, weil ich im Radio einen lichtvollen Vortrag über den Nord-Ostsee-Kanal gehört hatte. Da verkündete nämlich ein Statistiker, daß die jährlich von 16 000 Sportbootfahrern entrichtete Schleusengebühr ein durchaus zu Buche schlagender finanzieller Faktor sei. Da müßte doch eigentlich für die Toiletten soviel herausspringen, daß derlei Schlüsselpräliminarien wegfallen könnten. Damit würde der Fäkalienausstoß ins Hafenwasser bestimmt weitgehend unterbunden.

Zu meiner AZIMUTH zurückgekehrt, verpflegte ich mich und meinen Kater. Dann setzte ich mich in die Plicht, während Pit es vorzog, am Mastfuß Platz zu nehmen. Beide jedoch gaben wir uns interessiert dem Hafen- und Schleusenbetrieb hin.

Nicht lange, denn die Bordfrau der vor mir liegenden 32-Fuß-Yacht kletterte von Bord, stand eine Weile ein bißchen verlegen auf dem Anleger, kam dann aber entschlossen auf Pit zu und hielt ihm die Hand hin. Der kontrollierte diese Hand zunächst auf eventuellen Inhalt, ließ sich aber keinerlei Enttäuschung anmerken, als er feststellte, daß sie leer war. Er sah der Dame ins Gesicht, stellte seinen Schwanz zur Begrüßung senkrecht in die Höhe, hüpfte zur Seereling und gab damit zu erkennen, daß er einem kleinen Plausch nicht abgeneigt sei. Die Besucherin streichelte gerührt seinen Kopf, bat mich, ihn hochnehmen zu dürfen, tat das, und die beiden erzählten sich was.

Das alles hat tiefere psychologische Zusammenhänge, denen ich nachgegangen bin. Das Resultat möchte ich deswegen hier weitergeben, weil ich auf jedem Törn wegen dieses Katers angesprochen werde – freilich nie vom Skipper, sondern stets von seiner Bordfrau. Das läßt sich schnell erklären.

Wenn man an Bord einer Segel- oder Motoryacht kommt, empfängt den Gast bereits am Niedergang ein Bronze- oder Messingschild, auf dem zu lesen steht: ,,Nobody is perfekt except the Captain.'' Dieser Hinweis setzt sich in ähnlicher Form bis in den Salon fort: ,,Captain's word is law'' steht da und: ,,Captain is next to God.'' Schließlich findet sich da auch noch ein Schildchen – ein wenig mehr in den Schatten gehängt –, auf dem, in Messing gegossen, festgestellt wird, welchen peinlichen Veränderungen der männliche Körper ausgesetzt ist, wenn er mit zu kaltem Wasser oder Nordwind in Berührung kommt. Unter diesem Schild liegt auf dem Kajüttisch eine wohlgeformte Bronzemeerjungfrau, deren Fischschwanz zum Flaschenöffner umfunktioniert wurde. Da sie gut in der Hand liegt, wird diese Art der Formgebung in Künstlerkreisen als Handschmeichler bezeichnet.

Nun hört und sieht sich das alles so an, als ob der Kapitän und Führer eines solchen Schiffes ein kleiner Lord Nelson oder Käptn Grausam sei. Das aber ist er ganz gewiß nicht. Er ist ein leidenschaftlicher Segler und Skipslover, der elf Monate lang hart gearbeitet hat, denn hätte er das nicht getan, wäre er in der Mehrzahl der Fälle nicht Besitzer eines schönen Schiffes. Elf Monate hat er den Schwelbrand der Leidenschaft zurückgehalten, jetzt, im zwölften aber lodert die Flamme hoch. Es ist soweit, das Schiff läuft der See zu, Abenteuer und Männerfreiheit locken.

Die Bordfrau aber staunt jedes Jahr aufs neue, was für ein strahlender Kapitän und Bordvorstand sich da plötzlich aus ihrem gestreßten, abgearbeiteten Ehemann und Haushaltungsvorstand entwickelt. Aus Gründen der Gerechtigkeit muß ich anmerken, daß jegliches autokratisches Kapitänsgebaren nur für die Urlaubswochen gilt, in denen die Bordfrau nicht ungern sieht, wenn sich ihr Schmuckstück in Kiel oder auf Helgoland so ein bißchen selbst darstellt, auch wenn in dieser Zeit ihr Held eben nicht ganz ihr gehört, weil er in Schiffsdienst und Führungsaufgaben voll aufgeht. Später zu Hause, an Land, wird sie ihm seinen Maulkorb schon ganz vorsichtig wieder umhängen. Zwischenzeitlich aber möchte sie schon gern etwas haben, woran sie ein aufkommendes Zärtlichkeitsbedürfnis häufiger abreagieren kann als an ihrem Lord Nelson. Da wäre ein so anschmiegsames Kätzchen, wie es da gerade so friedlich in der Abendsonne auf meinem Kajütdach saß, genau das richtige.

Hier nun setzen meine ehrlichen, wohlgemeinten Ratschläge ein, die ich allerdings sofort mit einer Warnung beginnen muß, deren Resultat sein wird, sich für Segelreviere, die über Dänemark hinausgehen, keine Bordkatze anzuschaffen. Da sitzen nämlich an den Gestaden von Nord- und Ostsee einige übelbeleumdete Katzenfänger. Der erste, hoch oben im Norden, ist dieser Olaf. Er ist König von Norwegen. Ihm schließt sich, um keinen Deut besser, Carl Gustav an. Dieser ist König von Schweden. Schließlich kommt ein Bürgerlicher, von dem man eigentlich annehmen sollte, daß er sich in Tierliebe und charakterlicher Haltung wohltuend von den eben genannten Majestäten abhebt. Es ist der finnische Staatspräsident, auf dessen Veranlassung hin ich vor einigen Jahren von einem seiner Zollinspektoren meines Katers wegen aus dem Lande gefeuert worden bin, und der mich gezwungen hat, wie ein Dieb an Schwedens Küste entlang von Hafen zu Hafen zu schleichen, bis ich wieder Kiel erreichte, alles nur, damit Pit am Leben bleiben konnte.

Schweden hat nur den ganz kleinen Vorteil, daß seine Zöllner Tiere an Bord gern übersehen. Nicht etwa aus besonderer Liebe zum Tier, sondern aus dem verständlichen Grund, daß mit dessen Entdeckung eine Menge Schreiberei verbunden ist, der sie gern aus dem Weg gehen. Da ich selber mal Beamter war, sollte ich ein Garant dafür sein, daß wir derlei zusätzliche Schreiberei nicht besonders lieben.

Wenn man aber nach dem Buchstaben des Gesetzes geht, muß man in den genannten Ländern seine Katze töten lassen, sie sofort per Pappkarton nach Hause schicken oder aber, wenn man auf einen menschlichen Zöllner stößt, seine Leinen losschmeißen und umgehend das Land verlassen.

Wie wohltuend hebt sich von diesen Ländern ohne Herz für Tiere dagegen Dänemark ab. Und warum? Weil hier eine Frau, die Königin Margrethe die Zweite, die Krone trägt. In ihrem Land kann man getrost einer Katze eine Wiese zum Mäusefang anweisen.

Jeder deutsche Tierarzt hält eine Broschüre bereit, in der Tips für problemloses Reisen mit Tieren gegeben werden. Dabei erübrigt sich wohl, zu erwähnen, daß er dieses Geschenk nicht aus reiner Nächstenliebe macht.

Alles andere aber ist mit einer Katze an Bord einfach. Es sind sehr kluge, eigenwillige Tiere, die bei richtiger Erziehung in den Häfen immer wieder an Bord zurückfinden. Vor Jahrtausenden wurden in Ägypten und Umgebung Falbkatzen und die, von denen Pit abstammt, für heilig gehalten; die edelsten von ihnen hatten eigene Priester und einen eigenen Tempel. Oft kann ich mich des Eindrucks nicht erwehren, daß davon noch einiges in Pits Erinnerung haftengeblieben ist und er mich das bei vielerlei Gelegenheiten spüren läßt.

Auch meine Kajütwand zieren übrigens einige Sprüche. Bei Lichte besehen sind es drei kolorierte Bildchen, alle von der gleichen Künstlerhand gefertigt, die ich jedoch beim Besuch seriöser Gäste von der Wand nehmen und unterm Kojenpolster verbergen muß.

Zunächst mal zum Künstler. Es ist der Graphiker Jumbo, so geheißen, weil er 110 Kilo an Bord bringt. Jollensegler würden ihn bei entsprechendem Wind sicher gern als Luvgewicht im Schiff haben. Mit diesem Dickwanst segle ich zuweilen zusammen, wobei sein Interesse weniger der optimalen Segelstellung als vielmehr der Bierlast in der Bilge gilt. Seinen Dank dafür hat er mit den drei erwähnten Bildern Ausdruck verliehen.

Das erste Meisterwerk stellt AZIMUTH dar, wie sie unter übervollen Segeln bei achterlichem Wind durch ein tintenblaues Meer dahinprescht. Der Name auf dem Heck ist deutlich lesbar. Unter dem Bild aber steht geschrieben: „Möge der Wind hinter dir nie dein eigener sein."

Ich fische viel auf Dorsche, die ich, damit sie sich nicht quälen, mit einer Handspake im Cockpit sofort töte. Dieser Akt der Barmherzigkeit hat Jumbo veranlaßt, ein Bildchen zu malen. Da sitzt ein Kerl, blaues Hemd, Ärmel aufgekrempelt, gelbe Ölhose an, auf der Backskiste und drückt mit der linken Hand einen Riesendorsch aufs Knie, während er in der rechten Faust eine Keule in der Luft schwingt, die gleich auf das Haupt des unglücklichen Fisches neiderschmettern wird. Der Kerl, dem er eine grimmige Schubladenschnauze voller fletschender Zähne verpaßt hat, soll ich sein. Unter diesem Bild steht: „Leichte Schläge auf den Hinterkopf erhöhen die Bereitschaft für Pott und Pann."

Bleibt noch das letzte Bild. Da steht ein Segler an der Reling und pinkelt in hohem Bogen in die See. Darunter hat Jumbo geschrieben: „Sehen Sie, deswegen trinken wir kein Wasser."

Als Flaschenöffner benutzen wir solche aus Weißblech, wie man sie zu jedem Kasten Bier in beliebiger Menge dazugeliefert bekommt. Was den Bierkonsum anbelangt, wird uns im Heimathafen sowieso nachgesagt, daß die um das Schiff herumliegenden Flaschenverschlüsse sich zu einem ernsthaften Unterwasserhindernis auszuwachsen beginnen. Daran trägt natürlich einzig und allein Graphiker Jumbo die Schuld.

Die Dame in Holtenau bedankte sich damals herzlich für alle gegebenen Hinweise. Später kam ihr Mann, der mir seine Dankbarkeit für den abschlägigen Rat in bezug auf Katzenhaltung an Bord bekunden wollte, und lud mich zu einem Bier zu sich aufs Schiff ein. Munter griff er zur goldschimmernden Meerjungfrau auf dem Kajüttisch und hebelte so manchen Verschluß von den Buddeln.

Mir aber saß die Sorge im Herzen, was ich mit Pit machen sollte, wenn wir hinter Skagen die dänischen Hoheitsgewässer verlassen und quer über das Skagerrak nach Schweden zu Katzenfänger Carl Gustav herübersegeln würden.

Na, das hatte noch gute Weile.

Außer Landsicht

Das Aufwachen des Meeres – Rubens' seefahrende Töchter – Petri Heil! – Die Atmosphäre hält den Atem an – Begegnung mit einem Windjammer – Im Land von Andersens Märchen

Wenn es nach dem Schöpfungskalender des lieben Gottes gegangen wäre, hätte die Sonne am nächsten Morgen bereits um 3.57 Uhr aufgehen müssen. Weil dieser Schöpfungskalender aber durch den Tidenkalender des Hydrographischen Instituts außer Kraft gesetzt ist, ging sie nach mitteleuropäischer Sommerzeit erst eine Stunde später, um 4.57 Uhr, auf. Mich jedenfalls fand sich schon in voller Aktion und damit beschäftigt, den Duschschlüssel wieder beim Pförtner abzugeben und dafür meine Pfandgebühr von zehn Mark zurückzufordern.

Der Pförtner war froh, sich vor der Ablösung seine Müdigkeit durch einen kleinen Schnack vertreiben zu können, und belobigte mich für meinen Ordnungssinn. Darüber hinaus ließ er mich wissen, daß es in den Reihen der Wassersportler eine Menge schlampiger Kollegen gäbe, die einfach ohne Schlüsselabgabe davonsegelten oder -motorten. Auf diese Weise habe sich im abgelaufenen Jahr bei der Jahresabrechnung ein Pfandüberschuß von 600 Mark ergeben.

Ich wunderte mich über diese offensichtlich wohlhabenden Faulpelze, die den, wenn auch weiten, Weg zum Pförtner scheuten und ihre zehn Mark lieber sausenließen. Schnell aber begriff ich, daß dies doch recht intelligente Brüder sein mußten, die den Duschschlüssel erst mal für die ganze Segelsaison sicher in der Tasche hatten und ihn in Zeiten, in denen sie nicht selber unterwegs waren, an liebe Segelfreunde leihweise weiterreichen konnten. Irgendwann bekamen sie ihr Pfand dann auch noch zurück.

Der Pförtner, der mich scharf im Auge behalten hatte, sah, daß ich anerkennend grinste.

,,Falsch kalkuliert'', sagte er und grinste nun seinerseits ,,So doof sind wir auch nicht. Da gibt's Möglichkeiten, diese Herrschaften auflaufen zu lassen, nämlich an der verschlossenen Toilettentür!''

Mein Interesse war geweckt, aber trotz Zusicherung absoluter Verschwiegenheit gab er sein Geheimnis nicht preis, das vermutlich in mehreren Schlüsselsätzen bestand.

Ich ging davon, um mein Schiff segelklar zu machen.

Kiel Radio, aber auch Rügen und Warnemünde hatten sich bei ihren Seewetterberichten wieder einmal wie die Aale gewunden und für mein Seegebiet und für meinen Geschmack ein recht pflaumenweiches Orakel von sich gegeben. Danach sollten in der westlichen Ostsee vermutlich umlaufende, im wesentlichen aber nördliche, möglicherweise jedoch nordöstliche, wenn nicht gar östliche Winde von null bis vier Beaufort vorherrschen. Gute Sicht, bei zu erwartenden Gewittern, auch manchmal weniger gute Sicht, stellenweise sogar Nebelbänke wären zu erwarten, Sturm- oder Starkwindgefahr aber sei nicht zu befürchten. Mit solchen nicht besonders handfesten Seewetterberichten fertig zu werden, hängt vom Temperament des Seglers, wesentlich aber von seinem zu segelnden Kurs ab.

Bei mir war es so, daß ich alle für meinen ,,Satelliten'' erreichbaren Wetterstationen abgeklopft hatte und zu der Überzeugung gelangt war, daß sich da ein wundervolles Hoch zu entwickeln begann, das mir zwar mit seiner Windrichtung gewisse Schwierigkeiten bereiten konnte, mich dafür aber mit Schönwetter reichlich entschädigen würde. Es lag also kein Grund vor, die Meteorologen zu bespötteln. Das tun Presse, Rundfunk, Witzblatt und Chanson schon in überreichlichem Maße, die hinter diesen Unglücklichen her sind wie der Hund hinterm Kater.

Zunächst aber hatte ich mit dem Wind gar keine Last, weil nicht Windstärke drei oder vier – ganz egal woher – herrschte, sondern überhaupt kein Wind wehte. Wegen der Knatterei ein wenig ungehalten, hielt ich also erst mal aufs Marineehrenmal Laboe zu, querte dort die Förde, setzte Segel und brauchte bei Windstärke 0,5 etwa zwei

Stunden, bis ich Kiel Leuchtturm dwars hatte – mal mit, mal ohne Motor. Bei normalen Wetterverhältnissen kommt eine ernstzunehmende Brise auf der Ostsee ohnedies selten vor neun Uhr.

Was mich in drei Teufels Namen so zeitig aus den Federn getrieben hatte? Es fällt mir nicht leicht, mich da verständlich zu machen, ohne der Sentimentalität bezichtigt zu werden.

Ich bin in aller Morgenfrühe so gern allein mit der See und meinem Schiff. Ich sehe, wie das Meer in ruhigem Schlaf atmet, ehe die leise Morgenbrise es später wecken wird. Im Westen, wo die Sonne unterging, steht noch die Nacht über der Kimm. Dort vermischt sich in Dämmer und Dunst die graugrüne Farbe des Wassers mit dem diffusen Licht der verschwimmenden Grenzlinie zwischen Himmel und Erde. Sie wird dunkel, fast schwarz. Im Osten aber, wo der Sonnenball bald ins Firmament auffahren wird, sieht die Kimm aus wie ein harter, schimmernder Silberdraht, über dem – mehr zu ahnen als zu sehen – ein zartrosa, ganz schwach hingepinselter Schein der Morgenröte steht. Zu dieser Richtung hin ändert sich die Farbe der See ununterbrochen: Grün neben meinem Boot, Blaßgrün ein wenig weiter, dann Blau, dann Hellblau, dann silbern und vor der Sonne schließlich golden auffunkelnd. Mit dem ersten Sonnenstrahl kommt eine glitzernde, goldfunkelnde, lohende Lichtstraße auf mein Schiff und mich zugeeilt, wirft einen dunklen Schatten hinter AZIMUTH und läßt darin ihre silberweiße Kontur aufleuchten. Fast immer aber weht vor der Sonne eine ganz leise Brise heran, die ein zartes Filigranmuster über die See haucht und sofort wieder erstirbt. Dann erscheint die Sonne selber und hebt sich als majestätischer roter Feuerball aus dem Meer. Wenn dann – und es geschieht sehr oft – aus dieser rotgoldenen Scheibe in dunkler Silhouette noch ein großes Seeschiff mit Gegenkurs auf mich zugelaufen kommt, bin ich der glücklichste Segler rundum.

Das mag ja noch verständlich sein, weil es schon in grauer Vorzeit Kulte gab, die die Sonne als Gottheit verehrten, Religionen, die mit ihrer Natürlichkeit und Einfachheit wegen oft verständlicher erscheinen als meine eigene.

Aber eine andere Sache gibt mir ernsthaft zu denken. An meiner Ahnenreihe muß wohl auch ein Somnambule mitgebastelt haben, der seine Mondsichtigkeit an mich weitergegeben hat. Es ist sonst schwer erklärlich, warum ich in manchen mondhellen Nächten an der Pinne mein Boot als Mittelpunkt eines großen, stillen Kreises empfinde, dessen Peripherie einen Mondlichtsaum aus Silber hat, über dem die leuchtenden Gestirne in die blaue Kuppel des Firmaments gehängt sind. Die Matrosen der SANTA MARIA unter ihrem Kapitän Kolumbus waren voll abergläubischer Furcht, über diesen Silbersaum hinauszusegeln und ins Bodenlose zu stürzen.

Das waren an diesem Tag die Gründe, weswegen es mir wenig ausmachte, mal mit, mal ohne Ruder im Schiff immer noch in Sicht von Kiel Leuchtturm herumzuschwabbern und auf Wind zu warten.

Aber dann war plötzlich die erste Bö da. Sie raschelte in den Segeln, ließ den Baum knarren und schob das Schiff sachte an. Das war der Moment, auf den ich einen ganzen Winter gewartet hatte und den es nur auf meinem Heimatmeer gibt, jedenfalls empfinde ich ihn nur da. Das Schiff unter mir begann sich ein wenig aus dem Wasser zu heben; es preßte Bug und Flanken in den Wasserwiderstand vor sich, stemmte sich kraftvoll dagegen, bebte vor Anstrengung – und überwand allen Widerstand. Dann gab es einen kleinen Ruck, der in fließende Bewegung überging. AZIMUTH legte sich leicht und anmutig auf den Leebug, vor dem nun ein Wellchen zu plappern, eine Welle zu singen und eine Woge zu rauschen begann. Schneeweiß und voll standen Groß und Fock über mir im Himmel. Wir segelten. Ich hätte vor Glück heulen können, wie die Heultonne, die da auf meinem Kurs von 45° am Kompaß, gerade dwars von mir, grüßend herüberheulte wie ein Wasserbüffel.

Um 9.40 Uhr meldete sich Kiel Radio. Vermutlich hatten sie inzwischen den angefeuchteten Zeigefinger aus dem Fenster gehalten und beeilten sich nun zu melden, daß wir Ostwind Stärke zwei bis drei und einen schönen, sonnigen Tag zu erwarten hätten, vielleicht am frühen Nachmittag sogar ein kleines Gewitter. Damit sicherten sie sich die Sympathie jener, die nach Norden oder Westen reisten. Alle aber, die sich tags zuvor in Kiel-Holtenau noch gefreut hatten, weil sie der Voraussage von Nordwind vertrauten, der ihnen für ihren Weg nach Osten recht gut in den Kram gepaßt hätte, waren da sicherlich völlig anderer Ansicht. Ich gehörte zu den Nordlichtern, konnte mehr als gut anliegen und pries die Wetterfrösche laut. Natürlich mich selber auch. So was von Souveränität bei der Übersicht der Großwetterlage!

Die Sonne schien, die Möwen schrien, vergnügt schipperte ich in der Sommerbrise dahin. Bald würde die Sonne den nördlichen Wendekreis erreicht haben. Da flammen dann überall an den Küsten die Sonnenwendfeuer auf und Skandinavien ist außer Rand und Band. Vielleicht hatte Britta auf Anholt bis dahin Zeit für mich. Die Sonnenwende ist für uns ein wichtiges Datum. Da lernten wir uns im schwedischen Västervik kennen und hatten seitdem eine überaus glückliche Zeit miteinander. Was mochte diese Sekretärin nur mit Amerika gemeint haben?

Sofort wieder weg mit derlei Gedanken. Ich hatte mein Schiff unter mir und segelte dem Großen Belt und dem kleinen Hafen Spodsbjerg entgegen.

Bei Windstärke drei fing die See an sich zu regen. Mit ihren Atemzügen hob und senkte sich ein großer Schof Eiderenten etwa hundert Meter steuerbords. Ich nahm mein Glas und war wie immer fasziniert von dem bildschönen Federkleid der Erpel. Der lange Kopf ist bei ihnen auf der Oberseite schwarz, die Halsfedern sind zart moosgrün, die übrigen Kopfpartien, Teile des Halses, die gesamte Oberseite und die Oberflügeldeckfedern schneeweiß, Vorderbrust und Kropf rahmgelb, alle restlichen Körperteile aber rabenschwarz.

Wenn man nun noch einen Blick dafür hat, daß sie auf einem sich hebenden und senkenden Glassockel sitzen, der smaragdrün, hellgrün und dunkelgrün auf der Vorderseite, aber bläulich, dunkelblau und schwarz auf der Schattenseite ist, um den herum lauter goldschimmernde Sonnenreflexe tanzen, die immer matter werden, bis weithin zur Kimm eine große grüne Seescheibe gebreitet ist, von deren Rand sich eine blaue Porzellanglocke nach oben wölbt, in der die Sonne in lodernder Pracht steht, dann dankt man der Schöpfung dafür, daß man Segler sein darf.

Aber die Ostsee ist ein sterbendes Meer. Es beginnt zu verlanden. Der Ölfilm auf ihrer Oberfläche nimmt ihr den Sauerstoff und treibt sie unaufhaltsam ihrer letzten Stunde entgegen. Weil ich sie so liebe, leide ich sehr mit ihr, auch wenn sie mich und noch Tausende von kommenden Geschlechtern überleben wird. Ich bin mir bewußt, daß die Segler von der Nordseeküste zu dem, was ich jetzt sagen werden, befremdet den Kopf heben werden: Wir hatten hier oben in den letzten 25 Jahren einige sehr schwere Sturmfluten, die die Deiche zerstörten und in die Millionen gehende Schäden anrichteten. Regierung, Landwirtschaft und Kaufmannschaft rauften sich die Haare. Nur einige Wissenschaftler und – mit respektvollem Abstand – ich taten das nicht.

Alle Schäden sind wieder repariert, Weser und Elbe durch längst überfällige Deicherhöhungen noch mehr kanalisiert und damit schneller gemacht. Kein Mensch redet mehr davon. Nur ich reibe mir heimlich die Hände. Diese Sturmfluten haben so viel Frischwasser und Sauerstoff in die Ostsee gepumpt, daß sie wieder recht munter geworden ist. Der Ölfilm ist dünner geworden, Interessenverbände formieren sich, die Menschheit beginnt wohl, sich zu besinnen. Es sieht so aus, als wenn die Ostsee so schnell noch nicht „umkippen" würde, wie die Wissenschaftler das ausdrücken, wenn leblose Brühe um teerige, verölte Strände schwabbt.

Etwa zwei Meilen vor mir lief eine größere Segelyacht den gleichen Kurs. Mit freudiger Genugtuung stellte ich fest, daß ich ständig aufholte und ihr erheblich näher kam. Na so was. So ein kleines Schiff gegen so einen respektablen Wellenreiter? Jetzt aber optimal gesegelt, mein Alter! Bald konnte ich die Nationale ausmachen. Wieder ein Niederländer. Spätestens jetzt muß ich in den Verdacht geraten, daß ich etwas gegen sie habe. Überhaupt nichts, das schwöre ich. Im Gegenteil: den tobenden Männerzorn, den ich Frau Antje und ihrem Troublemaker ins Gesicht geschleudert hatte, hätte ich auch gegen jede andere Nation gerichtet.

Bremen liegt eine gute Autostunde von der holländischen Grenze entfernt, wir sind also sozusagen Nachbarn. Deswegen lade ich mich oft bei ihnen zu Gaste. Hinzu kommt, daß die finnische Kunsthistorikerin Britta mich da oft hinjagt, weil sie auf dem Standpunkt steht, daß man die Bilder von Breughel, Rubens, van Dyck und Rembrandt nicht lange genug ansehen kann. Leider decken sich in dieser Beziehung unsere Ansichten nicht ganz. Britta kann sechs Stunden hintereinander vor diesen Meisterwerken stehen, während sich bei mir schon nach zwei Stunden starke Ermüdungserscheinungen bemerkbar machen. Sicher wird es nicht zu meiner Ehrenrettung dienen, wenn ich mit bescheidenem Stolz bemerke, daß ich acht Stunden ohne Unterbrechung auf einer Bootsausstellung ausharren kann.

Kurz und gut, meine Gedanken beginnen im Amsterdamer Rijksmuseum schon bald abzuschweifen und sich den Realitäten Hollands zuzuwenden. Die humpenschwingenden Bauern Breughels an überladenen Tischen lassen Hunger und Durst sich auch in mir regen, ich denke an Genever und Bier und mische mich außerhalb der Galerien und

Museen unters lebensfrohe Volk, das an seinen Grachten und Seehäfen entlangflaniert, in einer Stadt, die im 17. Jahrhundert die erste Handelsstadt Europas war. Dabei vergesse ich keinesfalls, daß die Holländer von den Friesen abstammen; und was das für Kerls sind, habe ich bereits mit den Stedingern, Butjadingern, Wurstern und Hadelnern darzulegen versucht. Die Spanier jedenfalls bissen sich an ihnen die Zähne aus und konnten ihren kometenhaften Aufstieg zur dominierenden Seemacht nicht verhindern.

Ich begreife diese segelnden Holländer also. Wenn ich ihre hübschen, meist wohlgerundeten Bordfrauen sehe, wenn ich das Tun ihrer Kapitäne auf den Plattbodenschiffen beobachte, drängen sich Vergleiche mit den Werken ihres Malers Rubens auf, in dessen Barockbildern alles voller rauschender Fülle eines sinnenfrohen, bunten Lebens ist. Diese Art haben sie sich bis heute erhalten. Der Sinn für Gemütlichkeit, Wohlleben, Frohsinn und der Mangel an Eilbedürftigkeit sind ihre hervorstechendsten Merkmale – im Urlaub wenigstens.

Das traf wohl auch auf die Mannschaft der großen holländischen Yacht vor mir zu, die da so selbstzufrieden auf Langeland zusegelte. Bald konnte ich erkennen, daß eine Frau an der Pinne war, eine andere im Bikini saß im Schatten des Sprayhoods und las ein Buch, ein Mann in roter Badehose lag auf dem Kajütdach, hatte die Hände im Nacken verschränkt und ließ den lieben holländischen Gott offensichtlich einen guten Mann sein. Jedenfalls trieb ein Bild des Friedens durch die blaue See.

Meine erste Regung war also, alles aus meiner AZIMUTH herauszuholen, um dann möglichst dicht, möglichst leise und möglichst lässig mein Überholmanöver in Luv durchzuführen.

Aber das war noch etwas anderes. Mein Schiff ist verhältnismäßig klein und wird von den Kapitänen der Großen stets über die Schulter angesehen. Manche lächeln dabei in einer Art, die mir das Messer in der Tasche aufgehen läßt. Wenn sich nun die Gelegenheit bietet, einem Großen mal zu zeigen, was eine Harke ist, tut das ein Kleiner nur allzugern. Das sollte erst anders werden, wenn ich in Smögen oder Strömstad sein würde. Da gibt es ein völlig anderes Verhältnis zu den Großen, weil die sich plötzlich fragen müssen: „Nanu, wie kommt denn dieses kleine Ding aus Deutschland hierher? Das wird dieser olle Skipper da hinten im Cockpit doch wohl nicht hergetragen haben?“

So etwa waren meine Gedanken, als ich mich an die Verfolgung machte. Dann aber sah ich näher hin. Die Dame am Ruder hatte die Pinne unter den linken Arm geklemmt, dafür aber die rechte runde Wade außenbords gehängt. Groß und Genua vervollständigten mit freundlich winkendem Killen in nonchalanter Art ein Bild niederländischer Beschaulichkeit. Da bummelten Nachfahren des Peter Paul Rubens selbstzufrieden durch die See.

Ich ließ auf der Stelle allen Ehrgeiz fahren und blieb auf meinem Kurs, eine halbe Meile entfernt, seitlich achterlich gestaffelt. Aber auch wenn ich sie hätte überholen wollen, hätte ich das nicht geschafft. Der Wind begann zu schralen und ganz sachte einzuschlafen. Das ist bei sich ankündigenden Schönwetterperioden auf der Ostsee keine Seltenheit.

Na, da waren die Holländer aber schnell bei der Hand. Der Mann mit der roten Badehose stieg vom Kajütdach herunter, ein zweiter erschien aus dem Schiffsinneren, Schraubenwasser quirlte auf, sie korrigierten ihren Kurs ein wenig, und hurtig lief mir die Yacht davon, ganz offensichtlich auf Bagenkop auf Langeland zu. Kiel Leuchtturm war längst unter der Kimm versunken. Ich mußte etwa zwölf Meilen vor der Südspitze Langelands stehen. Die Sicht wurde schlechter, die Sonne stach, die Kieler würden mit dem vorausgesagten Gewitter vermutlich recht behalten. Aus der Seekarte ersah ich, daß ich etwas 19 Meter Wassertiefe unter mir hatte. Einige Seemeilen backbords fischte ein dänischer Kutter – ich trieb ohne Ruder im Schiff über fischreichen Gründen dahin. Also rollte ich meine Fock ein, holte den Baum mittschiffs und legte ihn da fest. Jetzt konnte der neue Pilker mit seinen Glubschaugen und seinem roten Wollknäuel am Schwanz zeigen, was er konnte. Ich tüterte ihn an einer soliden Kunststoffschnur fest. Zufrieden mit meinen Lebensumständen, begann ich mit dem Pilkgeschäft. Ein dreipfündiger Dorsch würde gar nicht so schlecht sein. Gegen Mittag des nächsten Tages würden wir bei normalem Reiseablauf die Nordspitze Langelands erreicht haben und uns dort eine friedliche Ankerbucht suchen, wo Pit und ich uns über ihn hermachen konnten.

Lögenhaft to vertellen, aber ich fing in den nächsten zehn Minuten wirklich einen Dorsch von etwa zwölf Pfund. Der Drilling saß so gut, daß ich ihn vorsichtig herauslösen konnte. Den Fisch warf ich wieder in die See. Unter Sportfischern ist es üblich, ihrem Schutzpatron, dem

Apostel Petrus, den erstgefangenen Fisch zurückzuschenken. Ich fing hier zwei Fliegen mit einer Klappe: Petrus würde mir wegen dieser Aufmerksamkeit wohlgewogen bleiben, und ich brauchte diesen Fisch nicht zu essen. Auch skandinavische Fischer nehmen Dorsche dieser Größe nicht für ihren persönlichen Bedarf, dafür sind sie ihnen zu bleiverseucht. Die Seeadler, die noch in wenigen Brutpaaren in meiner früheren Heimat leben, schlagen diese großen Dorsche besonders gern. Die Zeugungskraft des männlichen Adlers erlischt damit langsam, und die Eier des weiblichen Adlers – meistens ist es sowieso nur eins – werden so dünnschalig, daß sie das Gewicht des brütenden Tieres zerdrückt.

Da ich von dem Blei, dem Quecksilber, den Pflanzenschutzgiften und dem Altöl im Ostseewasser weiß, gehe ich großen Fischen möglichst aus dem Wege. Aber es dauerte nicht lange, und ich fing einen etwa dreipfündigen Dorsch, der meinen Vorstellungen von Größe, Gewicht und Schmackhaftigkeit entsprach. Wie üblich begrüßte Pit den Neuankömmling an Bord. Er beroch ihn und sprang bis zu seinem letzten Schwanzschlag um ihn auf der Bodengräting herum, als ob er den Veitstanz hätte. Ich säuberte, salzte und bespritzte den Fisch mit Zitrone, schlug ihn in ein feuchtes Handtuch ein und packte ihn in die kühle Bilge.

Um 14 Uhr kam das von Kiel in Aussicht gestellte Gewitter. Es wurde so unerträglich schwül, daß ich den zu erwartenden Regengüssen eigentlich in der Badehose trotzen wollte, weil man in Ölzeug wie in einem Brutofen sitzen würde. Da ich aber weiß, was es auf der Ostsee mit Gewittern auf sich hat – zwei hätten mich fast mein Schiff gekostet, und im übrigen sind sie zu dieser noch verhältnismäßig frühen Jahreszeit oft mit Hagel verbunden –, kroch ich murrend in meinen Ostfriesennerz.

Ich hatte alle Segel weggenommen. Aber lediglich eine Bö von etwa sechs Windstärken jagte vor der blauen Gewitterwand her. Sie kam aus Südwest und war – auch wenn ich nur vor Topp und Takel vor ihr hertrieb, für meinen Kurs förderlich. Die aufgeregte See beruhigte sich schnell. Sie hatte eine dunkle, bleierne Farbe angenommen. Eine große, weiße Silbermöwe saß hochbordig auf dem Wasser und ließ mich so nahe herantreiben, daß ich am Unterteil ihres Schnabels den charakteristischen korallenroten Fleck erkennen konnte. Die Atmosphäre hielt den Atem an. Die erste Entladung der über mir drohenden, unheimlichen Luftelektrizität fuhr nicht auf die See herunter, sie wurde hoch in der blauen Gewitterwand ausgeglichen. Dann aber gab es einen urgewaltigen Paukenschlag mit flammendem verästeltem Blitz und sofort einsetzendem rauschendem Regen. Mit rauhem „Kaujauhahahaha" flog die Möwe davon. Der Wind setzte wieder leise ein. Er kam jetzt aus Westen. Das Kieler Orakel war bis ins letzte in Erfüllung gegangen.

Stetig wehte die Brise mich auf den Belteingang zu, die Sicht war jedoch sehr schlecht geworden – nicht mal eine halbe Meile weit. Ein typischer Ostsee-Smog zwischen Kalt- und Warmluftwellen. Mit großer Vorsicht und scharf recht voraus spähend segelte ich der Südküste Langelands entgegen.

Ich hätte ja Bagenkop anlaufen können. Der Hafenmeister und einer der Kutterkapitäne sind Freunde von mir, mit denen es einen vergnüglichen Abend im dänischen Fischerhäuschen hätte geben können. Gleich daneben leitet ein dänischer Marineoberleutnant eine Küstenwache, auch ein fröhlicher Mann, der am Tag mindestens 20 Tassen Kaffee trinkt und von Schnaps weniger hält, jedenfalls nicht soviel wie der Hafenmeister und der Kutterkapitän. Es war jedoch noch zu früh am Tage, und mein Programm war auf Spodsbjerg ausgelegt. Bagenkop wimmelt von Hunden, dafür ist es um seinen Mäusebestand mehr als kläglich bestellt. Mein Bordkamerad aber kennt die Netzschuppen von Spodsbjerg und liebt sie über alles, weil sie so voller Mäuse sitzen wie der Hund voller Flöhe. Das war ich diesem Heiligen aus Siam mit eigenem Priester und eigenem Tempel einfach schuldig.

Als sich das Langelander Kliff gelblich aus dem Dunst zu schälen begann, segelte ich die nächste Meile nur unter dem Groß. Hier ist auf Untiefen und auf Netzpfähle zu achten. Der Wind sprang auf Nord um. Bis Spodsbjerg würde ich etwa 14 Meilen aufzukreuzen haben. Die Oberflächenströmung im Großen Belt, die bei dieser Windrichtung mit einer Geschwindigkeit von etwa zwei Seemeilen pro Stunde nach Norden driftet, würde mir schieben helfen.

Die Küstenlinie war gut auszumachen. Keldsnor stand schräg über mir. Ein Leuchtturm gewinnt an Leben, wenn man seinen Wärter, dessen Haus, seine Frau und seine Kinder kennt. Ich kannte sie und blickte nach oben, ob da nicht vielleicht ein winkendes Figürchen stünde.

Da kam, ein für mich seltenes Erlebnis, mit dem Wind ganz schnell und unvermutet eine grauweiße Nebelwand herangeweht. Weg war alle Sicht. Plötzlich erschrak ich zu Tode. Über mir auf dem Leuchtturm heulte das Nebelsignal auf. Keldsnor röhrte und schrie so unheimlich los, daß meine Hand zum Herzen fuhr, Schweiß auf meine Stirn trat und mein Atem schneller wurde. Mag sein, daß es mit meinem Alter zusammenhing, wohl mehr aber mit der abrupten Unterbrechung der Spannung, in der sich jeder Segler in dichtem Nebel befindet.

Sehr schnell wurde ich für diesen ins tiefste Gebein gefahrenen Schrecken entschädigt. Der Nebel wurde lichter und wogte in feinen Schleiern vor der leichten Brise um mein Schiff. In diesen lautlosen Reigen gröhlte in gleichmäßigen Intervallen ohrenbetäubend das Nebelhorn hinein. Zum Beltufer hin hatte sich die Nebelbank schon aufgelöst, so daß die feine Schattenlinie mit Steilhang und Bäumen sichtbar wurde. Es lag im Westen, und dort stand, jetzt als heller, bleicher Kreis, der Sonnenball. Diese blasse Scheibe wurde zunächst silbern und dann golden. Die Sonne kam hervor und war blendendes Licht über Ufersaum und Belt. Über dem breiten Wasser spannte sich ein strahlender, funkelnder Regenbogen. Bunt und schillernd stand er vor der dunkelblauen Wand des abziehenden Gewitters. Davor hatte sich schon wieder helles, silberfarbenes Gewölk in flachem, weitausgezogenem Bogen formiert.

Unter dem silbernen Wolkensaum, dem schimmernden Regenbogen und der dahinterliegenden düsteren Gewitterkulisse kam mit weißen Segeln eine große Viermastbark auf mich zu. Liebevoll und golden wurde sie von der Sonne angestrahlt.

„Jetzt bist du aber wirklich verrückt geworden, Alter. Dieses verfluchte brüllende Nebelhorn von Keldsnor hat dich um den letzten Rest Verstandes gebracht", war mein erster Gedanke.

Aber warum eigentlich? Das konnte doch die GORCH FOCK sein? Ausgeschlossen, die hat doch drei Masten. Dann wußte ich's. Es war die SEA CLOUD. Am Vorabend in Kiel bei traulichem Lampenschimmer, den Kater Pit auf dem Schoß, in Erwartung der Seewetterberichte, hatte ich in der „Yacht" darüber gelesen. Ein bißchen marktschreierisch wurde da inseriert, daß die SEA CLOUD an der Windjammerparade „Operation Sail" teilnehmen wollte, um dann von da nach Amster-

dam und später von Teneriffa nach Martinique zu segeln, als Kreuzfahrtschiff unter vier Masten.

Ich brauche, und könnte es wohl auch gar nicht, einem Segler gegenüber nicht auszudrücken, was man empfindet, wenn plötzlich ein so riesiger Windjammer auf das eigene, winzige Schiff zusegelt.

Ich kümmerte mich jedenfalls zunächst mal den Teufel um Landnähe, Segelstellung und Keldsnor-Gebrüll, stürzte in die Kajüte und holte meinen Fotoapparat ins Cockpit. Zwischen mir und der SEA CLOUD segelte eine Yacht. Den Motor hatten sie mitlaufen. Mein fotografisches Empfinden wurde durch den Mast gestört, der wie ein Hundeschwanz vor der Viermastbark umherwedelte. Aber die Crew kümmerte sich genauso wenig um Kurs und Segelstellung, wie ich das tat. Alle standen sie an Deck und im Cockpit und beschossen mit ihren Kameras die SEA CLOUD aus allen Rohren. Dann bemerkten sie mich hinter sich. Ein Ruck ging durch die Besatzung, sie drehten ab und hielten mit schäumender Bugwelle auf mich zu.

„Mann, ham Se uns mit druff?"

„Selbstverständlich", sagte ich.

„Na, Jott sei Dank."

Der Skipper war seinem breiten Dialekt nach aus Ostpreußen, Er bat um Zusendung einiger Abzüge, die er gleich bezahlen wollte.

Man mag daraus ersehen, daß ich nicht der einzige war, der sein Herz an die schöne Viermastbark verloren hatte. Ich warf einen prüfenden Blick zu ihr herüber, aber sie war schon zu weit weg, sonst hätte ich als Gegenleistung um ein Foto meines Schiffes vor der SEA CLOUD gebeten. So konnte ich lediglich des Skippers Visitenkarte annehmen, das Geldangebot ausschlagen und versichern, daß er Foto und Filmstück ganz sicher, aber kostenlos erhalten würde. Das wollte er nicht und schrie:

„Hildchen, mejn Jeld."

Mit leichter Verbeugung und spanischer Grandezza stoppte ich Hildchen, machte ein blasiertes Gesicht und näselte:

„Verehrter Herr Kamerad, verfallen Sie um Gottes willen nicht in den Fehler, von meiner geringen Schiffsgröße auf meine Vermögensverhältnisse schließen zu wollen. Sie haben hier einen der letzten hochherzigen Millionäre von der Art vor sich, die ihren Reichtum nicht zur Schau stellt..."

Wir grinsten vergnügt und machten uns auf unseren Kurs, die Hamburger Yacht mit ihrem Ostpreußen nach Bagenkop, ich und Pit nach Spodsbjerg und die SEA CLOUD vermutlich nach Kiel.

Das Nebelhorn von Keldsnor heulte uns einen Abschiedsgruß nach und kam dann auch zur Ruhe. Der Wind übrigens ebenfalls. Kiel würde ihn am nächsten Morgen mit einer mehr oder weniger genauen Richtungsangabe wieder aus dem Bett holen.

Ich ließ mein Schiff gemächlich nach Norden driften, rollte die Fock ein, tuchte mit drei hübschen blauen Zeisingen das Großsegel auf den Großbaum, brachte den „Sohn des Himmels" in Schwung und passierte gegen 17 Uhr die Hafenfeuer von Spodsbjerg.

„Was der nur immer mit diesem Spodsbjerg hat?" höre ich erfahrene Fahrtensegler sagen. Sie sagen es mit einem gewissen Recht deswegen, weil dieser kleine Hafen nun wirklich nicht viel zu bieten hat. Da gibt es gleich nebenan, an den Küsten von Fünen, Lolland und Seeland, romantischere und bessere Liegeplätze. Darüberhinaus steht Spodsbjerg bei der Seglerschaft deswegen nicht allzu hoch im Kurs, weil bei Westwind so viel Wasser aus dem kleinen Hafen gedrückt wird, daß einige von den ohnedies knappen Gastliegeplätzen für Kielschiffe noch ausfallen. Und bei etwas härterem Ostwind steht ein solcher

Schwell am Anleger, daß der Skipper die Nacht mehr an Fender und Leine als in der behaglichen Koje verbringt. In derlei Nächten ist die Hafenatmosphäre vergiftet und von Murren und Flüchen gesättigt, denn auch die stärksten Charaktere haben ihre Grenzen.

Wenn man das alles von vornherein weiß, kann man diesen Unannehmlichkeiten entgegensteuern. Man geht dann schräg gegenüber in Lee der Gegenmole und sucht sich dort einen der beiden Kutter heraus, die eine Ramme aufmontiert haben. Es liegen dort noch drei andere Fischkutter, aber die gehen so frühzeitig ihrem Fanggeschäft nach, daß sie den unglücklichen Längsseitslieger schon vor Tau und Tag aus den Federn scheuchen. Die beiden mit der Ramme bleiben bei Wind im Hafen, weil sie dann eben keine Netzpfähle rammen können.

Der Vollständigkeit halber aber muß ich zugeben, daß die beiden im Hafen stationierten Boote der Beltlotsen nächtlich auch noch ein bißchen Wellengeschwabbel machen und darüber hinaus die Funk- und Sendetätigkeit in dem dicht daneben liegenden kleinen Fährhafen oft Quiek- und Pfeiftöne verursacht, die sich bei philharmonischen Konzerten im Radio unvorteilhaft bemerkbar machen (während sie beim modernen *hard rock* kaum herauszuhören sind).

Warum also in diesen Hafen, der offensichtlich so wenig Positives aufzuweisen hat? Weil alle diese kleinen oder größeren Unannehmlichkeiten nicht den Charakter Langelands ausmachen. Auf dieser dänischen Insel ist die Zeit vor 150 Jahren stehengeblieben. Sie entspricht voll und ganz dem Geschmack eines die Ruhe und Einsamkeit liebenden Einhandsailors. Das verdeutlichen zwei Beispiele.

Man gehe in Spodsbjerg von Bord. Links und rechts erstrecken sich kilometerlange, einsame Strände. In unserem Falle passieren wir den Fährhafen und verfolgen dann den schmalen Weg, der parallel zum Belt nach Norden führt. Nach zehn Minuten Fußweg wird man auf ein mitten in hübschem Baumbestand liegendes Haus stoßen. Am Wegesrand hat dessen Besitzer eine Tafel aufgestellt, auf der in Dänisch und gleich daneben in deutscher Übersetzung zu lesen steht:

Wir verkaufen hier Kerzen und Keramik!
Von 8.00 Uhr bis 18.00 Uhr!
Wenn wir zu Hause sind!

Ich komme sehr oft an Spodsbjerg vorbei und trachte seit langem danach, hier mal eine hübsche gezogene oder gedrehte Kerze zu erwerben, aber leider waren sie bisher nie zu Hause. Alles atmet Ruhe und zufriedene Behaglichkeit auf dieser schönen Insel, im Lande der Märchen von Hans Christian Andersen.

Das zweite Beispiel: Von Spodsbjerg nach Bagenkop gibt es eine Buslinie. Ich benutze sie manchmal, um zu meinen dänischen Freunden an den Bagenkoper Hafen zu gelangen. Die Busreise ist für mich stets eine Quelle größten Vergnügens. Zwar gibt es Haltestellen, die, wenn da gerade jemand steht, berücksichtigt werden; aber das alte Mütterchen, das von einem einsamen, abseits gelegenen Gehöft kommend noch weit hinten auf dem Feldweg steht, braucht nicht zu verzagen. Es schwenkt seinen Pappkarton, wir halten an und warten ohne Murren, bis wir sie bei uns an Bord haben.

Der Fahrer befördert auch Post, die er an bestimmten kleinen Poststationen abliefern oder abholen muß. Dazu steigt er aus. Als er das wieder mal mußte, winkte ihn aus einem der kleinen, bunten Dänenhäuschen eine Frau ans offene Fenster. Sie hatte einen großen flachen Kuchen auf einem Blech aufs Fensterbrett gestellt, in der Hand hielt sie ein Messer. Sie schnitt ein Randstück ab, hielt es dem Fahrer hin und blickte ihm erwartungsvoll und voller Spannung ins Gesicht. Der biß hinein, kaute und gab mit vollen Backen seiner Zufriedenheit durch lebhaftes Kopfnicken Ausdruck.

Wir kamen also bei Flaute im Spodsbjerger Hafen an, machten fest und gingen von Bord, Pit in hohem elegantem Satz, ich ein wenig steifbeiniger. Pit begab sich nach rechts, um unter den Hütten und Schuppen, in denen Netze und sonstiger Fischereibedarf aufbewahrt werden, nach den Langeländer Mäusen zu gucken und sie hinsichtlich Intelligenz und Wohlgeschmack zu überprüfen. Ich wandte mich nach links, um mich unter das Backbord-Hafenfeuer zu setzen, über den Belt zu schauen und ein bißchen zu meditieren. Unmittelbar rechts neben mir waren Netzpfähle in die flache Bucht gerammt. Auf jedem Pfahl saß eine Heringsmöwe, ausruhend wie ich und in keiner Weise streitsüchtig.

Pits Fangergebnisse schienen unbefriedigend zu sein; er kam angetrottet, um mir damit zu verstehen zu geben, daß er sich doch lieber an meinem Abendbrot beteiligen möchte. Als er noch etwa 20 Meter vom Molenkopf entfernt war, erhoben die mir am nächsten sitzenden Möwen die Köpfe, flogen hoch und schossen schreiend auf meinen Kater zu. Pit ist wirklich ein Galopper, so schnell habe ich ihn jedoch noch nie laufen sehen. In Todesangst, einer ungewohnten Situation gegenüber, fegte er – Schwanz hoch – dem rettenden Netzschuppen entgegen. Es sah nicht so aus, als ob er sie ohne Schnabelhieb erreichen könne. Raubmöwenschnäbel aber sind wie Dolche.

Da nahte Hilfe in Gestalt zweier Fischer, die vor den Schuppen mit einer Motorsäge Netzpfähle angespitzt hatten. Drohend traten sie den Möwen entgegen, die denn auch abdrehten und ihre Sitzplätze wieder einnahmen.

Das alles waren ja noch normale Abläufe, wie sie unter Tieren üblich und für uns Menschen auch überschaubar sind. Weil ich aber stets gern ein bißchen hinter den Vorhang blicke, den der liebe Gott so geheimnisvoll über Schöpfung und Geschöpf gebreitet hat, wollte ich noch etwas mehr über die Zusammenhänge wissen. Ich blieb auf meinem Platz unter dem Hafenfeuer, weil ich wußte, daß Pit mich holen kommen würde. Nach gar nicht langer Zeit pirschte er heran. An der Stelle, an der er angegriffen worden war, blieb er stehen, setzte sich hin und blickte zu den Netzpfählen. Die Möwen wurden aufmerksam und erhoben den Kopf. Als Pit daraufhin einen halben Schritt zurücktrat, gingen sie wieder zur Tagesordnung über.

Die tieferen Zusammenhänge sind die, daß Tiere ihre Demarkationslinien haben, die sie gegenseitig respektieren müssen, wenn es keinen Krach geben soll. Die beiden Fischer, ihr Leben lang mit den Gewohnheiten der Möwen vertraut, lachten. Ihr fröhliches Grinsen war mir schon aufgefallen, als Pit und ich von Bord gegangen waren. Da vergnügte sie sicherlich, wie Katze und Mensch in schwankendem Seemanngsgang die Mole entlangtrotteten. Ein Segeltag in einem kleinen Boot bringt das so mit sich.

Ich holte die „Medizinflasche", wir tranken einen miteinander und sagten „skål", womit sich unsere Sprachkenntnisse im wesentlichen erschöpften.

Pits Zurückhaltung den Spodsbjerger Mäusen gegenüber war nicht auf deren spärliches Vorhandensein zurückzuführen, sondern auf einen Riesenkater, groß und rot wie ein Fuchs, dem dieses Jagdrevier zu gehören schien. Aus Dankbarkeit für den Rum jagten ihn die Fischer in die Flucht und ebneten damit Pit die Wege zu nächtlicher erfolgreicher Jagd.

Nach dem Abendessen machte ich einen langen Spaziergang den Strand entlang und an dem Haus vorbei, wo sie ihre Kerzen gern verkaufen würden, wenn sie im Hause wären. Wenn man von da aus zwei Kilometer weitergeht, kommt man an eine natürliche Lehmuferböschung, die steil zum Belt abfällt. Dieser Hang war voller kleiner Löcher, genauso anzusehen wie Mäuselöcher. Als ich näher heranging, flog mir eine Menge kleiner Schwalben um die Ohren. Normalerweise zwitschern Schwalben, diese aber hier schrien empört „dschit – dschärr – dschärr" Ich wußte, wen ich da vor mir hatte. Es waren die selten gewordenen Uferschwalben, und die Mäuselöcher im Lehmhang waren ihre Nester. Ich nahm das Geschimpf der Alten in Kauf und ging näher heran – lange wollte ich sie sowieso nicht stören. Entzückend, was da zu sehen war. Aus jedem der Löcher guckte mit blanken Augen ein Schwalbenköpfchen.

Eine dieser Nisthöhlen war besonders hübsch. Da klaffte in der Wand ein breiter Riß. Das Schwälbchen guckte aus seiner Sandburg und wartete auf sein Abendbrot. In dem Riß hatte sich Humus angesammelt, der einer Margerite soviel Nahrung gab, daß sie sich in schönem Bogen über das Schwalbenkind neigte. Ich pflückte ein Rispe und kitzelte damit sein Schnäbelchen. Das kleine Ding zitterte vor Gier und riß seinen riesigen, blutroten Rachen auf. Seine Mutter kam angeflogen und schimpfte mit mir. Ihre älteren Rechte respektierend, ging ich davon und nahm meinen Rückweg durch die Wiesen, aus denen ein herbsüßer Kräuterduft stieg. In den Senken erhob sich bereits der bläulichweiße Abenddunst. Die Sonne stand dicht über dem Horizont und ließ den westlichen Himmel wie Feuer brennen. Es würde wieder gutes Wetter geben. Weit hinten im Belt stand ein Seeschiff. Klein wie ein Spielzeug, schien es kaum Fahrt zu machen. Da kam auch schon das winzige Lotsenboot hurtig wie eine Ameise über die See gekrabbelt und hielt auf den Tanker zu.

Dieser Einsamkeit wegen liebe ich Langeland sehr. Dankbaren Herzens für eine gute Gesundheit, ohne die das alles nicht zu machen wäre, ging ich durch den stillen Abend zu meinem Schiff.

Kurs Nord

Die Söhne und Töchter Albions und der Vierzehnpfünder – Katzendressur – Wie der Danebrog vom Himmel fiel – Die Kollegen von den großen Pötten – Hochzeit bei Windstärke 10 – Gräten in Giftgrün

Die Sonne stand schon hoch über dem Belt, als ich am Morgen den Kopf ins Wetter steckte. Ich zog meine Badehose an und sprang vom Molenkopf in weitem Hechtsprung ins Wasser. Verflucht noch mal, 14 Grad! In der Nacht waren noch ein Däne und ein Engländer in den Hafen gekommen. Ihre Nationale wehte schon vom Flaggenstock. Der englische Skipper stand im Cockpit. Aus dem Munde ragte ihm der rote Stiel einer Zahnbürste, in der rechten Hand hielt er den Zahnputzbecher. Er hatte meinen Jump gesehen, schien ein lustiger Mann zu sein und nuschelte zwischen Zahnbürste und Schaum aus dem Mundwinkel hervor:

„Sorry, sportsman, but I can not applaud single-handed" – schade, daß man mit einer Hand nicht klatschen kann.

Eigentlich hatte ich mich gleich nach dem Bad auf die Reise machen wollen, doch eine nette kleine Episode im Hafen hielt mich davon ab. Ich war noch mit den Startvorbereitungen beschäftigt, als ein Fischkutter in den Hafen kam. An den Leuten an Deck ließ sich unschwer erkennen, daß er für eine Angelfahrt gechartert war. Sie hatten eine Menge Dorsche gefangen, darunter einen etwa so großen, wie ich ihn am Vortag in die See zurückgeworfen hatte: 14 bleiverseuchte Pfunde. Bei den Anglern handelte es sich um Engländer. Ich erfuhr, daß sie in der Nähe von Bagenkop ein Ferienlager bewohnten, um sich von da aus Langeland anzusehen, die Schlösser Tranekær und Egelökke, die romanische Kirche von Bostrup oder auch das Knudsen-Museum in Hov. Wir wollten nämlich nicht vergessen, daß das Königreich Dänemark das älteste in Europa ist. Es läßt sich wissenschaftlich nachweisen, daß die ersten Menschen schon vor etwa 12 000 Jahren in diesem Land siedelten. Hier auch hatten die dänischen Wikinger, die berühmt-berüchtigten Normannen, um das Jahr 900 ihre Glanzzeit. Die kleinen Scharmützel mit meinen Freunden am Weserdelta waren für sie sogenannte kleine Fische. Sie fielen in England und Schottland ein, plünderten Lissabon und erklärten sich nur für einen gewaltigen Batzen Geld bereit, die Besetzung von Paris aufzuheben.

Die fischenden Söhne und Töchter Albions wollten wohl auch die Nachfahren jener Herren einmal näher in Augenschein nehmen, die ihnen einst in ihrem Mutterland eins auf den Kopf gegeben und die als Besatzer und Piraten an ihrer Ahnenreihe ein wenig mitgebastelt hatten.

Der Fischer und Kuttereigner hatte, geschäftstüchtig und kundenfreundlich, dem Dorsch einen starken Draht durch Rachen und Kiemen gezogen, an dem man ihn gut hochhalten konnte. Die Angler traten nun einzeln vor, ergriffen den Fisch und wurden mit ihm fotogra-

fiert. Jeder konnte dann dem staunenden Bekanntenkreis in der Heimat berichten, wie ihn dieser Fisch nach hartem Drill beinahe über Bord gerissen hätte. Schließlich kam eine leicht breitgesäßige, etwas pferdegesichtige, kleinwüchsige Lady an die Reihe. Zunächst holte sie ihren Fotoapparat von der Schulter und stellte Blende, Belichtungszeit und Entfernung von Hand und genau auf diese Aufnahme zugeschnitten ein. Dann bat sie einen zaunlattendürren, langen Landsmann, das Foto zu tätigen. Sie selbst ergriff den Dorsch und hielt ihn, trotz aller Anstrengung ein gequältes Lächeln auf den Lippen, weit vor sich dem Objektiv entgegen.

Aus eigener Erfahrung weiß ich, daß solcherart ein Fisch von 14 Pfund perspektivisch so stark verzeichnet wird, daß 28 Pfund daraus werden und der Angler, weit, weit hinten, winzig wirkt. Da ich gerade einen Fender in der rechten Hand hielt, rief ich das zu ihr herüber was ich kurz zuvor von dem englischen Yachtsegler gelernt hatte:

„Sorry, but I can't applaud single-handed."

Sie verstand mich und lachte mit strahlenden Pferdezähnen zu mir zurück.

Weiß der Teufel, mir jedenfalls gefällt's auf Langeland.

Nun war es inzwischen acht Uhr geworden, und weil ich eine weite Reise vor mir hatte, mußte ich mich endlich auf die Socken machen. Doch ich konnte nicht ablegen, weil mein Kater sich inzwischen auf die Morgenpirsch begeben hatte. Ich beorderte ihn also herbei. Dazu stieg ich aufs Kajütdach, pfiff grell auf den Fingern der linken Hand und hielt in der rechten klappernd die Katzenkeksschachtel. Die Schiffsbesatzungen verfolgten interessiert mein Tun.

Katzen können unvorstellbar weit und scharf hören. Nicht etwa, daß Pit so besonders hinter den Keksen her wäre; er hoffte vielmehr, daß ein zusätzlicher Leckerbissen abfiele. Aber ein absolut sicherer Befehlsempfänger ist er nicht. Ich war deswegen ein wenig in Sorge. Doch er hatte einen guten Tag und blamierte mich nicht. Weit hinten sah man ihn auftauchen und herantraben. Er läuft so leichtfüßig und mit so federnder Eleganz, daß man fasziniert ist. Die dunklen Vorderläufe wirft er dabei wie ein Zirkuspferdchen vor sich her.

„So was habe ich noch nicht gesehen, wie ein kleiner Hund", sagte anerkennend der Skipper der dänischen Yacht.

Von allen Seiten schlug meinem Kater unverhohlene Sympathie entgegen. In weitem Satz, unbeeindruckt von den Ovationen, gewann er Kajütaufbau und Cockpit, wo ihn eine Ölsardine in seinem Napf erwartete.

Pit kann mindestens 15 Anordnungen von mir mühelos übersetzen und sie gegebenenfalls sogar ausführen, wenn es gerade in seinen Kram paßt. Ich verstehe etwa die gleiche Anzahl von Gebärden und Lautäußerungen von ihm. Das genügt, um bei entsprechender gegenseitiger Rücksichtnahme gut miteinander auszukommen.

Wir legten ab, winkten all diesen freundlichen Seglern und Motoristen ein letztes Lebewohl zu und fuhren auf den sonnenüberschienenen Belt hinaus. Kein Wind. Mit Hilfe meiner Armbanduhr errechnete ich die Driftgeschwindigkeit, die sich mit 1,5 Meilen pro Stunde ergab. Da die Strömung nach Norden lief, dauerte es nicht lange, bis das Häuschen der Kerzenverkäufer von Land aus herübergrüßte. Aber anstatt Kerzen zu ziehen, lagen sie gewiß im Bett und hofften, daß kein Käufer käme, der ihr Langeländer Phlegma störe. Wenn das so weiterging, würde ich in weiteren zwei Stunden erst den Steilhang mit den Uferschwälbchen querab haben.

Aber was waren diese aufkeimenden Sorgen für ein Bagatellkram im Hinblick auf die Schönheit im Belt, auf die sandige Uferlinie, die darüberliegenden grünen Wiesenpläne, die Pappeln, die abertausend huschenden Lichtreflexe und das Lachmöwengeschrei von Spodsbjerg her, wo sie sich offensichtlich um ihr Frühstück kümmerten, während die Heringsmöwen mit ihrem „kiau-kiau" hoch im Himmel hingen und darauf warteten, daß die Kutterfischer endlich ihre Netze einholen und mit dem Auskehlgeschäft beginnen würden.

Meinen Tagesplan hatte ich vertrauensvoll auf den Kieler Prophezeiungen aufgebaut, die Ostwind von mindestens Stärke drei versprachen. Ich wollte also zunächst hart an Langelands Ostküste hoch bis zur Nordspitze Lille Hov, von dort genau nach Norden bis zu der Blitztonne etwa drei Meilen unter dem Inselchen Sprogø und dann mit etwa 340° am Kompaß über das Feuer Romø Tue zum kleinen Feuer Lushage, das sich bereits an der Südspitze der Insel Samsø befindet. Dort wollte ich mir einen Ankerplatz suchen und eine beschauliche Nacht im Sternenlicht verbringen. Knapp 60 Meilen – und kein Wind. Aber dann war er da, kam tatsächlich aus Ost und machte sich unverzüglich an seine Aufgabe, AZIMUTH und mich zügig voranzubringen. Nationale, Verklicker und Gastflagge winkten in fröhlicher Zappelei übers Beltwasser zur Uferlinie herüber.

War das eine wundervolle Segelei – in Sonne und handiger Brise, auf weichem Kissen auf der Backskiste sitzend, das Schiff nach Backbord in einem Winkel weggekrängt, der benetzte Fläche und optimale Vorwärtsbewegung zufriedenstellend vereinigte, die Hand leicht auf der vibrierenden Pinne, die Schraube im Leerlauf leise mahlend mitlaufend, ein zischender Bug in leicht dünende See tauchend, die Wolke weißer Segel über mir im dunkelblauen Himmel. Dankbarkeit an Dänemark erfüllte mich, in dessen sandigen Inselarchipel ich mit Verlassen des Belts gleich hineinsegeln würde.

Daß Dänemark das älteste Königreich Europas ist, habe ich schon erwähnt, daß es aber auch die älteste Flagge hat, hole ich jetzt nach. Da haben sich die Dänen vergangener Jahrhunderte in Erinnerung an die Schlacht von Lindanaes am 15. Juni 1219 eine zu Herzen gehende Story ausgedacht. Es lief so gut wie nichts mehr; das dänische Kreuzfahrerheer war gerade im Begriff, von den heidnischen Esten fürchterlich eins auf den Helm zu kriegen, als sich für Freund und Feind sichtbar der Himmel öffnete und als Zeichen Gottes der Danebrog herunterschwebte. Den Heiden schlotterten vor Entsetzen die Knie, eine Schwäche, die sich die dänischen Ritterheere neu formieren ließ. Es wurde erneut zum Angriff geblasen, und der Christengott zeigte dem Heidenpack, wo es langging.

Gerührt sah ich zu meiner roten Gastflagge mit dem weißen Kreuz auf. Wenn man so etwas weiß, hat man ein anderes Verhältnis zu dem kleinen Zappelphilipp im Want und bezieht ihn, wie es sich gehört, achtungsvoll in die Flaggenparade mit ein.

Sprogø kam auf. Eigentlich wollte ich in Lee der Insel auf fünf Meter Wassertiefe den Anker fallenlassen – obgleich das verboten ist – und dort meinen Dorsch braten. Salz und Zitrone mußten ihm inzwischen so viel Wasser entzogen haben, daß sein Fleisch in der Pfanne fest blieb und nicht so zerfiel, wie ich das immer wieder bei Dorschfischern sehe, die ihren Fang vorm Braten nicht erst für mindestens 24 Stunden in ein feuchtes Handtuch wickeln. Doch der handige Wind ließ mich an Essen gar nicht denken. Abends würde er ohnehin wieder einschlafen.

Das tat er indessen bereits nach einer Stunde. Blauschwarz stand ein Gewitter über Korsør auf Seeland. Der Himmel verfinsterte sich, die See wurde wie Blei und bekam immer dann einen Silberglanz, wenn ein Wetterleuchten über sie hinzuckte. Aber es blieb bei ein bißchen Gerumpel, das Gewitter zog nicht über den Belt. Eine frische Brise aus Südost kam auf. Da ich mich bereits auf meinem 340°-Kurs zum Feuer Romsø Tue befand, fiel sie achterlich ein, und ich durchsegelte die 15 Meilen bis dorthin in rauschender Fahrt und in etwas über zwei Stunden. Ich befand mich auf gleichem Kurs mit der Großschiffahrt, den sie nach meiner Karte erst fünf Meilen über Romsø Tue verlassen würde, um nach Norden abzuschwenken und dort das Feuer Røsnaes Puller hart steuerbords zu lassen. Selbstbewußt segelte meine kleine Yacht unter dem Schiffsvolk der Riesen dahin, das mich sehr ernst nahm, meine Rechte als Segler respektierte und mich von seinen turmhohen Decks aus vermutlich so betrachtete wie die Henne, der Enteneier untergeschoben worden sind und die nun nicht begreifen kann, was ihre lüttjen Federbällchen denn da so plötzlich auf dem Wasser verloren haben. Aber unter diesen Kapitänen, Schiffsoffizieren und Maaten befinden sich zahlreiche Segler, von denen ich wußte, daß ihr Auge mit Wohlwollen auf mir ruhte – Kollegen gewissermaßen.

Mir ist ein Erlebnis unvergeßlich. Jumbo und ich segelten von Klintholm nach Trelleborg. Segler, die dieses Revier kennen, wissen, daß wir auf unserem Kurs jenen Weg kreuzen mußten, den die großen Seeschiffe auf ihrer Fahrt durch den Sund ins Kattegat nehmen. Entgegen der Wettervorhersage kam Starkwind auf. Bis zum Hafen von Trelleborg waren es nur noch wenige Seemeilen. Die Trelleborg-Fähre war schon zu sehen. Wir hatten den Westwind dwars und segelten sehr naß unseres Wegess dahin. Den großen, roten Tanker, der steuerbords aufkam, hoffte ich noch passieren zu können. Aber ich sah rechtzeitig, daß er zu schnell war und wir ihm vor den Bug laufen mußten. Wir bargen das Groß und segelten nur noch unter der Fock vor dem Wind, um das Seeschiff passieren zu lassen. Der Wind nahm Sturmstärke an, die erste See stieg von achtern ins Cockpit.

„Mensch, so was gibt's doch wohl nicht", sagte Jumbo.

Der rote Tanker drehte seine Nase nach Backbord, wurde langsamer und ließ uns passieren. Da war ein Mann auf der Brücke am Ruder, der wußte, wie es auf kleinen Segelschiffen im Sturm zugeht. Wir nahmen die Mütze ab und errichteten ihm für alle Zeit ein Denkmal in unserem Herzen.

Ein schöner Segeltag neigte sich dem Ende zu, als ich die Südkante Samsøs erreichte. Mit der Abendröte war der Wind zu Bett gegangen, wie ich das erwartet hatte und wie es in so ausgedehnten Hochs üblich ist. Mit leichten Motorschüben pirschte ich mich ganz vorsichtig aufs Ufer zu. Dort ist ein größerer Waldkomplex, unter dem ich ankern wollte, aber laut Seekarte gibt es da auch Klamotten unter dem Seespiegel. Dann fiel der Anker. Ich entbrannte meine gute alte Petroleum-Ankerfunzel, die zwar nicht über die in deutschen Hoheitsgewässern geforderte Leuchtkraft verfügt, die aber in skandinavischen Gewässern schon auf Grund ihrer Antiquität akzeptiert wird. Hauptsache, überhaupt ein Licht am Vorstag, sagt die Wasserpolizei, weil sie von ihren Minifischkuttern, von denen jeder an Belt und Kattegat seßhafter Däne und Schwede einen besitzt, mancherlei Kummer gewöhnt ist.

Ich wickelte den Dorsch aus dem Handtuch und filetierte ihn. Dann kitzelte ich mit der Düsennadel die Primusdüse; das liebt sie über alles und pustet in den meisten Fällen vor Vergnügen sofort los. So, nun ein wenig Mehl auf einen Teller, Ei, Salz und Muskat dazu, eine Flasche Bier aus der Bilge geholt, größtenteils ausgetrunken, den Rest ins Mehl gekippt und einen feinen Teig daraus gerührt. Die für mich gedachten Stücke kommen in diesen Mehlkleister und müssen darin eine Weile verharren. Pit wünscht seinen Dorsch nicht auf diese Weise zubereitet. Er möchte ihn nicht paniert und nicht gesalzen, dafür aber in klarer dänischer Butter gebraten. Warum denn nicht? Bitte sehr!

Dieser Kater saß mit dem Hintern auf der Spüle und verfolgte aufmerksam mein Tun.

Während sein Dorsch im Cockpit abkühlte, holte ich meinen aus dem Mehl, briet ihn auf Räucherspeck und trank einen leichten Weißwein dazu. Kartoffeln kochen wir zu diesem Gericht meistens nicht, weil wir zu faul dazu sind. Als ökonomisch denkender Mensch, der außerdem den Aufwasch nicht allzusehr liebt, esse ich meinen Fisch gewöhnlich aus der Pfanne und stippe die Specksoße mit Weißbrot auf.

Dann ließen wir alles stehen und liegen und gaben uns der Ruhe hin. Wir setzten uns ins Cockpit, behaglich und satt ein wenig aufstoßend, um nicht rülpsend zu sagen. Es hörte und sah eh keiner.

Da vernahm ich hinter mir die typischen knarrenden Töne, wie sie Ruder in den Dollen von Fischerbooten von sich geben, und gleich darauf das dem Rudertakt angepaßte Aufrauschen der Bugwelle. Ein Boot hielt auf uns zu.

Da es um diese Mittsommerzeit hier nie ganz dunkel wird, stand am Westhimmel noch ein rosafarbener Schein. Schwach und rhythmisch zuckte ein Leuchten darüber hin, vermutlich das dort gelegene Feuer von Vesborg. Über der See lag ein diffuses Licht, an dem es wohl liegen mochte, daß das herankommende Boot größer und düsterer aussah, als es in Wirklichkeit war. Sein Kielwasser zog einen breiten, silbrigen Keil über die sonst reglose Wasserfläche. Wo die Riemen eintauchten, entstand ein funkelndes kleines Feuerwerk. Ich lag in einer weiten Bucht, hinter mir ernst und dunkel die Waldkulisse. Mit noch geringer Leuchtkraft blinzelten die ersten Sterne zu mir herunter. Eigentlich war nur mein Ankerlicht das einzige klare, verläßliche Feuer in dieser zartblauen, geheimnisvollen Dämmerstunde.

Das Boot wurde von einem sehr alten Mann gerudert. Im Heck lagen einige Netzmarkierungsstangen mit dem üblichen schwarzen Fähnchen im Topp, die ihn als Fischer auswiesen. Vermutlich war er unterwegs, um nach Netzen und Körben zu sehen, die hier in der Nähe liegen mochten. Er warf einen Blick auf das Heck von AZIMUTH, aber ich hatte die Nationale schon eingeholt.

„Deutsch?" fragte er und fügte hinzu: „Ballen oben nach Nord."

Er wies mit dem Finger in die Richtung, in der der Hafen Ballen lag. Ich hingegen zeigte auf mein Ankerlicht.

„Bleibe über Nacht hier vor Anker, but stop and wait just a moment."

Wenn so etwas verstanden wird – und er verstand es –, ist alles im Lot, und ein radebrechender Klönschnack kann beginnen. Zunächst holte ich sein Boot längsseits und dann die Rumbuddel nach oben. Der Alte korrigierte noch ein wenig die Lage der von mir ausgebrachten Fender, legte die Riemen schön parallel auf den Boden seines Bootes, setzte sich auf die Ruderbank und machte eine einladende Handbewegung, mit der er mich aufforderte, neben ihm Platz zu nehmen. Meine Seereling zu überklettern, mochte ihm wohl zu mühsam sein. Ich verfolgte sein Verhalten und seine Bewegungen aufmerksam, weil ich daraus abzulesen versuchte, wie ich mich vermutlich einmal selber verhalten würde. Ihm war anzusehen, daß er um die achtzig war, und er bestätigte mir das auch. Ich blickte in sein einfaches, runzliges Fischergesicht voller weißer Bartstoppeln und mit Augen, aus denen Altersweisheit und Gelassenheit leuchteten. Genauso hätte der Genezarethfischer Petrus aussehen können, wenn er so alt geworden wäre und aus dem Norden gestammt hätte.

Aus unserer langen, in Deutsch, Sailor-Englisch und Kauderwelsch geführten Unterhaltung will ich das wiedergeben, was mich in dieser Nacht am meisten berührte und was mir unvergeßlich bleiben wird. Immer dann, wenn der Wind härter wird und in Wanten und Stagen zu pfeifen beginnt, werde ich daran erinnert.

Der Alte wollte von mir wissen, ob ich Marstal auf Ærø kenne. Natürlich kannte ich es, wie alle Ostseesegler. Ich kannte auch das dortige kleine Schiffahrtsmuseum und die alte Kirche oben auf dem Berg, wo von der Decke die hübschen Votivschiffe herunterhängen.

Diese Mitteilung erfreute ihn sehr, denn er war dort geboren, war von dort aus auf Großseglern um den Erdball gefahren, um schließlich wie alle seine Vorfahren Fischer zu werden. Motoren hatten sie damals noch nicht – die waren zu teuer –, sie fischten auf Segelkuttern.

Auf dem Friedhof neben der Kirche läge seine Frau begraben. Ihre Söhne, einst beide auf ein und demselben norwegischen Fangboot fahrend, seien vom Fischfang vor den Lofoten nicht zurückgekehrt und in einem Orkan auf See geblieben.

Als er und seine Frau in dieser Kirche getraut wurden, war die kleine klapprige Orgel wieder einmal nicht in Ordnung und mußte durch ein genauso klappriges Harmonium ersetzt werden. Aber dessen Töne waren so dünn, daß es sich gegen den draußen tobenden Sturm von zehn Windstärken kaum durchsetzen konnte. Türen, Fenster und Dachschindeln klapperten, heulend schlich der Teufel ums Gotteshaus. Als das Harmonium verstummte, da tönten vom Hafen zur Kirche herauf gewaltiger Orgelton und heller Flötenpfiff. Des Unwetters wegen hatten viele große Segler den Schutzhafen Marstal angelaufen. Die Riggs und Takelagen dieser Schiffe aber waren im Sturm voller großartiger Musik, ausgelöst durch das Blockwerk für Talje, Leine, Gei und Fall. Die Bohrungen wirkten gleichsam wie ein Flötenholz: In die kleinen Löcher bliesen die kleinen Engel ein silbriges Flageolett, in die großen die Schutzengel ihre schmetternden Fanfaren, und die Erzengel bedienten die großkalibrigen Blöcke wie Baßpfeifen. Eine wunderbare Windorgel brauste da zur Kirche hoch. Die Wimpel und Flaggen, das schlagende Tauwerk im Sturm, das Stakkato der an den Masten vibrierenden Fallen gaben einen schmetternden Trommelwirbel her.

Es waren alles Seeleute, die da oben in der Kirche diesem Hochzeitschoral lauschten, und es war keiner unter ihnen, der ihn nicht verstanden hätte.

Der alte Fischer trank seinen Rum aus, lehnte ein weiteres Glas ab, nahm seine Riemen auf, wünschte mir eine gute Reise und ruderte langsam in die Dämmerung hinaus, wo Körbe oder Netze liegen mochten. Ich blieb in dieser hellen Nacht lange wach, mit dem Wunsch im Herzen, soviel Alterswürde zu erlangen wie dieser Mann.

Durch seinen Besuch hatte ich die Wetterlieferanten verpaßt und mußte auf den Deutschlandfunk warten, der nach Mitternacht mitzuteilen wußte, daß sich an den Wind- und Wetterverhältnissen nichts ändern würde – nichts Unerwartetes also.

Segler, die das Revier um Samsø kennen, fragen sich gewiß, warum ich eigentlich nicht die paar Seemeilen weiter nach Ballen gelaufen bin, immerhin ein Hafen mit anderen Schiffen, anderen Menschen, Frischwasser und dergleichen mehr. Das hat seinen Grund: Hier, wo ich in dieser Nacht ankerte, bin ich schon zweimal auf Seehunde gestoßen.

Wenn ich ganz früh den Kopf aus dem Niedergang stecke, gibt es da immer eine Menge zu sehen. Um mich herum fischen kleine Anglerkollegen, die Alken, Rothalstaucher und Tauchenten, an der flachen Uferlinie entlang rennen mit wirbelnden Beinchen Sandregenpfeifer und Seeregenpfeifer, von meinen Lieblingsvögeln, den Austernfischern, ganz abgesehen. Im Glas sieht man, wie jeder dieser Vögel seinem Broterwerb in einer nur ihm eigentümlichen, von der Natur vorprogrammierten Art nachgeht.

An jenem Morgen lagen etwas 150 Meter entfernt zwei dicke Seehundmamis behaglich im weißen Sand des Ufers. Ihre beiden Kleinen gaben nicht einen Augenblick Ruhe; als wenn sie Ameisen in den Hosen hätten, sausten sie plätschernd, sich überrollend, prustend, klatschend und schnaufend durchs aufspritzende, flache Wasser. Gelegentlich drehte eine der Mütter den Kopf ein wenig zur Seite, um ihre Heulerchen, vermutlich aber auch mein Schiff, im Auge zu behalten. Als dann eine leichte Morgenbrise einsetzte und mein Verklicker im

Masttopp zu zappeln begann, gaben sie irgendein Signal von sich, denn blitzschnell kamen die Seehundkinder angesaust. Die Mütter machten sich in ihren eigentümlichen robbenden Bewegungen auf den Weg ins Wasser. Das kleine Familienidyll verschwand in der See, freundliche, friedliche, liebenswerte Tier, die die Menschen wie so viele zum Tode verurteilt haben, ohne zu bedenken, daß sich mit ihrer Ausrottung das Wunder ihrer Erschaffung und langsamen Entstehung nie mehr wiederholen kann.

Wie der Landmann durch seinen Hahn geweckt wird, geschieht das beim Segler durch die Möwen. Das Raubmöwenvolk kümmert sich um unsere Boote freilich weniger, sie halten es mehr mit den Fischkuttern. Ich rede von dem scharfäugigen Geschlecht er Lachmöwen. Selbst in Landnähe, wenn die Hafenfeuer schon recht voraus liegen, ist oft weit und breit keine zu sehen. Aber man werfe nur einmal ein Stück Brot ins Wasser – weiß der Teufel, wo sie dann auf einmal alle herkommen. Wenn man denkt, sinnig und unbeobachtet in Landnähe dahinzuschippern, dann ist das meistens ein Irrtum. Irgendwo auf Baum, Klippe oder Netzpfahl hat eine Lachmöwe ihr scharfes Auge aufs Boot gerichtet. Sie selber aber wird von einer anderen observiert. Dem Segler sehen sie auf eine Meile an Gesicht und Gestik an, ob Miene und Verhalten erfolgsversprechend sind – für sie heißt das ausschließlich futterträchtig. Schon sind sie da, die eleganten silbernen Flieger, und erfüllen die Luft mit ihrem „kriäh – kriäh – käck – käck". Wunderhübsch sehen sie aus mit ihren intelligenten dunklen Augen, dem Schokoladenkopf und kirschrot gefärbten Paddelfüßen. Von Pit nehmen sie wenig Notiz, und seitdem eine von ihnen ihm ein Stück Maus, das er sich zum Nachtisch aufgehoben hatte, direkt vor der Nase wegstahl, sind sie das für ihn, was Aasgeier für uns sein mögen. Diesem Kater jedenfalls wird es ewig unerfindlich bleiben, was ich an diesem Bettelpack so besonderes finde.

Ich gab ihnen reichlich von meinem Frühstück ab. Wenn man allein segelt, hat man ein freundschaftliches Verhältnis zu ihnen, weil ohne sie ein Grundton im Akkord von Boot, See, Himmel und Sonne fehlen würde. Dann ging ich ankerauf und machte mich auf die Reise nach Grena. Eine leichte Ostbrise wehte mich nach Norden, immer hübsch in Landsicht und immer hübsch die Seekarte vor der Nase, die hier mancherlei Sände, Riffe, Untiefen und Flachs aufzuweisen hat. Ich segelte jetzt schon im Kattegat, und nach Anholt wären es quer über die See, so mit etwa 35° am Kompaß, nur noch 60 Meilen gewesen. Hätte ich machen können, wenn ich es eilig gehabt hätte.

Da ließ ich steuerbords das entzückende Inselchen Hjelm liegen. Mit seinem Leuchtturm über grünem Laubwerk, ein paar Schafen vor rotem Ziegeldach liegt es so voller tiefen Friedens in blauer See, daß auch dem miesepetrigsten Segler das Herz angerührt werden muß. Ich dachte an das nahegelegene Ebeltoft mit seinem altehrwürdigen Charakter, an die Fregatte JYLLAND dort im Hafen, die noch die Schlacht bei Helgoland im Jahre 1864 mitgemacht hat, und an die Fresken in der aus dem 15. Jahrhundert stammenden Kirche.

Besinnlich segelte ich meines Weges dahin, als ich in einem Augenblick tiefsten Seelenfriedens und in vollem Einklang mit mir selbst wie von der Tarantel gestochen senkrecht in die Höhe fuhr. Bei langsamer Fahrt schleppe ich an 50 Meter langer Leine einen schweren Blinker hinter dem Boot her. Etwa einen Meter unter der Wasseroberfläche taumelt er verlockend durch die See. Die Schnur habe ich so geschickt auf einer der Achterklampen belegt, daß sie dem normalen Zug des Blinkers gut standhält, jede stärkere Belastung – beispielsweise durch den Biß eines größeren Fisches – aber unverzüglich an die Knarre einer Multirolle weitergibt, die das an mich meldet. Das ist ein Alarmsignal, das mir als leidenschaftlichem Fischersmann wie ein Stromstoß unter die Haut geht. Zusätzlich gehöre ich auch noch zu den Typen mit besonders ausgeprägter Vorstellungskraft. Je nach Stärke des Signaltons entsteht vor meinem geistigen Auge das Bild eines Fisches: bei dürftigem Knarren ein mickriger, winzig kleiner Dorsch, bei aufkreischendem Knarren wie jetzt aber ein Katzenhai, ein Lachs oder doch zumindest ein Riesenkabeljau. Hastig begann ich die Schnur aufzutrommeln. An ihrem Ende stieg schließlich ein ein Meter langer Hornhecht aus der See zur Sonne empor. Weil ich einen so großen, schlanken, silbrigen noch nie gefangen hatte, freute ich mich sehr, nicht zuletzt deswegen, weil ich diesen Fisch gern esse.

Hornhechte gehören in Skandinavien der gehobenen Handelsklasse an, es sind gewissermaßen Edelfische. Das gesamte Knorpelwerk, bis zur kleinsten Gräte, ist in giftgrüner Farbe in das zartweiße Fleisch eingebettet. Wer eine solch auffällige Gräte verschluckt, muß schon sehr kurzsichtig sein. Es gibt freilich Leute, und das sind meistens Nichtfischer, die sich angesichts der Farbe schaudernd von diesem hochwertigen Fisch ab- und statt dessen lieber dem Aal zuwenden, der, legt man einen gerechten Maßstab an, mit seinen tückischen kleinen Augen einer Klapperschlange doch wohl näherkommt als einem ehrbaren Fisch.

Mein Hornfisch jedenfalls kam in die Bilge und würde zu gegebener Zeit, geräuchert, gekocht oder gebraten, ein rechter Gaumenkitzel sein.

Gemütlich bummelte ich an Jütlands Küste hoch und schob mich am Spätnachmittag durch die Hafenfeuer von Grenå. Da lag sie, die große Motoryacht PUMA des Piloten Gerd und seiner Frau Trudi (just jener, die das Wasser in den Dieseltank gekippt hatte). Vor der PUMA war die Waarschip von Hannes und seiner Frau Helga festgemacht, auch Segler aus unserem Verein. Dem Begrüßungsgeschrei nach zu urteilen, würde sich in der großkalibrigen Lobby des Fliegerschiffes ein vergnügliches Fest entwickeln.

Ich nahm auf der PUMA in aller Eile den für mich bereitgehaltenen Begrüßungsschluck zu mir und hastete zum Telefon in die Stadt. Britta war wieder nicht erreichbar, aber ihre Wirtin wußte mitzuteilen, daß sie zwei Tage später von Falkenberg kommend auf Anholt sein würde. Na, wenigstens etwas.

Wenn in alten Zeiten zwei Handwerksburschen, auf Schusters Rappen durch die Lande walzend, unterwegs einen Zunftkollegen trafen, verließen sie alle drei augenblicklich die Landstraße und strebten dem nächstgelegenen Wirtshaus zu, um dort ihr Wiedersehensglück zu begießen. Mit den Innungsbrüdern, die unter Groß und Fock die See befahren, ist das nicht anders, wenn sie demselben Verein angehören und sich im ausländischen Hafen begegnen. Da dauert es nicht lange, und sie sitzen um den Kajüttisch des größten Schiffes zusammen. Über ihnen schaukelt die Petroleumlampe, wirft rotgoldenes Licht über braune Gesichter und läßt schwankende Schatten über die Teaktäfelung des Salons tanzen.

Hier in Grenå war's die PUMA, die wir ansteuerten, jeder mit einem kleinen Gastgeschenk unterm Arm: ein Fläschchen Ålborger, ein kleines Biergebinde, ein Räucherfisch, ein Blümchen für Trudi. Der großzügig bemessene Salon nahm uns alle gastfreundlich auf. Außer von der Flybridge kann das Schiff auch von hier aus gesteuert werden. Der

Steuerstand ist der Stolz des Piloten. Die Tatsache, daß der Eigner ein leidenschaftlicher Flieger ist, kommt hier so recht zum Tragen. Ich war zwar noch nie im Cockpit einer Boeing, aber was mir von dessen Gerätschaften, Anzeigern, Meßgeräten, Dioden, Hebeln, Rädchen und Schaugläsern im Fernsehen vorgeführt wurde, findet sich hier alles wieder. Für einen Mann wie mich, dessen Handwerkszeug Kompaß, Karte und Kursdreieck sind, um sein Schiff über See zu bringen, ist es unmöglich, da durchzublicken. Gerd ist, sollte er je in Seenot geraten, in der Lage, der Cockpitbesatzung, die mit ihrer Boeing hoch über ihm dem Pol zuzieht, seine Situation zu schildern. Die gibt das weiter, und schon machen sich Marine und Luftwaffe auf den Weg. Gerd hat sich das alles so eingerichtet, weil er seiner Pensionierung entgegensieht und dann in seinem Steuerstand auf den Anblick des gewohnten Cockpitinterieurs nicht zu verzichten braucht.

Wassersportler sind um Gesprächsstoff nicht verlegen, erst recht dann nicht, wenn ein Flieger mit in der Runde sitzt. Denn wer weiß schon, daß die Schwingungsbreite der Tragflächen einer Boeing 707 etwa vier Meter beträgt, wenn sie in schwerste Luftturbulenzen gerät. Das scheint mir doch so zu sein, als wenn eine Krähe flügelschlagend gegen den Sturm ankämpft. Natürlich lassen auch Segler sich bei derlei Gesprächen nicht lumpen, sie lassen ihr Schiff im Sturm so weit wegkrängen, daß der Großbaum durch die kochende See schleift, lassen das Cockpit bis über den Süllrand vollschlagen und das Vorsegel mit kanonenartigem Knall aus dem Liek fliegen.

Am nächsten Morgen stellte ich fest, daß in der Nacht eine große Yacht hinter mir festgemacht hatte, an deren Heck in der leichten Morgenbrise die Trikolore wehte. Als ich ablegte, bemerkte ich auf ihrem Deck einen dunkelhaarigen Franzosen, der sich in Shorts und mit nacktem Oberkörper mit Schrubber und Feudel zu schaffen machte. Um zu zeigen, daß ich nicht nur ein höflicher, sondern auch ein sprachbegabter Mann sei, sagte ich im Vorbeifahren freundlich zu ihm:

„Bon voyage!" – Gute Reise.

„Du mich auch", erwiderte er und warf einen abwertenden Blick auf mein kleines Schiff. Da schien ich an eine urdeutsche Deckshand geraten zu sein. Ich lachte los. Er auch und winkte dann versöhnlich mit seinem Feudel hinter mir her.

Cate und David

Just married – Die aufregende Geschichte des Antares – Hummer warm oder: Die hochfeine Erziehung in den ersten Kreisen – Frühsommertag auf Anholt

Von Grenå nach Anholt ist es ein Katzensprung, nicht mal 30 Meilen. Der mir von allen Radiostationen versprochene Wind kam spät, aber er kam aus Ost. Hoch am Wind konnte ich mit 45° am Kompaß direkt auf die Insel zuhalten. Wenn man gut die Hälfte des Weges hinter sich gebracht hat, sieht man im Glas bleistiftdünn über der Kimm den 50 Meter hohen Radarturm auftauchen, und da er auf dem 39 Meter hohen Nordbjerg steht, muß man sich schon recht dämlich anstellen, wenn man da noch vorbeisegelt.

Mit dem Augenblick aber, als der Turm in Sicht kam, begann der Wind zu schralen und dann gemächlich auf Nordost zurückzudrehen. Ich war auch damit zufrieden und machte mich ohne Murren an die Kreuz. Die See und der Himmel waren blau, die goldene Sonne strahlte warm auf Schiff, Kapitän und Kater. AZIMUTH durchbrach leise summend die schwach dünende See, die wie eine grüngetönte Glasscheibe vor ihr lag, und ließ ein weiches, keilartiges Wellengekräusel hinter sich zurück. In langen oder kurzen Schlägen, ganz wie ich Lust hatte und um nicht nur eine Körperseite in der Sonne zu braten, segelte ich ohne sonderliche Mühe meines Weges dahin und wurde erst aufmerksam, als es auf die Einsteuerungsrinne zuging, denn Anholt ist von Sänden, Bänken und Riffen umgeben. Unangefochten passierte ich den Außenhafen, ehe ich endlich einen neugierigen Blick in den Innen-

hafen werfen konnte, wo ich zum letzten Male einige Jahre zuvor festgemacht hatte. Da lagen im Hintergrund nun Anlegepontons, wo früher Dalben gerammt waren, und auf der Seite, an der die Grenå-Fähre anlegt, schienen sie ein bißchen was angebaut zu haben. Der Hafen war zu dieser frühen Jahreszeit noch ziemlich leer, so daß ich meinen alten Platz unmittelbar hinter dem Steuerbord-Hafenfeuer einnehmen konnte. Der Heckanker fiel, sorgfältig machte ich fest.

Es war Mittagszeit, und ich machte mich daran, für mich und meinen Kater den Hornfisch zuzubereiten. „Frißt denn dieser Mensch ausschließlich Fisch?" höre ich erstaunt meine Umwelt fragen. Nee, nicht ausschließlich, aber wenn wir unterwegs sind, sehr oft. Hören Sie doch bloß mal zu: Hornfisch in Portionsstücke schneiden, mit etwas Currysauce und Zitronensaft beträufeln und ein bißchen stehenlassen. Wasser mit Salz, Pfeffer und Lorbeerblatt kochen lassen, rin mit den Hechtstücken und 15 Minuten ziehen lassen. In dieser Zeit Äpfel in Scheiben und Zwiebeln in Ringe schneiden, alles braunbraten. Butter in einem Topf erhitzen, Mehl dazugeben, eine Kelle voll Fischsud dazu, ein paar Minuten kochen lassen, Thymian und Curry einrühren. Mit gebuttertem Weißbrot und Bier auf den Tisch bringen.

Na, kann man Fisch nicht ganz gut zweimal hintereinander essen?

Weil Britta am nächsten Tag kommen würde, machte ich mich nach dem Essen unverzüglich an die Reinigung von AZIMUTH. Sie hat für derlei Dinge des Schiffsdienstes ein waches Auge.

Da hörte ich hinter mir einen Schiffsdiesel langsam und sonor heranklopfen.

„Mensch, Junge, Chinook", rief ich erfreut.

Chinook ist ein Freund von mir, der eines der großen schwedischen Schiffe segelt, die in der Nähe von Göteborg gebaut werden und die er als Rolls-Royce der See zu bezeichnen pflegt.

Aber es war nicht Chinook. Dieses Schiff war brandneu – vermutlich soeben von der Werft geholt – und führte die englische Flagge. Ein junger Mann und eine junge Frau standen im Cockpit. Ihnen war just ein kleines Mißgeschick passiert. Er hatte den Heckanker zu früh achteraus geschmissen und die Trosse auf der Achterklampe vorschnell belegt. Nun war die Entfernung zum Steg zu groß, um da die Vorleinen festmachen zu können. Die Frau schien keine besondere Hilfe zu sein, denn sie stand recht hilflos im Cockpit herum. Die Yacht begann aus dem Ruder zu laufen.

Ich jumpte auf den Steg, dessen Beplankung in Anholt besonders hoch liegt, und rief dem Engländer zu:

„Hello, let me have your rope."

Er warf mir die Vorleine zu, fierte die Ankertrosse ein bißchen, dann war alles klar. Er kam aufs Vorschiff und reichte mir zur Begrüßung die Hand hoch.

„Thank you very much and excuse me. Just married. You know?"

Dabei zeigte er mit dem Daumen unauffällig nach hinten zu der jungen Frau, grinste und kniff ein Auge zu. Er benahm sich halt so wie alle Segler, wenn sie an einer Sache selber schuld sind, aber die Chance besteht, den Fehler auf ein Crewmitglied abschieben zu können.

Der Mann hatte ein typisch englisches Studentengesicht, ein kleines bißchen versnobt, und hätte genausogut soeben dem Cambridge-Achter entstiegen sein können. Eigentlich gefiel er mir ganz gut. Ich machte eine höfliche Verbeugung zur Bordfrau hin, die sie freundlich und damenhaft erwiderte. Sie war sehr schön, jedenfalls nicht der Typ einer englichen Lady, dem man ja eine gewisse Langweiligkeit nachsagt. Auf dem Kopf trug sie ein weißes Mützchen mit einer blauen Quaste, etwa in der lustigen Art, in der Walt Disney Donald Duck oder seine Seemannstypen auszustatten pflegt. Ein Schwall brauner Locken quoll darunter hervor und fiel auf ihre Schultern, die an zwei Trägern ein rotgeringeltes Sailorshirt trugen. Weiße Shorts wurden von einem schwarzen Lackgürtel gehalten, der dieses hübsche Geschöpf in eine obere und eine untere Hälfte teilte. Als sie mit der Hand die Lockenfülle hinters Ohr strich, funkelte darin ein großer Brillant auf, vermutlich der Hochzeitsring. Sie gefiel mir außerordentlich, und wenn ich in diesem Augenblick gewußt hätte, was Sonnenbrand auf Englisch heißt, hätte ich sie auf die unmißverständliche feuerrote Tönung ihrer unbedeckten Körperpartien hinweisen und ihr vielleicht mit etwas Sonnenmilch aushelfen können.

Wenige Augenblicke später kam Pit. Er setzte sich aufs Kajütdach und sah mit seinen großen blauen Augen der Engländerin ins Gesicht. Dasselbe Spielchen wie mit Frau Antje im Kaiser-Wilhelm-Kanal begann. Ich nehme vorweg, daß die Engländerin Cate hieß. Cate also schlug die Hände zusammen, als sie Pit sah, stützte ihr Kinn auf die Fingerspitzen und bekam ein so glückliches, gelöstes Gesicht wie ein Kind angesichts eines Christbaums. Sie kniete sich auf die Backskiste ihres Schiffes und beugte sich dem Kater zu. Man sah, daß sie leise zu ihm sprach. Pit verstand ihr Englisch mühelos und rieb seinen Plüschkopf am Mastfuß. Ich wußte, daß er diesen Sympathiebeweis mit lautem Schnurren unterstrich. Dann überschlug er rechnerisch den Abstand zwischen beiden Schiffen; für einen Sprung erschien er ihm jedoch zu groß. Er befürchtete badenzugehen. Deswegen hüpfte er wie ein Luftballon zu mir auf den Steg und von da auf Cates Schiff. Die nahm ihn hoch, die beiden steckten die Köpfe zusammen und erzählten sich was. Aus Davids Gesicht, so hieß der Engländer, war alle Überheblichkeit, wie wir Männer sie so gern zur Schau stellen, verschwunden. Voller Liebe sah er auf seine junge Frau herunter.

Als David sein Schiff vorn festmachte, kommandierte er ein bißchen herum. Hier wollte er gern eine kürzere Vorleine, dort einen flachen Kissenfender und da den Peekhaken griffbereit zur Hand haben. Er war aber schließlich so einsichtig, sich die gewünschten Gerätschaften selber zu holen, weil Cate trotz aller Mühe gar nicht wußte, wo sie zu suchen oder gar zu finden waren. Sie guckte ein wenig beschämt und unglücklich auf mich. Ich wies auf das Deck meines Schiffes, wo sich die daraufgeschmierte grüne Seife mit dem Dreck zu einer dunklen

Brühe vereinigt hatte, die durch die Speigatten ablief und grauschwarze Bahnen über die weiße Außenhaut zog.

Sie luden mich zu einem Whisky zu sich an Bord ein. Dabei erfuhr ich, daß die Yacht ein Hochzeitsgeschenk war, gewissermaßen die Hochzeitskutsche, mit der sie ihre Hochzeitsreise zurück nach England antraten. Zunächst wollten sie nach Kopenhagen und dann über Klintholm auf Møn nach Kiel, wo zu dieser Zeit die Kieler Woche begann. David verstand eine Menge vom Segeln und wußte auch sehr genau, was er wollte; Cate aber tat alles, was er wollte. Noch hatte er kein Messingschild in der Kajüte angeschraubt, aber spätestens in Kiel würde wohl auch bei ihm an Bord zu lesen sein:

Nobody is perfect except the Captain –

Captain's word is law.

Wenn man den beiden doch ein wenig von seiner Alterserfahrung hätte abgeben können.

Aber das war nicht mein Bier. Schließlich kam am nächsten Tag Britta. Unklar war mir nur, wie sie von Falkenberg hierher gelangen wollte. Von da gibt's keine Fährverbindung nach Anholt, die gibt es nur von Grenå aus. Aber sicher hatte sie das alles irgendwie organisiert.

Nach dem Whisky wollte ich mein Schrubbgeschäft fortsetzen, warf aber zum Glück noch einen Blick zum Himmel. Ein kleines Abendgewitter zog auf und schüttete schließlich einen lauwarmen Regen über AZIMUTH, die sofort glänzte wie Speck an der Sonne. Schnell weg mit dem Schrubber. David, der auf der Landseite zu irgendwelchen Einkäufen unterwegs war, kam angerannt, um sein Boot möglichst trocken zu erreichen. Ich rief zu ihm hoch:

„David, you make a miserable impression upon me – an English gentlemen without umbrella."

„A sorry excuse, dear Kaiser Wilhelm", erwiderte er und verschwand vergnügt grinsend im Niedergang seines Schiffes.

Leise senkte sich der Abend über Anholt. In den wenigen Häusern am Hafen und am Nordbjerg ging hier und da bereits Licht an. Ab und an schwankten die Positionslichter einer einlaufenden Yacht durch Vorhafen und Hafeneinfahrt. Der übliche kleine Wirbel setzte ein:

„Klar bei Heckanker!"

„Anker ist klar."

„Fallen Anker!"

Es planschte im Hafenwasser. Es wurde ein bißchen geschimpft. Mit „bom-bom-bom-pfft-pfft" beendete der Schiffsdiesel sein Tagewerk. Mit mehr oder weniger Elastizität – je nach Alter – kletterte die Mannschaft auf den Anlegesteg und machte sich mit Handtuch und Kulturbeutel auf den langen Weg zu Dusche und Wasserhahn. Jene Besatzungen jedoch, die sich vorwiegend aus jüngeren Seglern rekrutierten, blieben an Bord und machten sich ungewaschen an die Zubereitung ihrer Abendmahlzeit. Zweimaliges tägliches Waschen halten sie für antiquiert, gesundheitsschädigend und unseemännisch. Meistens haben sie sowieso einen rauschenden Vollbart, oder sie lehnen während ihrer Reise jegliche Rasur ab, um Klaus Störtebekers Mannen möglichst nahezukommen. Sie haben da ihre Vorbilder. Der Weltumsegler Moitessier beispielsweise gibt ohne rot zu werden zu, daß er sich über längere Zeitspannen überhaupt nicht wäscht und diese Arbeit ausschließlich der reinigenden Kraft des Regens überläßt – je mehr Schlechtwetter, desto sauberer ist dieser Dreckspatz.

Meine englischen Nachbarn und ich jedenfalls gehörten zur besonders reinlichen Seglersorte, als wir pieksauber noch ein wenig von Bord zu Bord plauderten. Pit gab seinem Wunsch, bei Cate sein zu dürfen, lebhaften Ausdruck, aber ich verbot ihm das, weil er gestört hätte. Ich sah nämlich, wie Cate, jetzt züchtig von Kopf bis Fuß verhüllt, leicht fröstelte und möglichst unauffällig – eine englische Dame kratzt sich nicht in der Öffentlichkeit – Schulterblätter und Rücken an der Cockpitwandung schubberte. Das waren wohlbekannte Sonnenbrandsymptome, bei denen ein sich räkelnder Kater nur störte.

Später stand ich noch eine Weile am Stegende und sah über die stille See, die ohne Atemzug in der Dämmerung lag.

Es ist die geheimnisvolle Stunde, in bläuliches, ungewisses Licht getaucht, die die Herzen von uns Menschen, außerhalb von grellem Neonlicht und röhrendem Verkehrsgetöse der Großstädte, so einsam und bange werden läßt, in der wir aber auch erkennen, was für winzige Mikroben wir doch eigentlich sind, von denen etwa fünf Milliarden die Erde bevölkern und auf dieser durchs Weltall um die Sonne jagen, durch ein Weltall, dessen Ursprung und Grenzen wir unablässig zu erforschen versuchen. Weit hat die Wissenschaft bereits ihre Vorposten in die Unendlichkeit des Universums geschoben, und wenn die Astrophysiker nicht laufend beweisen würden, daß die Mehrzahl ihrer Berechnungen stimmt, müßte man sie für irrenhausreif halten. In diesem Augenblick, zweihundert Millionen Kilometer von Anholt und AZIMUTH entfernt, stand oben auf der Venus die Sonde „Pionier Venus II", funkte ihre Daten zur Erde und ließ uns wissen, daß auf der Oberfläche dieses Planeten eine Temperatur von 450 Grad Celsius herrscht. Die Sonde flog viele Monate, war computergespickt und landete weich und ungefährdet in einem vorher errechneten Zielgebiet.

Da mir das unwiderleglich bewiesen ist, muß ich der modernen Astrophysik auch glauben, was sie auf dem Gebiet der Planetenforschung herausgefunden hat. Das Fünf-Meter-Spiegelteleskop des Palomar-Observatoriums blickt weit in diese glutenden und eisstarrenden Welten hinein, und die Wissenschaftler verfügen über so sichere und bestätigte Angaben über die Verhältnisse auf unseren Planeten, daß die Frage ihrer Nichtbewohnbarkeit eindeutig geklärt scheint. Die Erde ist allein und alleingelassen in diesen Welten der Leblosigkeit und des Grauens, und angebliche Kontaktaufnahmen sowie Ufo-Landungen außerirdischer Lebewesen sind schlicht dahergelogener Unsinn.

Vor vielen Jahren habe ich auf einer Seefahrtsakademie mein Sporthochseeschiffer-Examen gemacht. Unter den Navigationssternen fand ich schnell meinen Lieblingsstern heraus. Es ist der Antares im Skorpion. Zunächst gefiel er mir deswegen, weil ihn die alten Babylonier vor mehr als 4000 Jahren bereits auf ihren Tontäfelchen darstellten. Meine Neugier aber trieb mich, Einzelheiten zu erfahren und seiner Geschichte ein wenig nachzugehen. Sie ist unglaublich:

Mein Antares hat einen Durchmesser von 650 Millionen Kilometern. Das ist eine Strecke, für die ein Düsenflugzeug mit einer Geschwindigkeit von 1600 Stundenkilometern 46 Jahre brauchen würde. Die Sonne mit ihren 1,4 Millionen Kilometern Durchmesser macht sich gegenüber ihm als ein Sternchen aus. Antares ist ein sogenannter Supergigant. Die Umlaufbahn des Mondes um die Erde würde bequem in die Sonne passen, die Umlaufbahn der Erde um die Sonne hätte zweimal in Antares Platz. Seine Oberflächentemperatur beträgt 2800 Grad Celsius. Seine Dichte gegenüber der Erdmasse ist so gering, daß die Luft, die wir atmen, etwa tausendmal so dicht ist wie die Materie des Antares. Da schwebt nämlich ein unvorstellbar großer, hauchdünner Gasballon durchs Universum.

Ich sah ihn hier von Anholt aus. Er stand als rötlicher Lichtpunkt etwa 10° über dem südlichen Horizont. Er ist schuld daran, daß sich mein Bild von Gott mit dem der Kirche nicht deckt, weil der Gott der Bibel viel zu klein für derlei Dinge ist und von den Herren Pfarrern entsprechend kommentiert wird. Ich würde ja sehr gern mal einen von ihnen in meinem Boot auf die nächtliche See mit hinausnehmen und ihm zeigen, was sein lieber Gott da alles Wunderbares in seine Himmelskuppel hineingehängt hat.

Ich kroch in meine Koje, ließ das Schiebeluk offen, sah in den Sternenhimmel und dachte an Britta. Rasmus blies mir einen leisen Windhauch auf die Augenlider, der nach Teer, Holz, Algen und Salz roch. Meinen Kater Pit zu Füßen, schlief ich ein.

Als sich die Sonne am nächsten Morgen strahlend aus der See hob, wußten alle Wetterfrösche in seltener Einmütigkeit zu berichten, daß das skandinavische Hoch noch eine zeitlang wetterbestimmend sein würde. Na, desto besser. Alten Ostseehasen ist bekannt, daß auf diesem Revier zu 70 Prozent Westwind herrscht. Der würde mir später von Norwegen nach Hause gut zu Gesicht stehen, wie das der Ostwind jetzt auf der Hinreise tat.

Auf dem englischen Nachbarschiff begann es sich zu regen. David rannte mit seinem Waschzeug los, Cate hing langsamen Schrittes hinterher. Sie hatte mir gequält zugelächelt und würde mit ihrer aufgeheizten Haut unter Dusche und Handtuch vermutlich Höllenqualen ausstehen.

Möglichst unauffällig, aber höchst interessiert sah ich mir dann aus dem Cockpit ihr englisches Frühstück an, gegen das ich im Grunde nichts einzuwenden gehabt hätte, wenn sie mir nicht unablässig durch ihre Tischgespräche auf den Geist gegangen wären.

„Enjoying your porridge?"

„Have some bacon, darling."

„Help yourself to some tea."

„Damn it! That kill's me", dachte ich auf englisch, weil es der armen Cate doch gar nicht schmecken konnte. Doch darauf konnte die feine englische Sitte keine Rücksicht nehmen.

Damit aber ist das Stichwort gefallen, das ich jetzt als Aufhänger benutzen werde, um mein Image ein bißchen aufzupolieren, denn nachdem ich einige meiner Lebensgewohnheiten preisgegeben habe, muß wohl zwangsläufig der Eindruck entstanden sein, daß sich meine Lebensführung an Bord von der eines Neandertalers nur unwesentlich unterscheidet. Während jener, lediglich in seine natürliche Behaarung gekleidet, mit Keule und Faustkeil bewaffnet zu Fuß hinter Mammut und Säbeltiger her war, bin ich im Friesennerz in meinem Boot segelnd mit Pilker oder Wurm hinter Dorsch und Barsch her. Ein geringfügiger Unterschied besteht höchstens darin, daß mein Vorfahr seinen Säbeltiger an Ort und Stelle roh auffraß, während ich meinen Dorsch oder Hornhecht immerhin auf dem Primus dünste, brate oder koche. Alles in allem ein Primitivling, der allein seines Weges dahinsegelt und auf die höfischen Sitten pfeift.

So ist das nicht, Kollegen. So etwas anzunehmen, wäre grundfalsch, weil ich mit bescheidenem Stolz darauf hinweisen kann, daß ich früher einmal die feinste aller damaligen Erziehungen genossen habe, die ich auch heutigentags, wie man gleich sehen wird, gezielt einzusetzen weiß. Da passierte nämlich folgendes:

Nachdem die beiden Engländer ihr Frühstück hinter sich hatten, machte sich David davon und Cate ans Abwaschgeschäft. Sie hantierte noch in der Pantry, als David sich lautlos aufs Boot schwang und einen großen lebenden Hummer, den er auf der anderen Seite des Hafens einem Fischer abgekauft hatte, auf die Backskiste legte und mir bedeutete zu schweigen, indem er den Finger auf die Lippen drückte. Der schwarze, gepanzerte Meeresbewohner begann unverzüglich seine Freiheit zu suchen und fiel dabei mit einigem Radau auf die Cockpitgräting. Das rief Cate auf den Plan. Als sie des scherenbewehrten Ungeheuers ansichtig wurde, schrie sie auf und zog sich entsetzt ins Schiffsinnere zurück.

„Kill him and get ready. A cookery book you'll find in the bookshelf", rief David hinter ihr her und eilte leichtfüßig davon, nicht ohne mir vorher zugegrinst zu haben.

Kaum war er weg, schob sich Cates Kopf aus dem Vorluk. Wie die Kompaßnadel nach Norden drehte er sich automatisch auf AZIMUTH zu. In ihrem Cockpit hörte man den Hummer rumoren.

„Please, help me, I don't really know how to kill that monster", flehte sie.

Ich hätte ihr nun eigentlich den Ratschlag geben müssen: „Cate, wenn Sie so etwas noch nie gemacht haben, dann warten Sie, bis David wiederkommt, und werfen ihm dann den Hummer an den Kopf, sonst sind Sie nämlich für alle Zeiten untergebuttert." Aber sie war ein reizendes Geschöpf – und in solchen Fällen ist es mir nicht gegeben, unfreundlich zu sein, weil ich sofort von Mitleid und Hilfsbereitschaft überquelle.

Es ergab sich schnell, daß sie Hummer zwar in mancherlei Variationen schon gegessen, nicht aber zubereitet hatte. War meine Unterhaltung mit ihr und David bis hierher einigermaßen flüssig dahingeplätschert, so hörte das jetzt auf. Auf Grund der bereits erwähnten hochfeinen Erziehung wußte ich eine ganze Menge über Hummer und sonstige Krustentiere, doch das alles wußte ich in Deutsch und nur höchst mangelhaft in Englisch, jedenfalls nicht so, um es als Kochrezept verständlich weitergeben zu können. Denn es ergeben sich dabei Vokabeln wie Gallenblase (beim Hummer sitzt sie unmittelbar hinter den Augen), Sud und Schere, die man im Gespräch gewöhnlich nie anwendet. „Schere" heißt auf englisch „scissors", beim Hummer aber „claw of a lobster". Das englische Kochbuch hätte uns weiterhelfen können, doch es war unauffindbar. Die CATHERINE war auch mit Pött und Pann recht mangelhaft ausgerüstet, und Cates Diplom als perfekte Bordfrau lag noch in weiter Ferne.

Der englische Sportsmann David joggte jetzt, nur mit der Badehose bekleidet, die langen, weißen Sandstrände Anholts entlang und überließ den unglücklichen Hummer und seine hübsche Frau leichten Herzens meiner Betreuung.

Bei der Zubereitung eines Hummers kommt es darauf an, ob man ihn kalt oder warm essen will. In ersterem Falle muß er nämlich im Sud liegenbleiben, bis er erkaltet ist, um dann mit Petersilie, Mayonnaise oder Remoulade angerichtet zu werden. Von Kopfsalat, Tomaten, Sardellenstreifen und Eiern will ich gar nicht einmal reden, schon gar nicht von dem dazugehörigen englischen Vokabular.

Ich ging daher den Weg des geringsten Widerstandes und empfahl, ihn warm zu essen. Vielleicht würde David bis dahin ja wieder zurück sein. Die Sache ist nämlich die, daß kein Mensch soviel linke Hände haben kann, als daß er einen Hummer nicht warm zuzubereiten und zu servieren vermöchte. Wer imstande ist, Pellkartoffeln zu kochen, der kommt an Bord auch spielend mit einem Lobster zurecht: Etwas Salz, eine kleine Zwiebel und, wenn erreichbar, ein Kräuterbündelchen ins

Wasser, bis dieses kocht. Inzwischen schrubbt man den Hummer mit einer Handwaschbürste sauber und steckt ihn dann 30 Minuten lang in den kochenden Sud. Dann raus mit ihm, auf ein Küchenbrett gelegt, mit dem Seglermesser der Länge nach in zwei Hälften geschnitten, Gallenblase aus dem Kopf, Flachzange aus dem Werkzeugkasten hervorgekramt, mit der man die Scheren anbricht, frische Butter aufs Weißbrot, wenn möglich ein bißchen Petersilie dazu. Auch wen diese Rezeptur wieder auf meine Neandertalergewohnheiten hinweist, so ist sie für Segeltörns ausprobiert und richtig.

Daher empfahl ich Cate, es so zu machen. Sie sah mich aus dem Vorluk an. Eine Träne rann langsam aus ihrem linken Auge, kullerte dem Mundwinkel zu und, weil sich dieser schmerzlich verzog, von da auf's Kinn, wo sie in einem Grübchen zum Stillstand kam. Schweigend holte ich eine kleine Plastikwanne, füllte sie mit Hafenwasser und bat, mir den Hummer zu reichen. Diesmal erschien eine Träne im rechten Auge und nahm etwa den Weg wie ihre Vorgängerin im linken. Also schnappte ich mir den Hummer selber und legte ihn ins Wasser, weil ihm das angenehmer sein mußte als Sonne und Cockpitgräting. Ich litt mit ihm. Bei jedem Tier, das ich zum eigenen Verzehr töten muß, habe ich sowieso schon Schwierigkeiten – und nun noch für fremde Leute.

Ich besitze sechs große Aluminiumtöpfe, die in ihren Kalibern so gehalten sind, daß sie ineinander passen. Den größten davon setzte ich auf meinen Primus, tat Salz, eine halbierte Zwiebel und statt des fehlenden Kräuterbündels ein wenig Suppengewürz aus der Streudose hinein. Als dieser Sud aufzuwallen begann, kam, Kopf voran, der Hummer hinein. Er war sofort tot. Ich betone das aus folgendem Grunde: Hier auf Anholt lag ich mal neben dem Schiff eines Dänen, der seinen Hummer in eine Waschschüssel packte und dann heißes Wasser über ihn goß. Das arme Tier knallte vor Schmerz wie rasend mit dem Schwanz auf den Schüsselboden, ehe es seinen Geist aufgab. Dann setzte der Killer seine Wassergüsse fort und verschwand nach einer gewissen Zeit mit seinem Opfer in der Kajüte, wo er es verschlang. Mein Gott, wie ich diesen Hundesohn damals haßte!

Hummer gibt es seit etwa 300 Millionen Jahren, während sich die Vorfahren dieses dänischen Drakulas erst vor zwei Millionen Jahren auf ihre Hinterpfoten erhoben haben. So etwas muß man doch respektieren.

Die Farbe des Hummers in meinem Topf war inzwischen von tristem Grau in Signalrot übergegangen, ein Rot wie Davids Badehose, der mit dem sicheren Instinkt von Faulenzern für den Zeitpunkt der Beendigung einer Arbeit herangetrabt kam und alle Mühsal um dieses Tier als selbstverständlich ansah. Er lud mich zum Essen ein. Ich lehnte ab, denn der Hummer war nicht sehr groß. Ich bat aber, falls eine Dame nach mir fragen sollte, dieser auszurichten, daß ich mit Pit etwa eine Stunde lang am Strand wäre.

Ich holte die dänische Gastflagge ein und setzte die finnische. Ob an Schäre oder im Hafen, diese Flagge ist der erste Gruß, der Britta erwartet, wenn sie mit ihrem Schärenkreuzer über die See gesegelt kommt.

Da lag ich nun an Anholts Strand, ganz allein, denn es gehört zu den Merkwürdigkeiten, daß Yachtleute ihr Schiff zur Erkundigung der hübschen Insel kaum verlassen. Alle Welt weiß, daß das so ist, aber niemand weiß, warum das so ist.

Mein Kater kümmerte sich in den steil hinter mir aufsteigenden Dünen um das dort lebende Getier. Er ist ein exzellenter Jäger. Als ich mich auf den Bauch drehte, sah ich, daß er im Sprung mit blitzschnellem Tatzenhieb Libellen erwischte. Er kann mir sehr deutlich zeigen, wenn er glücklich ist, springt dann wie ein Floh in der Luft herum oder schleicht wie ein Panther auf mich zu, um sich an meinem Entsetzen über dies gefährliche Raubtier zu weiden, sich behaglich auf den Rücken zu wälzen und sich den Bauch kraulen zu lassen. Ich dachte an die beiden Engländer und ihren Hummer und war besorgt, ob sie, wie es sich gehört, zu ihrer Delikatesse auch einen spritzigen Weißwein hätten und die Zitronenspritzerchen nicht vergessen würden.

Dann gingen meine Gedanken zu den Leuten, von denen ich das alles gelernt hatte. Gewiß nicht von meinen Vorfahren, die aßen keinen Hummer. Da gab's allenfalls Krebse, die wir unter den Uferweiden kleiner Beeken zu Dutzenden fingen, wenn uns der Sinn danach stand. Meine Lehrmeister waren keine priemkauenden pommerschen Fischer, das waren Reichsgrafen, Freiherrn und sonstiger Uradel, aus dem sich das Offizierskorps meines Regiments damals fast ausschließlich zusammensetzte. Außer mir gab es darin nur noch einen Bürgerlichen, dessen Meriten nicht in der Geburt, sondern in außergewöhnlicher Intelligenz lagen. In meinem Falle lagen sie in Schnelligkeit und Sprungvermögen, Fähigkeiten also, die mit großer Geistesgabe nicht allzuviel zu tun haben, vom Uradel aber eben nicht erbracht werden konnten. Und das war bei Divisionssportfesten, an denen sich auch Offiziere beteiligen mußten, mißlich, und da war es immer ganz gut, einen in den Reihen zu haben, der das fehlende Adelsprädikat durch Sprint und Schnellkraft zu ersetzen wußte. Beim Adel der damaligen Zeit war es nämlich so, daß die Klugen aus ihren Geschlechtern Gelehrte wurden, die halbwegs Intelligenten Landwirte und der Rest Offiziere. Zunächst fiel ich gegen deren Etikette natürlich stark ab, aber so was lernt sich. Jedenfalls war ich gezwungen, mich den feinen Umgangsformen anzupassen, und aus dieser Zeit ist einiges hängengeblieben, was mich auch heute noch befähigt, meinen Tischdamen den richtigen Wein ins richtige Glas zu gießen, wenn ein halbes Dutzend davon um das Gedeck steht.

Über mir in den Riedgräsern der Düne harfte der Wind eine leise, uralte Ostseemelodie, in der die Hummeln behutsam die Celli und Baßgeigen strichen und die Libellen mit ihren gläsernen, schwirrenden Flügeln ferne Trommelwirbel ertönen ließen. Vor mir in der Sonne breitete sich das Meer. Es war einer dieser Frühsommertage, an denen in blaudunstiger Stille ein feinmaschiger Schleier über den Seespiegel gebreitet ist, so daß die Wasserfläche in nicht allzu großer Entfernung ohne Horizont in den Himmel überzugehen scheint. Draußen auf See, in ihren Konturen in der Mittagshitze flimmernd, lag eine Yacht vor Anker. Wie ein großer, dunkler Tropfen hing ihr Ankerball am spinnwebdünnen Vorstag. Zu meinen Füßen flüsterte und raunte die See mit gleichmäßigem Pulsschlag ein Wiegenlied. Zufrieden mit den Umständen meines Alters, schloß ich die Augen und schlief ein.

Nicht lange, da hörte ich Getrappel und sah Sportsmann David auf mich zugelaufen kommen. Sicher, daß er mir Brittas Ankunft melden wollte, sprang ich auf. Wie so oft war meine Annahme irrig; sie machte mir aber andererseits klar, wie sehr ich das Mädchen erwartete. David trug eine Papierrolle unterm Arm, die sich als Seekarte erwies. Er wolle ankerauf gehen und von mir, als Kenner dieses Segelreviers, gerne wissen, ob er als nächsten Hafen Grenå oder Ballen anlaufen solle.

„David, wenn Sie mir versprechen, morgen Ihrer Cate wegen des Sonnenbrandes einen Ruhetag zu gönnen, werde ich Ihnen einen so schönen Segeltrip empfehlen, daß Sie ihn Ihr Leben lang nicht vergessen werden."

,,On Parole'', sagte David, was vermutlich soviel wie Ehrenwort heißen sollte.

Wir steckten die Köpfe über der Karte zusammen, umfuhren mit dem Zeigefinger die Flachs von Anholt und gingen dann mit etwa 125° auf Südostkurs zum Kullen, der rund 40 Seemeilen von hier als gewaltiger, 180 Meter hoher Bergrücken vor der Frühsonne liegen würde. Sein großes, etwa 27 Meilen weit scheinendes Feuer und später das darunter liegende kleine würden absolut sichere Wegweiser durch diese mondlose Nacht sein. Aber ehe er dort wäre, würde es so hell sein, daß er mit dem ein wenig komplizierten Fahrwasser nach Mölle spielend fertig werden würde. Bei Ostwind liege man in dem kleinen Hafen, sonst als Schwellhafen bei den Seglern nicht allzu hoch im Kurs, wie in Abrahams Schoß. Dort dann einen Ruhetag ganz nach englischem Muster einlegen, mit einem Spaziergang zu den in der Nähe befindlichen hervorragenden Golfplätzen.

Die Rosine in diesem englischen Segelplumcake aber käme dann einen Tag später. Da würde sein Schiff nämlich im dänischen Helsingør-Nordhafen festmachen, dicht bei Schloß Kronborg. Schließlich sei es sein englischer Landsmann Shakespeare gewesen, der diesem Schloß mit seinem dänischen Prinzen Hamlet zur Unsterblichkeit verholfen habe. Bei der Schloßbesichtigung sei nicht zu vergessen, daß vor dieser Kulisse sein nächster berühmter Landsmann, der Schauspieler Lawrence Olivier, den Dänenprinzen dargestellt habe.

,,Lousy mocker, come on and let's have a whisky together'', sagte David.

,,Was ,,mocker'' bedeutete, wußte ich nicht, mochte auch nicht danach fragen. Ich schlug später im Wörterbuch nach: ,,lousy mocker'' heißt ,,verlauste Spottdrossel''.

Jedenfalls war David über meinen Vorschlag so erfreut, daß er mir die Hand schüttelte und mir auf die Schulter schlug. Mit diesem Gebaren hätte er genausogut ein deutscher Segler sein können, der ein so schönes neues Schiff lieber auf See als im Hafen hat.

Ich pfiff auf den Fingern. Nach mehrfachen Wiederholungen kam Pit angetrabt, weil es sich für einen Siamkater nicht gehört, auf den ersten Pfiff zu reagieren. Er legte sich vor mir in den Sand, womit er zum Ausdruck brachte, daß er getragen zu werden wünschte. Statt ihm den wohlverdienten Tritt in den Hintern zu geben, nahm ich ihn hoch, und wir drei machten uns auf den Weg zurück zum Hafen.

Wie manche andere Segler waren auch die beiden Engländer an Anholt nicht besonders interessiert; ihr Sinn stand mehr nach Kopenhagen und dessen Zerstreuungen. Aber die Golfplätze hinterm Kullen und das Hamletschloß von Helsingør übten auf Cate doch einen großen Reiz aus. Hinzu kam, daß bei abendlicher und nächtlicher Segelei ihr Sonnenbrand zur Ruhe kommen würde. Ich kannte Davids seemännische Fähigkeiten nur von unseren Unterhaltungen her, war aber schon deswegen beruhigt, weil ich diesen Kurs des Sternenhimmels wegen bereits mehrfach des Nachts abgesegelt hatte und daher wußte, daß auf Kurs und Gegenkurs eine Menge beleuchteter Schiffe unterwegs sein würden.

Wir tranken unseren Whisky, dann legte die Crew der CATHERINE ab und begann, unter Motor aus dem Hafen zu gehen, auf offener See die Segel zu setzen und auf ihren Kurs einzudrehen. Mit drei Windstärken in den Segeln würde sie eine gute Reise haben. Erfahrungsgemäß würde dieser Wind zur Nacht einschlafen, aber da würden ihr die beiden Kullenfeuer schon tröstlich entgegenleuchten.

Seglers Glück, Seglers Leid

Alarm, Alarm! – Der Preis des Altersunterschieds – Anholter Apokalypse – Prinz Löwenherz und der Kater Pit – Ein spannender Austernfischer-Krimi – Abschied von Britta

Ich holte mir Decke und Kissen ins Cockpit hoch, legte mich auf die Backskiste, verschränkte die Arme im Nacken, sah in den blauen Himmel und hörte auf die leise, summende Mittagsmelodie des Hafens. Wenn diese Unruhe Brittas wegen nicht gewesen wäre, hätte ich ein mit sich zufriedener Mensch sein können, der ein gestecktes Lebensziel erreicht hatte und nun dessen Früchte und Erfüllung dankbar genoß. Die goldene Sonne war besonders glänzend poliert und das Firmament, in dem sie wie eine strahlende Ampel hing, mit dunkelblauer Seide tapeziert. Damit ein bißchen Bewegung in dieses hübsche Bild kam, rührte eine kleine Brise den roten Verklicker im Masttopp ganz wenig an und ließ gleichzeitig den finnischen Stander unter der Sailing einen winzigen zappelnden Ausschlag tun.

Ich litt. Und nicht nur wegen dieses Professors von Britta, sondern viel mehr meinetwegen. Was war denn das hier für ein stolzer Einhandsegler, der einstmals mit dem Tage seiner Außerdienststellung aus dem Großstadtlärm, dem Telefongeschrill und aus der ganzen verwalteten Gesellschaft ausgebrochen und davongesegelt war, der nun schon viele Sommer lang ein Leben unter Groß und Fock führte und der überall dahin segelte, wo See und Strand noch einsam waren und die daran wohnenden Menschen noch seinen Vorstellungen vom Menschsein entsprachen. Hier auf Anholt jedenfalls lag ein Kerl auf der Backskiste seines Bootes, der von sich geglaubt hatte, daß er mit zunehmenden Alter würdevoller, gelassener, heiterer und gerechter würde. Aber da hilft kein Appell an innere Ruhe und Ordnung.

Vor meinen Augen, die ziellos nach oben starrten, zog ein winziger schwarzer Punkt durchs Himmelsblau. Sofort war ich hellwach. Es war das gleiche Signal, wie wenn mir die Rolle am Angelstock kreischend den Biß gemeldet hätte. Ein elektrischer Stromstoß fuhr mir unter die Haut. Alarm, Alarm!

Stets liegt im Cockpit das Marineglas neben mir. Ich brauche es in den Häfen nicht etwa, um damit wie ein Heckenschütze aus dem Hinterhalt meine Umwelt zu belauern, der ich ja aus guten Gründen entflohen bin, sondern ich brauche es, um beispielsweise eben diesen winzigen Punkt am Himmel identifizieren zu können, der sich oft genug als Fischadler oder Schreiadler herausstellt. Hier war es ein Seeadler. Da lag einer der letzten Segler hoch über mir ohne Schwingenschlag auf einer Luftströmung, die er sich als für seine Zwecke günstig herausgesucht hatte und die ihn nun seinem fernen Ziele zutrug – ein Segler wie ich, ein dahinwehender Raubritter und Pirat, den ich mit bloßem Auge nur als winzigen Punkt ausmachen konnte und von dem ich wußte, daß er mich von da oben in jeder Einzelheit erkennen würde, wenn er mir überhaupt Beachtung schenkte. Als ich als Bengel mal in einer Düne an der pommerschen Küste lag, hat mich ein Seeadler mit einem großen Fisch in den Fängen dicht überflogen. Es ist ein Geräusch, als wenn die zum Trocknen am Vorstag hochgezogene Fock rauschend im Wind knattert. Wenn man bedenkt, daß die Flügelspanne des Adlers 2,40 Meter beträgt, ist dieses Geräusch nicht weiter erstaunlich.

Hinter mir im Hafen kam jetzt ein Fischkutter herein, dessen Heckseen mich beinahe von der Backskiste gewedelt hätten. Murrend erhob ich mich. Aber ich war schnell versöhnt angesichts des besonders hübschen, hellblauen Bootes, das die schwedische Flagge führte. Wie viele seinesgleichen, die nicht mehr in der Lage sind, ihren Besitzer durch das uralte Fischerhandwerk zu ernähren, schien auch dieser Kutter für Angelfahrten umfunktioniert und damit eine zusätzliche Verdienstquelle erschlossen worden zu sein. Man konnte das schon daraus schließen, daß an Deck Männer mit den unterschiedlichsten Kopfbedeckungen standen: Vom Strohsombrero über das Marineschiffchen bis zum abzeichenübersäten Lodenhut war so ziemlich alles vertreten. Ein schwedischer Fischersmann hätte so etwas nicht einmal angefaßt, geschweige denn aufgesetzt. Als der Kutter auf die mir gegenüberliegende Seite eindrehte, bestätigte sich meine Annahme: Am Deckshaus lehnten Batterien von Angelruten.

Kaum war das Boot festgemacht, als drei seiner Passagiere von Bord sprangen, im Laufschritt den Wirtschaftsgebäuden zueilten und bald mit gefüllten Tüten zurückkehrten. Dann legte es sofort wieder ab, und als es die Sicht zum Anleger freigab, stand dort ein zurückgelassener Passagier – Britta.

Im Glas sah ich, daß sie aufmerksam über den Anholter Hafen spähte, eine schlanke Figur, neben der ein Seesack stand. Sie trug Bootsschuhe, eine weiße lange Leinenhose und einen marineblauen Pullover, aus dessen Ausschnitt der Kragen einer weißen Bluse lugte. Auf dem Kopf hatte sie einen weißen Hut, kein Donald-Duck-Mützchen wie das von Cate, sondern einen mit einer nach unten fallenden Krempe und einem Täschchen mit Reißverschluß an der Seite. Von diesem Hut wußte ich eine ganze Menge. Unter anderem, daß sich in seinem Inneren ein eingenähtes Gummiband befand, das man bei aufkommendem Schlechtwetter hervorholen und unters Kinn ziehen konnte. Es war mehr oder weniger meine Erfindung, weil ich dieses Hutes wegen, als seine Konstruktion noch nicht so ausgereift war, bei aufbrisendem Wind manches „Mann über Bord"-Manöver fahren mußte, um ihn wieder an Bord zu bekommen – eine Sache, die mich verdroß.

Brittas spähender Blick galt nicht den Decks der Schiffe, er suchte die Masten in Salinghöhe ab, wo sie auf die finnische Gastflagge zu stoßen hoffte. Sie fand sie deswegen nicht, weil sie selbst im Osten stand und daher in die Sonne sehen mußte, die AZIMUTH schräg von hinten anstrahlte. Da war die kleine Flagge Suomis schwer auszumachen. Dann jedoch bildeten sich Falten auf ihrer Stirn; sie legte die Hand über die Augen und wandte sich in unsere Richtung. Schnell senkte ich das Glas.

Pit, der sich auf meine Koje geflegelt hatte, war nach oben gekommen, um sich zu vergewissern, was sein Kapitän denn so triebe. Auf dem Kajütdach begann er, mit Pfote und Zunge Nachmittagstoilette zu machen. Ich stand im Cockpit auf und sah nun mit bloßem Auge zu Britta herüber. Es war leicht zu erkennen, was in ihrem Gesicht beim Anblick der Silhouette des Katers vor sich ging. Schließlich saß da ihr

Pit, den sie mir als Winzling im schwedischen Arkösund geschenkt hatte. Sie lächelte glücklich und gelöst. Dieses Lächeln erinnerte mich plötzlich an einen Ausspruch von ihr, der mich einst zutiefst berührt hatte: „Immer wenn ich zu deinem Schiff und zu euch beiden komme, habe ich das Gefühl, endlich zu Hause zu sein!"

„Dieser dämliche Professor kann mir mal den Hobel blasen", dachte ich froh und rannte schwer und ungraziös wie ein belgisches Kaltblutpferd los, daß der Bretterbelag des Anlegers dröhnte, während Pit sich mit federnder Eleganz an meine Verfolgung machte. Britta sah mir mit großen blauen Augen entgegen. Der kleine ängstliche Ausdruck darin war auf drei Fischer zurückzuführen, die in unserer Nähe auf dem Wege zu ihrem Kutter waren. Ich nahm Britta in die Arme und legte meine Hände so um ihren blonden Kopf, daß ihre Wangen in meinen Handflächen lagen. Gelöst gab sie sich dieser Liebkosung hin.

Doch dann fuhr sie leicht zusammen und öffnete die Augen, die ein bißchen erschrocken aussahen. Das hing mit den drei Fischern zusammen. Britta ist ein auf Schicklichkeit bedachtes finnisches Fräulein, das es gar nicht gern hat, wenn seine Herzensregungen von fremden Menschen beobachtet werden. Verwirrt und ein wenig beschämt trat sie einen Schritt zurück. Das war das Falscheste, was sie in dieser Situation tun konnte, weil sie dabei an den Seesack stieß, welcher umfiel. Erst daraufhin blieben die Fischer stehen und sahen in unsere Richtung. Der Jüngste, mit hellblondem Bart, nahm seinen blauen Wollpudel ab und kratzte sich seinen genauso hellblonden Schopf. Da standen drei einfache Menschen, die ein feines Gespür für echte Herzlichkeit hatten. Sie lachten uns freundlich zu. Was blieb Britta übrig, als genauso freundlich zurückzulachen.

Der einzige, der wieder keinerlei Zusammenhänge begriff, war Pit. Dämlich und in treuherziger Blauäugigkeit blickte er zu uns hoch. Britta sah das, beugte sich liebevoll zu ihm herunter und sprach auf finnisch zu ihm. Und siehe da, es ergab sich, daß mein sprachbegabter Dachhase auch diese grammatikalisch überaus schwierige Sprache mühelos verstand. Britta nahm den Kater, ich den Seesack, und Finnland, Siam und Deutschland machten sich auf den Weg zu AZIMUTH, ohne dabei auch nur im geringsten von den Yachtleuten beachtet zu werden. Das taten allenfalls die Herren Bordhunde, die, als sie des Katers ansichtig wurden, unverzüglich auf's Vorschiff geeilt kamen, um von

dort aus ihrer Antipathie durch Knurren und Gebell Ausdruck zu verleihen.

Britta und ich werden weniger beachtet, als man annehmen würde. Da kneift wohl mal ein Segler ein Auge zusammen, grinst und denkt sich wenige Augenblicke lang sein Teil. Das trage ich ihm nicht nach – ich schon gar nicht –, weil ja auch ich ein Auge grinsend zusammenkneife, wenn die hübsche Sekretärin des Herrn Generaldirektors so reizend und hilflos über ihrem Kreuzworträtsel sitzt.

Und doch ist da ein tiefernster Hintergrund. Britta und ich wissen nämlich, daß alles im Leben bezahlt werden muß. In unserem Falle besteht der sehr hohe Preis darin, daß aus Gründen des Altersunterschiedes eine gegenseitige Verantwortlichkeit aufgekommen ist, die ein langes gemeinsames Leben verbietet. Ich selber leide darunter weniger als Britta, weil ich durch mancherlei Erfahrungen gelernt habe, daß man im Alter Enttäuschungen als etwas Unausweichliches ansieht und mithin als normal hinzunehmen hat. Britta weiß das auch, aber sie möchte es nicht wahrhaben. So sind wir denn ohne große Worte übereingekommen, so lange unverbrüchlich zueinander zu halten, bis der Windstoß des Schicksals uns auseinanderpustet. Ich eifersüchtiger Trottel hatte nun schon tagelang geglaubt, daß dieser Augenblick herangekommen sei. Nee, liebe Innungsbrüder von killender Fock und kuhschwänziger Schot, ich kann mitteilen, daß er noch lange nicht da zu sein scheint.

Kaum hatten wir drei AZIMUTH erreicht, als Pit durch hektisches Zappeln zu erkennen gab, daß Britta ihn vom Arm herunterlassen möge. Sie tat, wie ihr geheißen, und schon verschwand er in der Kajüte, wie immer in der Hoffnung, daß irgendein gütiger, namenloser Spender in seiner Abwesenheit Teile eines Hühnerbeins in seinen Freßnapf gelegt haben könnte – das entspricht so der Art dieses Abstaubers.

„Donnerwetter, Macker", sagte Britta, das ist ja eine Sauberkeit hier! Wo kommt denn die Persenning her?"

So etwas sah sie sofort. Ich hatte dieses neue Segelkleid im Winter machen lassen. Nun lag es, dunkelblau und ohne den geringsten Möwenmist, dekorativ auf dem Großbaum, die schneeweißen Bändsel in gleichmäßigen Schwänzchen unter sich herunterbaumeln lassend.

Britta spricht ein nahezu einwandfreies Deutsch, weil Großvater und Vater finnische Offiziere waren, von denen man weiß, daß sie in alles Deutsche, vor allem aber in das Exerzierreglement, völlig vernarrt waren. Ein gewisser seemännischer Slang freilich ist bei ihr nicht zu überhören, der indes auf mich zurückzuführen ist. Weil sie so sehr viele Kontrollmöglichkeiten nicht hat, glaubt sie, daß mein Deutsch von der Art sei, wie es hierzulande in gebildeten Kreisen gesprochen wird. Sie gebraucht daher Redewendungen, die zwar zum Repertoire eines jeden Seglers gehören, die aber unter nichtsegelnden Zeitgenossen wenig gängig sind. So bezeichnet sie beispielsweise Dorsche als „Außenbordskameraden", kommandiert beim Segelsetzen „Hoch mit die Gardinen!" oder sagt „Mensch, paß uff, daß wir nicht auf Schiet donnern".

Wir kletterten aufs Deck und dann ins Schiff. Nur Pit war Zeuge, daß das finnische Fräulein plötzlich gar nicht mehr so sehr auf Schicklichkeit bedacht war. Unsere Begrüßungszeremonie währte lange. Britta hat eine rührende Art, sich einer Liebkosung hinzugeben und dabei doch nie einen Zweifel daran zu lassen, wo deren Grenze ist. Im vorliegenden Falle fand ich diese Grenze zwar als viel zu eng gesteckt, wußte aber natürlich, daß das Gefühlsleben einer Frau, die mit Flugzeug, Eisenbahn und Fischkutter auf eine mitten in der See gelegene Insel gekommen und noch dazu fast einen Tag lang unterwegs gewesen war, anfällig, verletzbar und erschöpft sein mußte. Das sind Dinge, die dann leicht zu respektieren sind.

Ich wollte sie aufheitern:

„Ich habe dir ein kleines Geschenk mitgebracht, Britta''. sagte ich.

Mit gewissen Bedenken gab ich es ihr. Es war ein Schächtelchen. Als sie es öffnete, lag auf rosa Watte ein kleines goldenes Medaillon. Es hatte mal meiner Mutter gehört. Als sie den Deckel öffnete, fand sie darin ein Bild von zwei Kindern, kleinen Jungen mit weißer Matrosenmütze auf dem Kopf.

„Na, welcher bin ich?'' fragte ich.

„Der mit dem abstehenden linken Ohr natürlich'', sagte Britta. (Das Ohr hat mir mal ein pommerscher Dorfschullehrer so abgezogen.)

Dann aber brach sie in fassungsloses Schluchzen aus.

„Ich muß dir was sagen, Sailor'', brachte sie mühsam hervor, „ich habe nur zwei Tage Zeit für dich!''

„Ich weiß, du mußt nach Amerika, Britta. Was ist mit diesem Professor?''

Britta hob den Kopf und sah mir in die Augen. Dann lächelte sie. Liebe Seglerinnen und Segler, was gibt's denn eigentlich Schöneres als eine unter Tränen lächelnde geliebte Frau. Das ist doch so, als wenn in einer Mitsommernacht eine kleine Wolke den Mond freigibt und eine silberne Lichtbahn über nachtdunkles Wasser auf dein Schiff zukommt.

„Hast du denn kein Taschentuch, meins ist nicht mehr sehr sauber'', sagte Britta.

„Aber natürlich.''

Ich zog meins aus der Tasche und gab es ihr, wobei ich vergessen hatte, daß ich es bei der Zubereitung des Hummers schon ein wenig in Einsatz gebracht hatte, weil ich mir nicht die Finger verbrennen wollte. Britta jedoch merkte nichts. Sie trocknete Augen und Nase.

„Bißchen mehr hätte es dir eigentlich schon leid tun können, daß ich nur so wenig Zeit für dich habe, aber deine Frage nach dem Professor macht vieles wieder gut. Ich gehe für zwei Jahre nach New York. Es ist ein Stipendium. Der Professor ist übrigens ein stiller, großartiger, kluger Mensch, den ich sehr verehre. Weil er aber nicht in der Lage ist, für mein Mittagessen eine Makrele oder einen Dorsch zu fangen, weil er auch nicht reich genug ist, mir ein wunderschönes Diamantsternchen aus dem Großen Wagen zu schenken, und weil er ganz sicher nicht meinetwegen Hunderte von Meilen hierhergesegelt wäre, muß ich wohl zusehen, wie ich weiterhin mit dir zurechtkomme."

Dann bekam ich mein Geschenk. Es war ein wunderschönes finnisches Messer, ein Puukko, wie ich ihn mir schon immer gewünscht hatte. Er kam nicht etwa aus einem Souvenirladen in Helsinki, sondern handgeschmiedet hoch oben aus den finnischen Wäldern. Die lange, schmale Klinge steckte in einer Scheide aus Rentierleder, in das in Messing der grimmige finnische Löwe mit erhobenen Tatzen und das Wort Suomi eingelegt waren. Als ich die schimmernde Klinge herauszog, war darin, umgeben von feiner Ziselierung, die Jahreszahl 1996 eingeschlagen. Ich sah Britta fragend an. Sie lachte und erklärte mir, daß dieser Puukko vor vielen Jahren von einem sehr alten Schmied angefertigt worden sei, der die Jahreszahlen 1969 und 1996 durcheinandergebracht habe.

Ich bot Britta zur Erfrischung einen Tee an. Aber sie sagte:

„Hör zu, Sailor, beginne gar nicht erst wieder zu humpeln und auf das Granatsplitterchen in deinem Knie hinzuweisen. Wir werden jetzt schwimmen, dann warm duschen, und danach lade ich dich an Bord zu einem Abendessen ein. Okay?"

„Okay", erwiderte ich recht beklommen.

„Warum beklommen?" fragt sich der aufmerksame Leser. „Hast du nicht was von einem Kopfsprung in Spodsbjerg und dem applaudierenden Engländer dahergeschwafelt?"

Stop, da sind die Zusammenhänge anders. Da hatte ich einen leichten Ölkopp, und ich schlief noch halb. Das sind Momente, in denen ich für mein Tun nicht voll verantwortlich bin. Bei normaler Verfassung aber schaudert es mich, bei 14 Grad Wassertemperatur für längere Zeit baden zu gehen. Britta dagegen gehört zu der Art heroischer Typen nordischer Prägung, die am liebsten zwischen Eisschollen schwimmen. Und wenn sie mal Kinder bekommen sollte, dann werden das vermutlich kleine Seehunde sein, sogenannte Heuler. Heuler schon deswegen, weil Britta zwar einen abgehärteten Körper, aber ein weiches Herz hat, das seine Sehnsüchte, Freuden und Ängste nur in erbsengroßen Tränenkugeln auszudrücken vermag.

Wir kramten also unsere Badesachen hervor, schlossen den meuternden Pit in der Kajüte ein und gingen zum Strand. Warm und freundlich lag die Sonne über den Dünen. Kleine wispernde Wellen liefen auf den weißen Strand, der sich langgezogen und menschenleer in weiter Kurve in bläulichem Dunst verlor. Seeschwalben ließen sich wie silberne Pfeile in das blaugrüne Wasser fallen und schrien vor Daseinsfreude, wenn es ihnen gelungen war, ein Fischchen zu erwischen. Unsere Fußspuren führten dicht am feuchten Spülsaum entlang, meine groß und ein bißchen nach innen gebogen, die von Britta klein, mit kräftigem Abdruck des großen Zehs, an den sich die vier Halbkugeln der kleineren Zehen anschlossen. Ihre Hand suchte die meine. Wir waren glücklich, beieinander zu sein.

Das Wasser war verflucht kalt, und weil es bei Britta mit einem Hechtsprung allein nicht getan ist, mußte ich mich zusammennehmen und mich möglichst heroisch verhalten – fast wie ein geborener Finne. Aber sehr lange hielt ich das nicht durch. Bibbernd kroch ich aus dem kalten Wasser, wies anklagend auf das Knie mit dem Granatsplitter, schlug die Hände vors Gesicht und humpelte durch den Sand, als wenn ich zwei Holzbeine hätte. Dann brach ich zusammen.

„Wie ein Schmierenkomödiant aus der tiefsten Provinz", rief Britta mir mitleidslos aus dem Wasser zu, kam dann aber doch heraus. Wir rubbelten uns trocken, lagen in der Sonne und gingen schließlich heiß duschen.

Später richtete ich AZIMUTH fürs Abendessen her. Dazu brauchte man nur eine Persenning über den Großbaum zu ziehen. Ich besaß für diesen Zweck eine goldgelbe, die ein genauso goldfarbenes Licht herschenkte, wenn man einen goldenen Lampionvollmond darin aufhängte. Alles in Gold, wie man sehen kann, so golden wie meine Stimmung, als ich einen Klapptisch in diese gemütliche Laube stellte. Jetzt nur noch ein Tischtuch, Servietten und mein hübschestes Geschirr, freilich nur aus Plastik, und kein Mensch wäre auf die Idee gekommen, daß dieses Schiff von einem Steinzeitmenschen gesegelt wurde, der seinen Fisch normalerweise aus der Pfanne aß, die Gräten über Bord spuckte und damit den Anverwandten des Opfers die Reste einer Mahlzeit zukommen ließ, die er und sein Katzenvieh über ihnen im Cockpit verschlang.

Britta machte sich indessen am Primus zu schaffen. Sie wollte mich mit dem Abendessen überraschen, aber daraus wurde nichts, weil sie die mitgebrachten Einweckgläser nicht aufbekam und mich damit beauftragen mußte. In einem dieser Gläser war ein halber Birkhahn, im anderen befanden sich Preiselbeeren. Hoch oben in Finnland gab's eine alte Großmutter von Britta, die sich wie alle guten Großmütter, in der Haltbarmachung derartiger Delikatessen gut auskannte. Pit überwachte diese Vorkehrungen interessiert; er ahnte wohl, daß der Traum vom Hühnerbein nun wohl doch noch in Erfüllung gehen würde.

Sehr früh am nächsten Morgen setzte ich mich aufs Kajütdach. Britta schlief noch. Pit war es gelungen, sich unters Fußende ihrer Steppdecke zu schmuggeln. Er steckte seinen Kopf heraus und forschte mit blauen Augen über einem weißen Schnurrbart nach Bewegungsabläufen, die mit seinem Frühstück in Verbindung stehen könnten.

In strahlender Pracht schob sich die Sonne über die Kimm. Es ist immer wieder das Schönste aller Schauspiele, wenn sich dieses wundervolle Gestirn als riesiger, glutender Feuerball auf seine Tagesreise macht und in den Himmelsazur auffährt. Nur im Westen, nicht sehr hoch über dem Horizont, hielt die Nacht mit bläulich-milchigem Dunst noch den Seespiegel besetzt. Von den Hügeln, hinter denen die wenigen Häuser und die kleine Kirche Anholts liegen, krähten die Hähne, dann meldete sich ein Hund. Von See her kam ein Kutter herangepflügt. Als er dicht vor den Hafenfeuern war, ging sein eiliger Dieselton in ein langsames, melodisches „bom-bom-bom" über, das zur Atmosphäre kleiner Fischerhäfen ebenso gehört wie Möwenschrei und Tangduft.

„Quie-quie-wipp-wipp", schrie es hell über mir. Drei Austernfischer, unverkennbar an ihrem Schrei, ihrem entenartigen Flug und an ihrem Gefieder, jagten über den Hafen, schwenkten um den Nordbjerg und flogen den einsamen Stränden im Osten zu. Ich liebe diese hübschen Vögel sehr und habe mich Jahrzehnte beobachtend und fotografierend mit ihnen beschäftigt. Ich war daher in der Lage, ihr Verhalten richtig zu deuten. Diese Art ihres Geschreis und den Sinn dieser wilden Jagd kannte ich nur zu genau. Da hatte sich nämlich ein Ehepaar am Strand ein Nest gescharrt, in dem zu dieser Jahreszeit bereits die Eier lagen. Nun gab's aber einen, der im Frühling keine Frau abbekommen hatte und der nun unentwegt den Ehefrieden störte. Wie der Teufel waren die Eheleute hinter diesem Störenfried her und jagten ihn über halb Anholt. Der aber würde so lange keine Ruhe geben, bis die drei oder vier Austerfischerkinder aus den Eiern geschlüpft sein würden. Unter solchen Umständen ist es keine besondere Kunst, das Gelege zu finden, und wenn Britta und ich wollten, konnten wir in kurzer Zeit vor der flachen, mit Muschelschalen ausgelegten Mulde dicht am Spülsaum stehen.

Britta setzte sich im Schlafanzug neben mich. Sie sah zum Nordbjerg hoch, hinter dem jetzt die Sonne stand und ihre Strahlenfächer durchs Baumgeäst in den Himmel fahren ließ.

„So hat dein pommerscher Landsmann, der Maler Caspar David Friedrich, vor fast zwei Jahrhunderten dieses Bild wohl auch gesehen, als er sein berühmtes Gemälde schuf", sagte das kunstsinnige finnische Fräulein zu mir und lehnte den Kopf an meine Schulter.

Eine Stunde später, der Hafen lag noch in festem Schlaf, waren wir unterwegs, um Anholts Ostspitze zu erreichen, einen Steilhang hoch über Pakhusbugt, Knoben und Fyrbanken. Pit hatten wir mit einem Rest der Birkhahnkeule bestochen. Zufrieden würde er sich jetzt einen Logenplatz im Schiff suchen, dort vollgefressen pennen und uns so schnell nicht vermissen.

Ich war schon häufig auf Anholt und habe mich dementsprechend oft mit dieser hübschen Insel und ihrer Geschichte beschäftigt. Sie ist etwa zehn Kilometer lang und drei Kilometer breit. Rund 180 Menschen wohnen darauf. Einem dieser Eingeborenen begegneten wir auf einem Hügel, der mit wildwachsendem Buschwerk bedeckt war, das in eine weite Heidefläche überging, in die hier und da einige Gruppen von Eiben eingesprenkt waren. Da dieser Eingeborene ein freundlicher Mann war und Britta gut Dänisch verstand, gab er gern über seine Insel Auskunft. Davon ist mir als Wesentlichstes im Gedächtnis haften geblieben, daß die Bewohner die Teile Anholts, die mit weiten Flugsandgebieten vor der blauen See liegen und völlig einsam und menschenleer sind, als „Ørkenen" bezeichnen. Britta konnte es mir nur mit dem englischen Wort „wilderness" übersetzen, das aber heißt „Wüste".

In früheren Zeiten war die Insel dichtbewaldet. Gutes, hohes, harzreiches Holz wuchs hier, so recht geeignet, um es für den Bau von Kuttern und Großseglern zu fällen, in der gleichen rücksichtslosen Manier, wie es noch heute auf der gesamten Erde geschieht. Da wehrt sich die verstümmelte Natur und befiehlt ihren Kindern Neptun und Rasmus, diese grausam geschlagenen Wunden zu bedecken. Der Meeresgott Neptun beginnt unverzüglich, Sand an die losen, ohne Wurzelgeflecht unbefestigten Gestade zu schwemmen, den der Windgott Rasmus dann sachte in die klaffenden Wunden hineinweht, die Axt, Säge und Spaten hinterlassen haben. Dabei gelingt es den beiden großartigen Architekten, nach vollbrachter Arbeit eine Dünenlandschaft zu präsentieren, die zwar für alle Zeiten unfruchtbar bleiben wird, die aber in ihrer stillen, ein wenig traurigen, bizarren Schönheit jedes Menschen Herz anrührt.

Dieses Naturschutzgebiet Anholt ist ein, wenn auch winziges, Musterbeispiel für die Versteppung und todbringende Ausbeutung unseres Planeten. Außer vielen anderen gibt es eine wissenschaftliche Theorie, wonach die Erde nach angemessenem Zeitablauf nicht in ewigem Eis erstarren, sondern schon Jahrmillionen vorher versteppen wird. Das liegt an den sich jährlich um viele Quadratkilometer erweiternden Wüstengürteln, die sie umgeben. Wir wissen das alles sehr genau, und wir wissen auch, daß die Ursache der auf uns zukommenden Katastrophe in dem Raubbau zu suchen ist, den wir an Wald, Land, Luft und Wasser treiben. Es ist glaubhaft errechnet worden, daß wir in naher Zukunft auf acht Milliarden Menschen angewachsen sein werden, von denen mehr als ein Drittel noch größeren Hunger erleiden wird, als das jetzt schon der Fall ist. Mitleidig betrachten wir die armseligen, kleinen atmenden Skelette und verstehen nicht, daß sich niemand findet, der dieser anwachsenden tödlichen Menschenlawine Einhalt gebietet, sondern daß es eine Fülle von Männern in Staat und Kirche gibt, die deren Tempo noch fördern. Bekanntlich gibt es ein ganz einfaches Regulativ, das ohne Kriege und Hungersnöte anwendbar wäre, ohne dabei auf Sinnesfreuden, diesen Urtrieb und eigentlichen Veranlasser der Bevölkerungsexplosion, verzichten zu müssen. Es wäre die rechtzeitige Einführung der Geburtenkontrolle, einfach, wirksam und schmerzlos.

Nach etwa zweistündigem Fußmarsch erklommen wir die steilen Hügel im Ostteil der Insel. Hier laufen flache Sände wie ein spitzer Dorn meilenweit in sandige Revs aus. Britta und ich saßen ganz allein über der See, die in silbrig hellem Blau zu unseren Füßen lag, ehe sie nach Norden und Süden hin grün, dunkelblau und fast schwarz wurde. Das war da, wo sie jäh auf 50 Meter Tiefe abfiel. Um uns flüsterte ein leiser Wind in Schilf und Gras. Liebkosend nahm er mich und Britta in die Arme. Wir waren zwei glückliche Menschen, die sich selbst genug waren.

Zur Mittagszeit zwang mich Britta, den Steilhang zur See herunterzuklettern, wo sie mich aus der warmen Sonne in die unwirtliche, kalte See trieb, ohne jegliches Mitgefühl für einen armen, kriegsversehrten Veteranen, den ein französischer Artillerist am Knie erwischt hatte.

Die Schuhe in der Hand, wanderten wir auf dem festen feuchten Strande zu unserem Schiff zurück, auf dem uns der Kater Pit nörgelnd empfing.

So wie Britta in Finnland eine Großmutter hat, die was von Delikatessen versteht, habe ich in Bremen einen motoryachtfahrenden Fleischermeister, der was von Labskaus versteht. Für gute Bekannte konserviert er es in Einmachgläsern. In Finnland kennen sie Labskaus nicht, zumindest nicht in unserer norddeutschen Form. Britta aber liebt dieses Gericht mit Spiegelei und Rollmops so wie ich ihre Birkhähne. Mit Heißhunger machte sie sich darüber her.

Den ganzen Nachmittag verplauderten wir im Cockpit. Mein Plan, Britta nach Falkenberg an der schwedischen Küste zu segeln, war nicht durchführbar, weil sie den blauen Kutter herbestellt hatte. Der war verläßlicher als ein auf leichten Ostwind angewiesenes Segelschiff, zumal ein Flugplan nach Helsinki eingehalten werden mußte.

Still senkte sich die Dämmerung über Anholts Hafen, ein diffuses Silbergrau, das zu dieser Mittsommerzeit doch noch so viel Sonnenlicht in sich barg, daß die unablässige Kreiselbewegung des riesigen Radarschirms hinten auf dem Nordbjerg mühelos zu erkennen war, obgleich die Hafenbeleuchtung mit ihrem künstlichen Schein diese sanfte Lichtharmonie unfreundlich unterbrach. Britta und ich saßen am Stegende, ließen die Füße übers Wasser baumeln und versuchten, unsere Wehmut so gut es ging zu überspielen. Viele Monate würden wir uns nun nicht wiedersehen. Britta hatte Angst, Angst vor dieser Metropole

New York. Durch viele Generationen mit der dämmrigen Waldeinsamkeit Finnlands und seinem grauen Schärengranit verwachsen, stets den Harfenton des Windes in rauschender Baumkrone im Ohr und das Bild Tausender finnischer Seen mit Wellenspiel und sich demütig vorm Wind neigenden Schilfwäldern in der Seele, murmelnder Welle vorm Bug ihres Schärenkreuzers, schauderte ihr vor Manhattans gewaltiger Kulisse und dem daran kreischend hochbrandenden Verkehrslärm. Finnen haben in dieser Steinwüste genauso heimwehkranke Seelen wie die Menschen aus dem Hochgebirge, wenn sie an die Küste verschlagen werden. Britta war froh, mich bei sich zu haben, einen Freund, von dem sie wußte, daß er ihre Ängste, aber auch ihre Neugier und ihren beruflichen Ehrgeiz verstand.

Wir gingen zurück zu unserer AZIMUTH. Wir hatten nur noch diese Nacht und einen halben Tag vor uns.

Aber da gab es plötzlich jemanden, der diese kurze uns verbleibende Zeit auch noch um gut eine Stunde verkürzte. Wenige Meter neben uns machte eine deutsche Yacht fest. Die damit verbundenen Geräusche veranlaßten Pit, nach dem Rechten zu sehen. Damit aber ging's los. Auf dem Deck der Yacht erschien ein Yorkshire-Terrier. Diese Hunderasse erreicht etwa Höhe und Breite zweier übereinandergestellter Zigarrenkisten. Ein Mitglied meines Segelvereins besitzt einen solchen Zwerg, bei dem man zwischen vorne und hinten nur sehr schwer unterscheiden kann. Das brachte ich mal seinem Besitzer gegenüber zum Ausdruck. Aber da kam ich schön an. Er machte mir wortreich klar, daß dieses kleine Tier trotz seiner Winzigkeit das Herz eines Löwen besäße. Nun weiß ich zwar nicht, wie groß das Herz eines Löwen sein mag, bin aber fest überzeugt, daß es so groß wie dieser kleine Hund ganz bestimmt ist. Diese Rasse war einst von Bergleuten im englischen Yorkshire gegen die Rattenplage gezüchtet worden. Die kleinen Hunde waren scharf wie Gift und hatten wirklich Löwenherzen. Nicht ihre Schuld ist es, daß sie überzüchtet und schließlich zum Spielzeug wurden.

Diesem Winzling hier auf Anholt hatte sein Frauchen die langen Zottelhaare aus der Stirn gekämmt und sie zwischen den Ohren mit einem roten Schleifchen zusammengebunden. Als er Pits ansichtig wurde, ging es mit ihm durch. Da waren nur noch ein schäumendes Gebiß und im Hafenlicht grünlich funkelnde Augen zu sehen. Sein

Temperament schien nur für kurze Zeit einem geregelten, halbwegs rhythmischen Gebell gewachsen, denn schon bald stimmte er ein hochtöniges Wutgeheul an. Pit trug mit seinem Verhalten auch nicht gerade zur Besänftigung des Terriers bei. Er lehnte lässig am Mast und stellte mit hochmütigem Mienenspiel seine absolute Furchtlosigkeit zur Schau.

Dann geschah etwas sehr Merkwürdiges. Als der lüttje Prinz Löwenherz vom Gebell zum Geheul überging, erschien solidarisch alles, was Hund war, auf Decks und Kai, hob die Köpfe, hätte sicherlich gern Vollmond gehabt und setzte zu einem fürchterlichen, atonalen Kojotengeheul an, das weithin über Hafen und See ertönte. Pit wurde das unheimlich. Er zog sich in die Kajüte zurück. Im Hafen wurden Stimmen laut, welche die Hunde anschrien und augenblickliche Ruhe forderten. Auch Prinz Löwenherz von nebenan kriegte einen Klaps und wurde unter Deck geschubst. Die restlichen Sänger verstummten einer nach dem anderen. Nur einer, weit hinten im Dorf, hätte das Konzert offensichtlich ganz gern noch ein bißchen fortgesetzt. Dann schwieg auch er. Ruhe und Frieden kehrten wieder ein.

Meistens lasse ich im Hafen das Schiebeluk offen. Heute schloß ich es, weil ich nicht wollte, daß mein Kater Pit den schlafenden Löwen nebenan reize. Die deutschen Segler dachten wohl genauso, denn in aller Frühe verholten sie ihr Schiff in eine andere Ecke und stellten auf diese Weise einen Waffenstillstand zwischen Siam und Yorkshire her.

Die Austernfischer erschienen am Morgen wieder über dem Hafen, mit dem üblichen gellenden Haßgeschrei. Ich schlug Britta vor, diese hübschen Vögel und ihr Verhalten aus nächster Nähe zu beobachten. Sie stimmte sofort zu, weil ihr alles richtig erschien, das von dem schmerzlichen Augenblick ablenkte, der unweigerlich dann eintreten mußte, wenn der blaue Kutter gegen Mittag ins Hafenfahrwasser einschwenken würde.

Pit mußte von dieser Exkursion ausgeschlossen werden. Wenn sich jemand zur Beobachtung freilebender Vögel als ungeeignet erweist, dann dieser Kater, weil seine Zuneigung zu ihnen höchst einseitig ist. Die Vögel mögen ihn ganz und gar nicht. Mich allerdings auch nicht. Dabei nehmen die Gefiederten für mich in der Tierwelt einen bevorzugten Platz ein. Das hängt nicht nur mit meiner Lebensform als Einhandsegler zusammen, wo sie oft auf langen, einsamen Törns meine einzigen Weggenossen sind, denen ich auf Mast und Reling Obdach gewähre, wenn sie sich und ihre Flugkünste bei ihrer Ostseeüberquerung überschätzt haben und erschöpft als Anhalter eine Wegstrecke mitgenommen werden möchten. Mehr noch geht das auf den alten pommerschen Dorfschulmeister zurück, der für mein abstehendes Ohr verantwortlich zeichnet. Er war so ein richtiger hundertprozentiger Volksbildhauer, der mich mit aller Hingabe und mit voller Billigung meines Vaters dessen Skatfreund er war, laufend verdrosch, der mich aber noch öfter vor Tau und Tag aus den Federn holte, um in Wald und Feld viele seiner ornithologischen Kenntnisse an mich weiterzugeben. Jedenfalls wußte ich als zwölfjähriger Bengel schon, wie der Eisvogel schrie, wenn er schimmernd wie ein Diamant den Bachlauf entlanggeschwirrt kam, wie er vom schwankenden Weidenzweig fischte und wie er Schnabel und Krallen in die sandige Uferwand hieb, um seine Nisthöhle weit in den Hang hineinzutreiben, wußte, wie die Wasseramsel, so groß wie ein Star, ins Wasser sprang, schwamm, tauchte und auf der Jagd nach Larven, Asseln und kleinen Fischen auf dem Bachgrund entlanglief, um dann davonzufliegen, konnte die Flugbilder von Schelladler und Schreiadler sowie die von Merlinfalke und Turmfalke auseinanderhalten und alle Wildenten, Möwen und Seeschwalben absolut sicher bestimmen.

Damals begegnete ich dem Austernfischer zum erstenmal. Der Schulmeister zeigte mir sein Gelege am Strand. Drei Eier lagen in der Nistmulde. Ob das, was der Alte dann tat, tiefstem psychologischem oder pädagogischem Wissen entsprang, weiß ich nicht, vermute aber, daß er damit ein unverrückbares Fundament in die Seele eines Kindes legen wollte.

,,Halte dein Ohr über die Eier'', sagte er zu mir. Ich tat es. Das war der Augenblick, in dem sich in mir, dem frechen Dorfbengel, eine Wandlung vollzog, die mein Verhältnis zur Vogelwelt maßgeblich mitbestimmt hat.

Da lagen nun die drei Eier unter meinem Gesicht, kleine, poröse Kunstwerke aus Porzellan. Sie hatten eine rostartige gelbliche Farbe und waren mit dunklen und aschgrauen Flecken abgesetzt. Aus den Eiern ertönten ganz leise Stimmchen. Die Austernfischerkinder bettelten um Befreiung aus ihrem engen Kerker, bettelten um Licht und Bewegung.

Als ich mich später fotografisch mit meinem Lieblingsvogel beschäftigte und im Tarnzelt drei Meter vor seiner Nistmulde lag, habe ich das Ergreifendste erfahren. Da neigte sich die brütende Mutter oft zur Seite und gab leise glucksende Töne von sich. Sie sprach mit ihren Kindern in der Eiwandung und spendete ihnen Trost. „Gebt Ruhe, ihr Piepser", sagte sie, „bald ist es ja soweit."

Wenn man sich mit dem Vogel einer Art intensiv beschäftigt, kennt man das Verhalten seiner Artgenossen auch. Die Natur hat seit Jahrmillionen ein Programm für sie entworfen, das sie strikt einhält. Es ist wie bei den Seglern, die man zwar nicht über ein und denselben Kamm scheren kann, die aber im Prinzip gleichgesinnt und gleichgeartet ihrem Sport leidenschaftlich hingegeben sind. Wenn da nicht die Einhandsegler wären. Daß sie aus der Art geschlagen sind, erkennt man schon daran, wie sie bei ihren Anlegemanövern auf ihrem Schiff herumspringen – wie die Kakerlaken. Hier schnell einen Fender über Bord, dort geschwind einen Palstek über den Achterdalben, mit dem Peekhaken in der einen Hand die Bordwand vom Nachbarschiff freigehalten, mit der anderen den Bug vorm Anbumsen gegen die Kaimauer verschont, mit dem rechten Fuß die Pinnenstellung korrigiert, mit dem linken in Paule-Breitner-Manier den zweiten Fender über die Reling gekickt, den Mund voller Zeisinge, um den Hals Gummistropps geschlungen, Jeans verwaschen, unmögliche Kopfbedeckung über dunkelbraun gebranntem Gesicht.

Solch ein Typ war auch unter den drei Austernfischern, die Britta und ich gleich entdecken sollten. Wir gingen zum nahen Nordteil der Insel, der einsam, zerklüftet und voller Steingeröll in der Morgensonne lag. Dort setzten wir uns am Spülsaum in den Sand. Britta suchte den Strand ab.

„Da hinten steht einer auf einem Stein, und weiter hinten läuft einer die Uferlinie entlang", rief sie aufgeregt.

Genauso hatte ich es mir erhofft. Der Austernfischer auf dem Stein war der wachehaltende Ehemann, dessen Frau nicht weit davon auf ihrem Gelege saß. Der dritte war der Junggeselle, der im flachen Wasser Futter suchte, um neue Kraft zu speichern für Neid, Zank, Geschrei und Verfolgungsjagd über Klippe, Gras und Düne. Aufgeregt wie der Einhandsegler beim Anlegemanöver rannte er umher, mal Kopf hoch, mal Kopf tief, mal einen Sprung in die Luft, mal ein Stückchen geflo-

gen. Zu gern wäre er Besitzer von Nistmulde und hübscher Austernfischerfrau gewesen, aber die mochte ihn nicht. Zur Paarungszeit hatte er sich um allen möglichen Kram gekümmert, nur nicht um die Brautschau, und jetzt war es zu spät.

Zehn Minuten vergingen, dann flog auch der Junggeselle auf einen größeren Stein, schüttelte sein Gefieder zurecht und schrie, als Beleidigung gedacht, „quie-wipp" zum Ehemann herüber.

„Gleich geht's los, Britta", sagte ich, „achte nur auf diesen Vogel. Wenn er angreifen wird, wirst du einen dritten Vogel auffliegen sehen. Merke dir unbedingt einen Stein in seiner Nähe, sonst finden wir die schwer sichtbaren Eier nie, die er bebrütet."

„Quie-kewipp-kewipp-quie", schrie herausfordernd der Junggeselle.

„Cadyt-cadyt-cadyt", erwiderte der Ehemann zornig.

„Ich hab' sie, ich hab' sie! Sie ist aufgestanden." Britta war ganz aufgeregt.

,,Genau die Stelle merken, nicht aus den Augen lassen!" wies ich sie an.

Die Jagd begann. Einträchtig und in ehelicher Verbundenheit machte sich das Ehepaar über den Störenfried her. Wütend verfolgte es ihn, während wir losrannten und die kleine Mulde mit vier Eiern darin sofort fanden. In zwei der Eier befand sich bereits ein kleines Loch am stumpfen Pol. Das hatten die kleinen Austernfischerkinder mit ihrem Eizahn aufgeraspelt.

,,Hör hin, Britta", sagte ich.

Ganz leise machte es ,,piep-piep-piep" aus den Eiern. Ich habe ja schon angedeutet, wie es um Britta in solchen Situationen bestellt ist. Sie blickte auf die noch unsichtbaren bettelnden Piepmätze herunter, schloß dann die Augen, und schon waren sie wieder da, die erbsengroßen Wasserkugeln, die unter den Lidern hervorgeschossen kamen.

Ich hatte nur ein Dachkant-Prismenfernglas 9x63 mitgenommen, das für Vogelbeobachtungen aus einer Entfernung von weniger als 14 Meter eigentlich ungeeignet ist. Für unseren Zweck aber war es großartig, weil sich in genau dieser Entfernung zwei große Steine befanden. Ich warf das mitgenommene Persenningstück darüber und scharrte darunter eine flache Mulde aus; Britta häufte einen kleinen Hügel angetriebenen Seetangs davor auf. Damit bedeckten wir das Fernglas so, daß nur die beiden Okulare auf die Nistmulde gerichtet waren, legten uns unter die Persenning, die hinten nicht einmal über die Beine reichte, und warteten.

,,Mensch, Sailor, ist das spannend, wie ein Krimi", sagte Britta. ,,Wie kommt es nur, daß ihnen diese Persenning nichts ausmacht?"

Ich erklärte ihr, daß sie den Austernfischern zunächst eine ganze Menge ausmachen würde, daß wir uns aber absolut ruhig und bewegungslos verhalten müßten, weil das bloße Abbild eines Menschen im Vogel bereits ein Gefahrensignal auslöst. Die Austernfischer würden sich mit Geschrei anmelden, und wenig später würde sie dann einen der hübschesten Vertreter aus der Familie Regenpfeifer zu Gesicht bekommen, der ihr einen Einblick in seine einfache Vogelseele gestatten würde. Ihr ,,Museum of modern Art" in New York würde so etwas Hübsches ganz gewiß nicht zu bieten haben.

Das war natürlich grundfalsch von mir. Britta sah von mir weg in eine andere Richtung. Fieberhaft überlegte ich, wie das wieder in

Ordnung zu bringen sei, gab ihr mein Taschentuch, diesmal blütenweiß, und erzählte ihr dann die kleine Vogelgeschichte, die mit zu den hübschesten meines bisherigen Daseins gehört.

Ich war in russischer Kriegsgefangenschaft in der Nähe von Moskau zum Holzeinschlag in den Wäldern eingesetzt. Bei der schweren Arbeit mit Axt, Säge und Baumstamm holte ich mir eine Sehnenscheidenentzündung, eine in Holzfällerlagern nicht ungewöhnliche Krankheit. Der russische Feldscher – eine Art Sanitätsfeldwebel – ergriff mein Handgelenk; ich mußte die Hand zur Faust ballen und den Arm ausstrecken. Die Symptome einer Sehnenscheidenentzündung sind die, daß die offensichtlich durch Unterernährung schlecht geschmierte Sehne zu knarren beginnt. Aus der Härte und dem Klang des Knarrens wußte der Feldscher zu schließen, ob man voll arbeitsfähig war oder im Camp zu leichteren Arbeiten eingesetzt werden mußte. Ich wurde innendienstfähig geschrieben, hatte den Hof zu fegen und mit der gesunden Linken der Wanzen wegen unsere Baracke zu kalken. Unter dem Dach dieser Baracke nisteten Schwalben. Eine kleine vorwitzige, die wohl ihren Schnabel der Mutter zu weit entgegengestreckt hatte, war aus dem Nest gefallen. Der russische Lagerposten, der gerade vorbeikam, nahm sie und wollte sie, um ihr einen qualvollen Hungertod zu ersparen, an die Barackenwand werfen. Auf meine Bitte hin überließ der das Schwälbchen mir. Da stand ich nun mit dem Vogelkind und fühlte, wie sein Herz zwar heftig schlug, es sich aber vertrauensvoll in die Handwärme schmiegte. Ich hielt es in der kranken rechten Hand, weil ich die linke zum Fliegenfangen brauchte, die es, wie jeder Rußlandkenner weiß, dort zu Myriaden gibt. Den ersten gefangenen Brummer faßte ich am Flügel und ließ ihn verführerisch summen. Das Schwälbchen begriff meine Absicht sofort und verschlang ihn auf der Stelle. Es war unersättlich. Ich ging zum Feldscher, der meinen Arm, zwischen zwei Bretter gelegt und mit einem Gewehrriemen umwickelt, zur Ruhe gebracht hatte, raffte all mein medizinisches Vokabular zusammen und bat ihn um ein wenig Watte. Ich zeigte ihm die kleine Schwalbe, und weil Russen alles lieben, was ein Dorf gemütlich macht, strich er ihr mit dem Zeigefinger über's Köpfchen, sagte „bednaja malinkaja lastotschka", was soviel hieß wie „armes, kleines Schwälbchen", und gab mir die Watte.

Ich setzte das Vogelkind in eine mit etwas Watte ausgepolsterte flache Konservenbüchse, auf den Kopf bekam es, gewissermaßen als Bauchgefieder seiner Mutter, eine Watteflocke. In diesem Kunstnest schlief es ganz manierlich, wenn ich die Zeit dafür für gekommen hielt. Es war gefräßig wie ein Krokodil und setzte Klecks auf Klecks auf mein Armbrett, das es als Sitzplatz ausgewählt hatte. Es war voll befiedert, und ich gab ihm noch drei Tage, bis wir beide uns ans Fliegenlernen machen wollten. Über den Ausgang dieses Experiments war ich in großer Sorge, weil ich den Absturz des kleinen Vogels befürchtete.

Ich glaube, es war der glücklichste Tag in dieser langen, harten Kriegsgefangenschaft, als das Schwälbchen, in die Luft geworfen, nicht abstürzte, sondern auf mein Armbrett zurückkam – wenn auch mit entsetzlich anzusehender Notlandung –, sofort den Schnabel aufriß und nach seiner Fliege verlangte. Schon am nächsten Tag konnte es unsere Baracke umfliegen, jedoch war der Flug erheblich schwankender als der der anderen jungen Schwalben.

Da ich es als gerettet ansah, sollte es seine Freiheit wiederhaben. Ich ging mit ihm zum Stacheldraht am Lagerande. Dort führte ein Feldweg vorbei, den die Bewohner des nahen Dorfes eigentlich nicht benutzen sollten, aber selbstredend benutzten. Zwei alte, weißhaarige Bauern kamen des Weges daher. Ich warf meine kleine Schwalbe in die Luft. ,,Widewitt-witt-witt'' machte sie, drehte eine Steilkurve und kam auf ihr Brett zurück. Die beiden Alten bekreuzigten sich und sahen mich scheu an. Natürlich bekreuzigt sich ein Sowjetbürger normalerweise nicht, aber wie gesagt, es waren zwei Alte, und wir waren auf dem Lande. Mittags, als die Sonne am heißesten und die Fliegen am muntersten waren, flog mein Schwälbchen davon und kam nie mehr wieder.

Britta gefiel diese Geschichte gut, zumal sie wußte, daß sie absolut glaubwürdig war, weil sich das Elternbild bei Vogelkindern durch Verhalten und Stimme ihres Ernährers prägt. Sie sagte nur:

,,Macker, mit dir ist es richtig schön.''

Dann kamen sie. Wir verhielten uns bewegungslos, Britta hatte die Augen am Glas.

,,Sie stehen draußen, mein Gott, wie hübsch sie sind!'' flüsterte sie.

Im flachen Wasser, beinahe Schulter an Schulter, stand das Ehepaar und sah unverwandt auf die Persenning und die beiden schimmernden Objektivaugen. Die Oberfläche der See lag spiegelglatt unter den beiden Vögeln, so daß sich ihr Bild in all ihrer Buntheit darin wiederholte. Sie waren etwas größer als eine starke Haustaube. Charakteristisch für sie sind ein langer, roter spitzer Schnabel und große rote Augen in kohlschwarzem Kopf. Die gesamte Unterseite ist schneeweiß. ,,Bikbikbikbirr'', schrien sie zu uns hin. Da sich nichts regte, kam einer der Vögel zum Gelege gelaufen, spreizte sein Bauchgefieder weit ab und ließ sich auf den Eiern nieder. Trotzdem war seine Aufmerksamkeit auf die Persenning gerichtet. Dann aber schloß er seine rubinroten Augen und schlief beruhigt ein. Sein Partner stocherte im flachen Wasser noch ein bißchen nach Würmern, Insekten und Larven, ehe er mit flinken Beinen aus unserem Gesichtsfeld rannte, vermutlich zu seinem Stein, von wo aus er seine Frau und den Einhandsegler im Auge behalten konnte.

Nach 20 Minuten ging's wieder los. Unter gellendem Geschrei brachten sie den Junggesellen erneut auf Trab. Ich konnte mich des Eindrucks nicht erwehren, daß die Brüterin froh war, sich aus der glühenden Sonne in die Luft aufschwingen zu können, wo sie der kühlende Flugwind umsauste und sie schreiend ihrer Lebenslust Ausdruck zu geben vermochte.

,,Sailor, ich danke dir für dieses schöne Geschenk'', sagte Britta.

In die linke Hand nahm ich die Persenning, in die rechte die von Britta, und wir machten uns auf den Weg zurück zu unserem Schiff. Essen mochten wir nichts, und so gingen wir ein Stück den Nordbjerg hoch, von dem aus man einen wunderschönen Blick auf See und Hafen hat.

Weit hinten sahen wir den blauen Kutter über die windstille See herankommen. Wir holten Brittas Seesack. Sie ging an Bord, hob abschiednehmend die Hand und ließ mich, den Kater auf dem Arm, allein auf Anholt zurück.

Tieren teilt sich die tiefe Trauer ihres Herrn mit. Daher kam es wohl, daß Pit tröstend seine warme Nase an meinem Halse rieb.

Die Strandung

Vom Fluch der alternativen Lebensform – Carl Gustav und Olaf, die Katzenfänger – Die Stunde der Wahrheit – Wie NETTELBECK nach Kolberg kam – So trixt man die Behörden aus

Da saß nun ein betagter, verlassener Segler auf der Steuerbordkoje seines Schiffes und blies Trübsal. Dabei gehöre ich zu der Kategorie romantischer Typen, die ihr Leben lang in irgendwelche Herzenskrisen verwickelt waren und eigentlich in der Lage sein mußten, auf Erfahrungen ähnlicher Prägung zurückgreifen zu können. Das kann ich natürlich auch und habe daraus gelernt, daß Liebeskummer in der Jugend zwar ein peinigender, verzweifelnder Schmerz ist, daß die Natur es aber so eingerichtet hat, daß junge Leute ihr Herzeleid bald vergessen und schleunigst danach streben, das Ganze in leicht abgewandelter Form zu wiederholen. Im Alter indessen empfindet man einen Verlust deswegen intensiver, weil die Aussicht auf neue Gelegenheiten erheblich eingeschränkt ist und – gebrannt Kind scheut das Feuer – strengere Maßstäbe an die heraufziehende Herzenskrise gelegt werden.

Von derlei Krisen aber glaubte ich mich für den Rest meines Lebens befreit, als mich ein weiser Bremer Senat als kerngesunden Zweiundsechziger laufen und es sich darüber hinaus nicht nehmen ließ, mir zusätzlich eine großzügig bemessene Pension hinterherzuwerfen.

Meine Schulter war noch warm von der wohlwollenden Hand meines Vorgesetzten, der mich verabschiedete, als ich mich bereits über die Seereling meines Bootes AZIMUTH schwang und mich unverzüglich und noch am gleichen Tag auf die Reise in ein freies, unbeschwertes Seglerleben machte.

Zwar hatte ich meine Zelte nicht vollständig hinter mir abgebrochen, aber ich hatte sie doch so verkleinert, daß sie keinen störenden Ballast mehr darstellten. Meine vormals große Wohnung mußte einem kleinen, gemütlichen Appartement für die Winterzeit weichen, ausgestattet mit Balkon und Schaukelstuhl. Dieser ist mit einem Schaffell überzogen und wurde daher inzwischen von Kater Pit annektiert.

Das Telefon hatte ich abgeschafft, nicht nur, weil ich diese Erfindung für eine der störendsten und widerwärtigsten hielt, sondern weil mir eine einzige Telefonnummer, nämlich die meiner Tochter, für die Kontakthaltung zu meiner früheren Umwelt als ausreichend erschien. Und das war gut so.

Ich begegne unterwegs vielen Seglern, die bei einem Gläschen an Bord meinen Rat einholen, weil ihnen die von mir gewählte Lebensform auch für ihr Alter vorschwebt. Diesen Rat erteile ich in aller Bescheidenheit und nach bestem Wissen und Gewissen, vergesse jedoch niemals, darauf hinzuweisen, daß es ein fundamentaler Irrtum ist, wenn jemand glaubt, im Alter mit seinem Schiff aus unserer verwalteten Gesellschaft völlig ausbrechen zu können – und sei's auch nur für die Hälfte des Jahres.

Um meine kleine Bremer Wohnung kümmert sich in meiner Abwesenheit eine alte Frau. Gut entlohnt und mit einem Freibillet für Schaukelstuhl, Fernseher und Kaffeemaschine ausgestattet, leert sie auch meinen Briefkasten, schmeißt den täglich anfallenden Viertelkubikmeter an Reklame sofort weg und übergibt den immer noch ansehnlichen Rest der Post meiner Tochter. Da erweist sich dann, wie notwendig dieser einzig verbliebene Telefondraht nach Bremen doch ist, um drohendes Verwaltungsunheil in Grenzen zu halten.

Schon im ersten Segelsommer schüttelte das Finanzamt die erhobene Faust drohend nach Gotland herüber, in dessen Hafen Visby ich gerade war, und setzte einen kurzfristigen Termin, nach dessen Ablauf Kerker und Schuldturm angedroht waren. Ich hatte damals in der Einkommensteuererklärung etwas versiebt.

Im nächsten Sommer war's der Besitzer des Hauses, in dem sich mein Appartement befindet. Als cleverem Burschen war es ihm gelungen, staatliche Zuschüsse für irgendwelche Wärmedämmungen lockerzumachen. Also ließ er sofort alle Fenster und die Balkontür herausreißen, um sie durch thermisch günstigeres Material zu ersetzen. Dabei hätte er gern gesehen, wenn ich zu dieser Zeit offener Fensterhöhlen vor diesen gelegen und mein gefährdetes Eigentum bewacht hätte. Aber ich war gerade im Oslofjord. Und so mußte ich unter Zusicherung eines Sonderbonus an meine liebe alte Reinmachefrau ihre sonstigen Befugnisse auch noch auf die Benutzung meiner Couch ausdehnen.

Ich habe nie geglaubt, was für ein Ärger auf der heimatlichen Bank entstehen kann, wenn man unterwegs mal ein bißchen ,,high'' ist, was besagen soll, daß man sich mit Stegnachbarn einen kleinen unters Jackett gebraust hat. In diesem Zustand löste ich bei einer kleinen dänischen Bank drei Eurocheques ein. Ich hatte sie nicht mit dem mir eigenen Krickelkrakel unterschrieben, sondern, weil eben etwas ,,high'', mit wunderschön ausgeschriebenem Namen. Weder mich noch den Banklehrling störte das. Nicht so das heimatliche Bankinstitut, das eine Kaskade von Schmähbriefen in meinen Briefkasten plätschern ließ.

Nach Gewicht und Menge derartiger Briefe richtet sich das Mitbringsel für meine arme Tochter, die das ja zunächst alles ausbaden muß, bis schließlich kurz vor den Eisbrechern der Herr Einhandsegler nach Bremen zurückkehrt und die Herren Bankdirektor, Finanzamtchef und Hausbesitzer mit einem entschuldigenden Lächeln besänftigt.

Das also sind Dinge, die sich leicht überwinden lassen. Schlimmer sieht das mit Situationen aus, mit denen ich ohne fremde Hilfe fertig werden muß, so wie diese hier auf Anholt, die durch Britta entstanden war. Ich drückte den Zeigefinger auf die UKW-Taste meines ,,Satelliten'' und hoffte, daß Wetter, Weltgeschehen und Musik mein Herzeleid auf ein erträgliches Maß herunterschrauben würden. Aber ich kenne das schon, da passiert regelmäßig etwas, was die Sache noch verschlimmert. In diesem Falle war es dieser Roger Whittaker, der mit seiner verfluchten dunklen Kuschelstimme auf mein armes Herz eindrosch. Boshaft hatte er wieder einen Text gewählt, wie er mich tiefer nicht treffen konnte. Ich hörte aus seinem Lied ,,Last farewell'' just noch dieses:

Though my heart is full of tears at this farewell for you are beautiful and I have loved you dearly more dearly than a spoken word can tell.

Kaum hatte ich das verkraftet, legte Katja Ebstein los, die auch nicht zu meinem Seelenfrieden beitrug. Sie sang „Abschied ist ein bißchen wie sterben". Grob und unhöflich stopfte ich ihr den Mund. Mit ihrer sonst so frechen Berliner Schnauze hätte sie mich doch gut trösten können.

Ich wandte mich den Wetterfröschen zu, in der sicheren Annahme, daß sie nun mal endlich mit etwas härterem Wetter überkommen würden, weil wir doch schließlich nicht ewig in diesem Hoch steckenbleiben konnten. Aber nein, alles blieb wie gehabt – vermutlich für die nächsten drei Jahre. Ich ging schlafen. Es war noch nicht ganz 17 Uhr. Pit übersah meinen Zustand, beutete ihn schamlos aus und kam ohne viele Umschweife mit unter meine Decke.

Richtig dunkel wird es um diese Mittsommerzeit hier oben ohnedies nicht mehr. Es war wohl vier Uhr, als ich aus den Federn kroch und mich auf den langen Weg zu Dusche und Wasserhahn machte. Noch regte sich nichts im Hafen. Oder doch? Da saß der kleine Prinz Löwenherz auf dem Anleger hoch über seinem Schiff. Alleine konnte er das nicht geschafft haben, jemand mußte ihm da ein bißchen geholfen haben. Er sah mir entgegen. Ich tat das auch, aber mit erheblichen Bedenken, da ich seinen ruhestörenden Zornesausbruch befürchtete. Er kam auf mich zu, roch an meiner Hose, wedelte nicht nur mit dem Schwanz, sondern mit seinem ganzen Zottelkörper und begleitete mich dann bis zum Stegende. Dort blieb er sitzen und sah mit dunklem, intelligentem Hundeblick zu mir hoch. Der kleine Hund wollte mir sagen: „Dein Pit ist zwar ein Stinktier, aber du weißt doch hoffentlich, daß die Sache zwischen ihm und mir so ernst nun auch wieder nicht gemeint ist." Ich wußte das, beugte mich zu ihm herunter und streichelte ihn. Wir schieden als Freunde.

Leise machte ich die Vorleinen los, zog AZIMUTH mit hartem Ruck achteraus auf den Anker zu und brach ihn aus dem Grund als das Heck über ihm war. Ein leiser, kaum spürbarer Wind hatte lange Zeit Mühe, die Fock halbwegs zu füllen. Schließlich reichte er aber doch aus, um das Boot ganz sachte aus dem Hafen zu wehen. Über dem Außenhafen und über der See lag ein dünner, flacher Nebel, anzusehen wie eine wogende Leinendecke, unter der die See atmete. Als ich die Flachs hinter mir hatte, ließ ich das Schiff treiben und achtete eigentlich nur darauf, daß es, ehe der Wind aufbrisen würde, im wesentlichen

305° am Kompaß hielt. Da lag nämlich in 26 Meilen Entfernung vor dem Østre Flak eine Blitztonne, die wir erreichen mußten, um von dort nach Norden einzudrehen.

Weil die Kutter im Hafen noch schliefen, taten das die Möwen auch. Aber die Ringeltauber waren schon wach. ,,Rruh-kuh-kukkururu'', riefen sie mit dunkler Stimme hinter mir her, und als ihr Rufen schon lange nicht mehr zu hören war, lachte ein Grünspecht aus den Bäumen des Nordbjerges zur mir herüber: ,,glück-glück-glück''. Ein Kuckuck schloß sich ihm an und versprach mir noch eine Menge Lebensjahre. Anholt erwachte. Ich kümmerte mich um Frühstück und Wetter.

Mein Freundeskreis als Bengel rekrutierte sich aus Bauern, Fischern, Jägern und Haumeistern, alles Leute, deren Gespräche zumindest zu einem Drittel um das Wettergeschehen kreisten. Später, als Segler, wandte ich ihm erheblich mehr Aufmerksamkeit zu, als das ein Normalverbraucher tut. Wenn nun noch eine so lange Schönwetterperiode wie diese hier eintritt, wird ein Segler doppelt mißtrauisch. Ich war das ganz besonders, weil es ziemlich sichere Anzeichen gibt, durch die solche gewaltigen Hochs angekündigt werden, die wie dieses sich über Ostsee, Nordsee und, wie Norddeich zu berichten wußte, auch noch über Biskaya und Atlantik erstreckten. Das hört man nicht nur aus den Seewetterberichten heraus, sondern das ergibt sich lange vorher aus den sonstigen Nachrichten. Steinchen für Steinchen entsteht da ein Mosaik. Im vorliegenden Falle begann es sich dadurch zusammenzusetzen, daß die Hurrikane sich zusammenbrauten, daß Mexiko von einer Hitzewelle geplagt wurde und daß es in Nordamerika Überschwemmungen größten Ausmaßes gab. Seit Jahren habe ich beobachtet, daß Rasmus, wenn er in Amerika tobt, gern noch einen Atemstoß für uns Segler auf Nord- und Ostsee aufspart. Zur Zeit aber lag das Hoch über uns wie die Glucke über den Eiern, und wie ich das übersah, würde das Orakel der Wetterfrösche noch für längere Zeit mit der für Fahrtensegler so trostreichen Feststellung enden: ,,Keine Sturm- oder Starkwindgefahr.''

Kenner meines derzeitigen Törngebietes werden nun sagen: ,,Warum stellt dieser merkwürdige Segelfritze seine Bootsnase auf 305°, wenn er sowieso zum Oslofjord will. Da steuert man doch mit 360° vierkant nach Norden, läßt Læsø backbords liegen, hat an Steuerbord Schweden mit Dutzenden von Häfen neben sich und geht über Göteborg und Smögen nach Strömstad. Von da ist's doch nur noch um die Ecke in den Oslofjord. Anholt – Strömstad, lächerliche 130 Meilen."

Tja, das ist ja alles richtig, wenn es nicht den Kater Pit gegeben hätte. Wir waren nämlich auf die tierliebe Königin Margrethe angewiesen, die auf ihn aufpassen sollte, während ich allein zu den Katzenfängern Carl Gustav und Olaf nach Schweden und Norwegen herübersegeln wollte. Diese beiden nämlich liegen mit dem Fangnetz in der Hand hinter Schäre und Klippe und bereiten jeder kleinen Bordkatze einen üblen Empfang. Deswegen mußte ich über Skagen. Es war der letzte dänische Hafen auf meinem Kurs, der ein Tierheim für heimatlose Katzen haben sollte.

Das Herz wurde mir schwer, wenn ich an meinen armen Kater dachte, von dem ich wußte, daß er während dieser zweiwöchigen Trennung kaum etwas fressen, einsam in einem dunklen Winkel trauern und den Menschen nicht mehr verstehen würde, dem er sein Vertrauen geschenkt hatte und der ihn nun so mitleidslos verließ. Aber alles geht einmal vorbei; dafür würde er am Leben bleiben, und ich würde ihm die Tage der Trennung so reichlich vergelten, daß er sie schnell vergessen würde.

Das war der erste Grund, weswegen ich 305° am Kompaß hatte und nicht 360°.

Den zweiten Grund zu erklären, fällt mir ehrlich gesagt schwer. Ich habe mit mindestens zehn altgedienten Seglern darüber gesprochen und sie gefragt, ob sie schon mal in Situationen gewesen wären, in denen es um Leben und Schiff gegangen wäre, und wenn ja, ob sie zu Hause darüber berichtet hätten. Jedem der zehn war das schon widerfahren; acht hatten kein Wort darüber verlauten lassen und Weib, Kind beziehungsweise der mitsegelnden Crew absolute Schweigepflicht auferlegt. Die restlichen zwei hätten das auch ganz gern getan, konnten es aber nicht, weil es zu viele Zeugen gab, die die Schande unverzüglich in die Lande und die heimatlichen Vereine hinausposaunten. Alle zehn aber sagten übereinstimmend, daß ich den Schnabel halten möge.

„Warum eigentlich?" wollte ich wissen.

„Weil du keinen antreffen wirst, der dir nicht sofort klarmacht, wie saublöd du dich verhalten hast und wie lässig er selber eine so verhältnismäßig primitive Situation gemeistert hätte."

Indes, was passiert ist, ist passiert. Hinzu kommt, daß mein Fehlverhalten in der dänischen Rettungsstatistik festgehalten ist, festgehalten in einem Bericht, den wir uns – das sind der Vormann des Rettungskutters von Læsø, der Gendarm der Insel und ich – in der Kajüte von AZIMUTH nach vollzogener Rettung bei manchem Schnaps mühsam abgerungen haben. Gute Vorleute und Gendarmen müssen nämlich nicht unbedingt auch noch erstklassige Schriftsteller sein, und ich selber konnte, da des Dänischen nicht mächtig, in jener Nacht nur mit fleißigem Ausschank zum Gelingen des Schreibwerks beitragen.

Kurz und gut, wie es den Verbrecher zum Tatort zurückzieht, so zog es mich zum Strandungsort, und dazu brauchte ich eben 305° am Kompaß, den gleichen Kurs, wie ich ihn drei Jahre zuvor auch steuerte.

Bei der guten Sicht war es völlig problemlos, die Tonne vor dem Østre Flak auszumachen, weil die backbords von mir laufende Großschiffahrt auch über diese Tonne mußte, um das Feuer Læsø Rende zu erreichen. Im Østre Flak aber trennten sich unsere Wege schon wieder, denn die Großen mußten hier nach Nordwesten abschwenken, während ich vierkant nach Norden hielt, weil ich mit diesem Kurs bis nach Vesterø eine Menge Weg abschneiden konnte, dabei allerdings in Kauf zu nehmen hatte, ziemlich hart an den Flachkanten und Riffen von Læsø entlangzuschrammen. Da gibt es zahlreiche Tonnen und Spieren, von denen man keine verpassen darf. Bei gutem Wetter macht es mir großes Vergnügen, scharfäugig wie ein Kormoran recht voraus zu spähen und einen kleinen Schauer in Wirbelsäule und unter der Kopfhaut zu haben, wenn plötzlich das Wasser vorm Bug hellgrün wird, weil ich eine kleine Spiere verpaßt habe. Kurzum, man segelt hier in sandbankreichem Revier und muß bei der letzten Tonne mit genau 130° eindrehen, um in die Einfahrtsrinne von Vesterø zu gelangen, sonst brummt man auf.

Ungefährdet erreichte ich den Hafen und hatte damit, bei dieser wundervollen Ostwindwetterlage, den Segeltörn nachvollzogen, der mich einst beinahe Leben und Schiff gekostet hatte. Nichts davon aber ist nachahmenswert, denn nur die Leute von Læsø wissen, wie sehr sich die Sände und Revs vor ihrer Insel jedes Jahr verändern.

Auch an jenem 8. Juni drei Jahre zuvor hatte ich laut Logbuch bei der Tonne Østre Flak nach Norden eingedreht. Bei halbem Wind, von West mit Stärke vier blasend, machte AZIMUTH damals flotte Fahrt.

Ich hätte ganz gern ein wenig mehr nach Westen gehalten, aber es war ein Gewitter angesagt, und ich hatte Sorge, daß mich ein solches vor den Sänden Læsøs erwischen könnte.

Um 17.30 Uhr stand ich etwa zwei Meilen vor der Insel und hatte deren äußerste, sandige Westkante bereits dwars. Nur noch drei Meilen bis Vesterø Havn. Ich bin nicht gerade ein Gewitterspezialist, aber wer viel in der Ostsee segelt, wird auch häufig mit Gewittern konfrontiert. Im Seewetterbericht können sie deswegen nur unvollkommen vorausgesagt werden, weil die Hochs und Tiefs, die sich beispielsweise über Schweden bilden, nur für kurze Zeit wetterwirksam sind und im allgemeinen auf See auch nur kurzfristig Terror machen. Der Wind frischt auf und füllt irgendein kleines Hoch auf, das dann seinerseits Sorge dafür trägt, daß es zu einem kleinen lokalen Sturm kommt. So schnell wie an diesem 8. Juni hatte sich aber noch kein Gewitter über mich hergemacht. Genauso rasch wie die erste Sturmbö aus Westen heran war, war die Sicht nach Osten weg – und da lagen dicht neben mir die Sände von Læsø.

„Wahrschau! Wahrschau! Legerwall! Legerwall!" heulten tausend gellende Warnsirenen in mir. Hart rum das Ruder, freikreuzen nach Westen, Motor an, reffen.

Zu spät. Ich schmiß Groß- und Fockschot los, um aus diesem verfluchten Winddruck rauszukommen, der AZIMUTH aufs Wasser drückte. Zwar gelang es mir, um eine Patenthalse herumzukommen, aber auf diesen flachen Sänden steht sofort eine steile See, die mein Motor nicht überwinden konnte. Donner rollten, Blitze zuckten und zischten, Regenschauer fegten über Schiff und Mann, der Bug bäumte sich hoch auf und setzte klatschend in den nächsten Brecher. Ich erinnere mich genau, daß ich um mein Leben keine Sekunde zitterte. Mich beherrschte nur ein einziger, wutbebender Gedanke: „Mein Schiff kriegst du nicht, Rasmus, du Dreckskerl!"

In Momenten großer Gefahr, in denen es ums Leben ging, stand stets blitzartig ein Plan in meinem Kopf, den ich, ob nun richtig oder falsch, unverzüglich ausführte. Aufbrummen mußte ich, daran kam ich nicht vorbei. Aber wie am besten und schonendsten? Ich ließ damals also die Segel wie wild knallen und flattern und hielt mit Vollgas nach Westen. Damit machte ich zwar keinen Zentimeter gut, aber der Bug blieb gegen den Wind gerichtet, und in diesem Bug lag im Ankerschacht ein solider Draggen, mit einer Menge Kette hinter sich. Mit dem Heck auf Legerwall zu gehen, ist verdammt nicht schön, aber AZIMUTH hat ein hochgezogenes Heck und einen Flossenkiel, der Ruder und Schraube nicht gleich auf Grund laufen lassen würde. Diese Schraube heulte vor Entsetzen sowieso alle Augenblicke wie ein Schakal auf, weil das Schiff in den anstürmenden Seen zum Gotterbarmen auf und ab pumpte. Von mir selber weiß ich nur noch, daß ich ein geballtes Energiebündel war, mit angelegten Ohren, aufeinandergebissenen Zähnen und Funken in den Augen.

Als der Kiel dann erstmalig leichte Grundberührung hatte, schmiß ich den Anker, riß 15 Meter Kette durch die Klüse, belegte sie auf der Schleppklampe und ging in hoher Flanke über den Bugkorb in die See. Bei Kartennull war es hier etwa 1,20 Meter tief; das Wasser reichte mir also etwa bis zur Brust. Darauf nahm der Seegang allerdings keine Rücksicht, sondern rauschte und donnerte über meinen Kopf hinweg. An der Kette entlang tastete ich mich zum Anker, den ich mit aller verbliebenen Kraft in den Grund trat. Nicht lange und AZIMUTH begann an der Kette zu zerren. Links von mir schien sich der Grund ein wenig zu heben; da lief eine Barre in die See, gegen deren Flanke das Schiff sich legte, wenn auch nicht so schräg, daß Wasser hätte hineinlaufen können. Wie wild tobte es gegen die Kette. Ich kletterte von hinten in die Plicht und warf den Heckanker – einen Danforth – aus der Backskiste über Bord, schleppte ihn in der See nach vorn und ließ ihn dort schräg vorm Bug fallen. Dieser Anker hat nur wenige Meter Kette, die dann in eine Trosse übergeht. Das war vorteilhaft, weil sie dem Brandungsschlag besser widerstand als die starre Kette. Um sie zu belegen, zog ich mich an der Draggenkette zum Schiff zurück.

Da passierte es. AZIMUTH bäumte sich vor einem besonders hohen Brecher auf, die Kette schnellte nach oben und schlug mir schwer auf den Bizeps des rechten Oberarms. Es tat verdammt weh, und der Arm gab vorübergehend jegliche Funktion auf. Das Schiff lag so schräg an der Barre, daß ich mit der linken Hand die Trosse auf der Decksklampe belegen konnte. Ich wankte hinters Schiff in Lee und zog mein Hemd aus. Der Bizeps war erheblich nach unten geschlagen und offensichtlich gestaucht. Wie ein bayrischer Knödel sah er aus. Diese Form hat er bis heute beibehalten, ist aber zu meinem und meiner Freunde Erstaunen voll funktionsfähig.

Ich stand also in Regen, Blitz und Sturm verzweifelt im Wasser und hörte, wie die Flanke von AZIMUTH in Sand, Kies und Geröll wimmerte und knirschte. Was nun weiter? Mit Entsetzen fiel mir der Bericht eines Hamburger Seglers ein, dem es an etwa gleicher Stelle Jahre zuvor ähnlich ergangen war. Er verlor damals sein Schiff. Was mir aber ganz besonders in der Erinnerung haftengeblieben war, betraf die traurige Tatsache, daß, als er nach Überwindung des Schreckens bei wieder ruhig gewordener See zumindest die nautische und sonst noch verwertbare Schiffsausrüstung bergen wollte, alles, was nicht niet- und nagelfest an Bord war, abmontiert und gestohlen war.

Tja, so ist das auf diesen von Bänken und Riffen umgebenen Inseln. Hier sitzen nämlich seit tausend Jahren und länger die Herren Wikinger, denen noch heute das Odium anhaftet, daß sie einst stahlen wie die Raben. Wen wundert es also, daß ihre Nachfahren immer noch von dieser schlechten, aber, wie die Geschichte bewiesen hat, recht lukrativen Charaktereigenschaft zehren.

Ziemlich verzweifelt kroch ich an Deck und hängte den Ankerball ins Vorstag. Umherstreunende Wikinger sollten denken, daß noch Mannschaft an Bord war. Ich verließ das Schiff und watete dem Ufer zu. Nach einer Stunde erreichte ich Vesterø. Der Wind war weniger geworden, der Regen rann noch, im Westen begann es aufzuklaren. Ich hoffte, daß der Wind weiterhin mit wenigstens Stärke vier bis fünf durchstehen würde, weil mir klar war, daß mit seinem Nachlassen das auf dem Strand aufgestaute Wasser in die See zurückdrücken, damit AZIMUTH höher auf dem Strand liegen und eine Bergung erschwert werden würde. Ich war vorher noch nie im Hafen Vesterø, wußte aber aus dem Hafenhandbuch, daß dort ein Rettungskutter stationiert sein sollte.

Bald stand ich vor dessen Vormann, der außer Dänisch keinerlei Sprachkenntnisse aufzuweisen hatte. Aber wir kamen klar, weil schon ein flüchtiger Blick auf mich besagte, daß ich ganz bestimmt von keiner Opernpremiere kam. Sein Erstaunen war gering; ich konnte daraus ersehen, daß meine Angelegenheit für ihn ein Routinefall war. Er ging mit mir zu einer Wandkarte und zeigte mit dem Finger sofort auf den Strandungsort. Ich brauchte nur bestätigend zu nicken. Sodann entnahm ich seinem Gebärdenspiel, daß er wissen wollte, ob sich noch Frau und Kinder an Bord befänden. Weil ich befürchtete, daß bei einem Einhandsegler sein Bergungsinteresse nachlassen könnte, tat ich so, als wenn ich ihn nicht verstünde. Also ging er mit der Hand auf etwa 50 Zentimeter Höhe herunter und bewegte sie so, als wenn er einem Kind über den Kopf striche. Die Bordfrau darzustellen fiel ihm schon wesentlich leichter, weil er da nur eine übervolle Bluse anzudeuten brauchte. Ich nickte lebhaft und verlogen, um seine Hilfsbereitschaft zu verstärken, denn nicht umsonst heißt es bei den Rettungsmannschaften „children and ladies first!"

Er zeigte mit dem Finger auf das Zifferblatt der Wanduhr, und bedeutete mir, daß etwa drei Stunden vergehen würden, ehe er seine aus Fischern bestehende Rettungscrew zusammengetrommelt hätte. Damit war ich entlassen.

Mit schmerzendem, hängendem Arm ging ich zu meinem Schiff zurück, stellte fest, daß ich die Sache mit den beiden Ankern zwar richtiggemacht hatte, daß AZIMUTH aber höher aus dem Wasser kam, weil dieses um etwa 20 Zentimeter abgelaufen war. Ich ersetzte den Ankerball durch ein Ankerlicht, kroch auf dem stark weggekrängten Schiff wie eine Spinne herum, klagte mich an, überlegte, was wohl eine Bergung kosten möge, zog mir mühsam trockene Klamotten an und konstruierte aus einem Handtuch eine Armbinde, die ich um den Hals band und in die ich den maroden Arm hängte. Der Wind stand mit Stärke fünf durch, ließ aber allmählich nach. Ruderblatt und Schraube waren unbeschädigt, die Kielbolzen schienen festzusitzen, das Schiff machte keinen Tropfen Wasser.

Kurz vor Mitternacht kamen die Lichter des Rettungskutters herangeschwankt. Der Himmel war noch wolkenverhangen, so daß keine besonders gute Sicht herrschte. Dann schwamm durch die Dämmerung ein viereckiges, graues Ungetüm auf mich zu. Es war ein ziemlich hochbordiges Rettungsfloß. Mit dem in Luv befindlichen Rettungskutter war es durch eine lange Leine verbunden, damit es daran wieder eingeholt werden konnte. Im Floß stand ein kleiner Mann in Ölzeug. Das war bestimmt kein Wikingernachfahre. Er hatte ein Mäusegesicht mit flinken kleinen schwarzen Augen und einen Mäuseschnurrbart über einem spitzen Mund mit vorstehender Oberlippe. Ich schwöre, daß ich das in keiner Weise ironisch, höhnisch oder deklassierend sage, aber es ist leider so, daß man in derlei Situationen sich lieber einem bärenstarken Helfer anvertraut, der das Schiff gewissermaßen wie einen Käfer zwischen zwei Fingern vom Riff herunterhebt. Es stellte sich dann aber schnell heraus, daß der Mann lediglich als Vorkommando und Dolmetscher gedacht war.

Seine erste Frage war: „Versickeruk?"

Jawohl, AZIMUTH war versichert.

„Frau?" fragte er. Damit waren seine Deutschkenntnisse aber auch erschöpft.

Er hätte nun gern gehabt, daß ich mein Schiff verlassen hätte und zu ihm ins Rettungsfloß geklettert wäre, um mit ihm zum Kutter zurückgezogen zu werden. Von weit her, von irgendeinem Kursus, kam mir eine dumpfe Erinnerung, daß ein Schiff zur Prise würde, wenn es unbemannt aufgebracht würde. Das konnte aber auch aus einem Piratenroman stammen, die ich sehr gerne lese.

„Frau?" fragte er wieder und zeigte nach Land hin.

Er schien anzunehmen, daß Weib und Kind bereits auf dem Landweg unterwegs seien. Ich ließ ihn in dem Glauben, wies aber seine nochmalige Aufforderung, ins Floß zu steigen, zurück. Er zog eine gummiarmierte Taschenlampe aus dem Ölzeug und vollführte damit einige kreisende Bewegungen. Diese hatten zur Folge, daß das Floß wieder eingeholt wurde. Aber nicht lange, und es kam durch die Dunkelheit wieder herangeschaukelt. Diesmal fehlte Mäusegesicht, an seiner Stelle waren zwei Männer darin. Wikinger, groß, blauäugig, mit magerem Fischergesicht. Sie zeigten erst auf mich und dann auf ihr Floß. Die wollten doch wohl nicht etwa Gewalt anwenden? Flüchtig dachte ich an meine Signalpistole und sagte: „Kapitän nix von Bord."

Sie sahen mich an. Wir mochten uns leiden. Dann faßte ich mit der linken Hand um den Mast, legte mich weit außenbords, eben so, wie man ein Schiff wegkrängt, wies dann zum Kutter und machte dichtholende Bewegungen. Sie begriffen mühelos, daß ich abgeborgen werden wollte. Wieder wurde das Floß eingeholt und kam mit einer langen, starken Abschleppleine zurück. Wir belegten sie mit einem durablen Palstek am Mastfuß. Das Floß verschwand. Nach einer Weile kreiste der Schein der Taschenlampe vom Kutter zu uns herüber, wir blinkten zurück, krängten AZIMUTH fast bis zum Süllrand weg, und über Sand und Steine schurrend machte sich mein Boot auf den Weg ins tiefe Wasser. Nach drei Minuten schwamm es wieder und wurde in den Hafen von Vesterø eingeschleppt.

Die Rettungscrew stand um mich herum, klopfte mir auf die Schulter und ging bis auf ihren Vormann schlafen. Nur der mit dem Mäusegesicht hielt sich abseits und war griesgrämig. Nicht lange, und der Ortsgendarm erschien. ,,Aha'', dachte ich, ,,jetzt kommt die gerechte Quittung für so viel sträflichen Leichtsinn.'' Er konnte ein wenig Deutsch, jedenfalls so viel, daß es mir gelang, ihm klarzumachen, daß ich gern alle Kosten bezahlen wolle, aber um eine gewisse Stundung bäte, da ich mich im Urlaub befände und so viel Geld vermutlich nicht bei mir hätte.

,,Warum?'' sagte er. ,,Das ist doch gratis.''

Er brachte den Primus in Gang, er setzte den Wasserkessel auf, er fischte den Rum aus der Bilge, und er kochte Grog, dessen Eintönigkeit wir zuweilen mit ein wenig Jägermeister unterbrachen. Dabei verfaßten wir den Rettungsbericht, der in einem Oktavheft mit Glanzlederdeckel festgehalten wurde.

Ich packte sodann alle meine alkoholischen Vorräte in einen großen Plastikbeutel und gab dem Vormann für Crew und Polizisten einen ansehnlichen Geldbetrag für einen größeren abendlichen Umtrunk. Polizist und Vormann verbargen ihre Freude nicht. Als ich am nächsten Morgen ablegte, standen alle diese Wikinger am Hafen und verabschiedeten mich und winkten mir nach. Mein Arm machte im Ellbogengelenk schon wieder ganz leidlich mit.

Ich habe eine Menge aus diesen Vorgängen gelernt, unter anderem, was ein gutgebautes Kunststoffschiff alles aushalten kann, denn als AZIMUTH ins Winterlager kam, offenbarte sie lediglich einige tiefere Schrammen im Unterwasserschiff. Und als ich dann im Frühjahr den Antifoulinganstrich ein bißchen dicker aufrollte, waren auch die nicht mehr zu sehen.

Na, Gott sei Dank, nun ist diese betrübliche Geschichte doch erzählt – gewiß nicht wegen eines gewissen Nutzeffektes für andere, sondern aus Gründen der Fairness mir selbst gegenüber. Ich gehöre zu denen, die sich leichter fühlen, wenn andere von ihrem Kummer wissen, auch wenn der eigene Heiligenschein dadurch ein wenig blasser und manch ein Segler sagen wird: ,,Na, Macker, dein Sporthochseeschiffer-Zeugnis kannst du allmählich in der Pfeife rauchen.''

Für mich am peinlichsten bei der ganzen Geschichte ist aber, daß einige Männer, die ehrenamtlich ihren Rettungsdienst versehen, die zudem als Fischer ohnehin nicht besonders viel Schlaf bekommen, in einer Nacht heraus mußten, um einen abzubergen, der zum reinen Vergnügen segelte, auch wenn schließlich alles noch zu einem guten Ende geführt wurde.

Seit dieser Strandung waren drei Jahre vergangen, und nun lag ich wieder in Vesterø auf Læsø, fast auf dem gleichen Platz wie damals. Ich machte mich auf den Weg, um festzustellen, ob der Vormann des Rettungskutters noch seinen Dienst versah. Er tat es nicht mehr.

Dann aber kam Mäusegesicht ganz unverhofft auf seinen Holzpantoffeln die Straße heruntergeklappert. Er trug das in Skandinavien üb liche derbe, rote Fischerölzeug und war noch kleiner, als ich ihn in Erinnerung hatte. Weil Bekleidungsgrößen, wie er sie benötigte, vermutlich nicht vorrätig waren, hatte er Jackenärmel und Hosenbeine dreimal umgekrempelt, so daß er ein bißchen verloren in seinen Klamotten steckte. Erfreut ging ich ihm entgegen, hob den Arm und nahm die Mütze ab. Sein Mäusegesicht aber zeigte keine Regung des Wiedererkennens. Er sah mich flüchtig an, sagte abweisend ‚Nix tysk'' und latschte weiter.

Enttäuscht, daß ein für mein Seglerdasein so einschneidendes Erlebnis für ihn so belanglos war, ließ ich die ihm zugedachte Flasche in der Bilge, half meinem Kater in der Dämmerung auf die Kaimaier und ging schlafen, indes das Katzentier sich um Mäusegesichter kleineren Kalibers kümmerte.

Am nächsten Morgen steuerte ich Skagen an, das soll heißen, ich ließ mich von einer schwachen Ostbrise die 28 Meilen von Læsø herüberwehen. Es war eine wunderschöne Vergnügungsreise, die den Mann an der Pinne auch nicht im mindesten forderte, so daß er halb geschlossenen Auges über die Ostsee dahinplätscherte, um sich herum fischende Kutter, in der Ferne die weißen Dreiecke dänischer Segelschiffe. Selbst Rudergänger und Wachoffizier des gemächlich vorüberschippernden Küstenwachbootes hatten die Mütze abgenommen und die Ärmel ihrer weißen Pilotenhemden aufgekrempelt. In Dänemark sieht man das alles nicht so eng.

Dann aber zog eine kleine Yacht, so etwa 26 Fuß, die die deutsche Flagge führte, meine Aufmerksamkeit auf sich. Sie passierte mich auf etwa 75 Meter, und als sie mich dwars hatte, sprang der Mann am Rohr wie von der Tarantel gebissen auf und winkte mit Hand und Fuß zu mir herüber. Die Yacht stand südlich von AZIMUTH, ebenso wie die Sonne, und so konnte ich Segler und Schiffsnamen nur undeutlich erkennen.

Dann aber fiel es mir wie Schuppen von den Augen. Ich ließ gleichfalls Schot und Pinne fahren und winkte mit über dem Kopf geschwenkter Mütze und der Bierbuddel, die ich, rein zufällig, in der Hand hielt, zurück. Da segelte der merkwürdigste und neugierigste Einhandsegler, dem ich je begegnet bin, vermutlich dahin, woher ich kam: nach Anholt. Es waren einige Jahre her, daß ich ihn zum letztenmal traf, und zwar in dem kleinen Hafen Neksø an der Ostküste Bornholms. Sein Schiff hieß entweder KOLBERG oder NETTELBECK. Beide Namen stehen ohnedies in enger Beziehung zueinander, weil der alte Seemann Joachim Nettelbeck im Jahre 1807 Kolberg erfolgreich gegen die Franzosen verteidigte. Auch wenn ihn beispielsweise in Bayern oder Franken kein Mensch kennt, sind wir Pommern doch stolz auf unseren tapferen Seebären.

Mit diesem Segler war ich bei einem Fläschchen Bier ins Gespräch gekommen. Bodenlos war mein Erstaunen, als er zu berichten wußte, daß er direkten Weges von Kolberg herübergesegelt gekommen sei. Das war deswegen für mich so erstaunlich, weil ich mich zu der damaligen Zeit drei Jahre lang um die Genehmigung bemüht hatte, mit meinem Schiff Stettin anlaufen zu dürfen. Die polnischen Dienststellen hatten mich nicht einmal einer Antwort für würdig befunden. Und nun lag hier ein Segler neben mir, dem es mit leichter Hand gelungen war, sogar Kolberg anzulaufen. Anerkennend betrachtete ich ihn näher. Es war ein Mann von kleinem Wuchse, einer kecken Himmelfahrtsnase, listigen, wasserblauen Augen unter strohfarbenen Brauen und mindestens fünftausend Sommersprossen im Gesicht.

„Mensch, wo hast du denn hingeschrieben, um diese Genehmigung zu kriegen?" wollte ich wissen.

Er stammte aus Kolberg und hatte da früher mal einen kleinen Handel mit Landmaschinen betrieben. Mir ist bekannt, daß gerade dieser Kaufmannstyp besonders gewitzt sein mußte, weil zu damaliger Zeit ein pommerscher Bauer nur sehr ungern von liebgewordener Handarbeit auf neumodischen Maschinenteufelskram umstieg.

„Wie kommste denn auf die Idee mit der polnischen Genehmigung?" fragte mein Landsmann in Neksø verständnislos. Und dann erzählte er.

Heimatliebe hatte ihn getrieben, seine Vaterstadt Kolberg wiederzusehen (wie ich das übersah, war es wohl mehr Neugier). Aber nicht stur mit Bus oder Bahn, sondern auf eigenem Kiel. Also wartete er auf Bornholm, bis das Wetter etwas härter, aber nicht zu hart wurde, setzte seinen Kurs vierkant auf Kolberg ab – es sind etwa 20 Meilen –, segelte bis in Landsicht, montierte dort einen Wantenspanner ab und ersetzte ihn durch einen vergammelten aus Zink, dessen Gewinde völlig ausgeleiert waren. Den ausgewechselten verbarg er an absolut sicherem Ort.

Ein polnisches Küstenwachboot bereitete ihm schon weit draußen vor den Toren Kolbergs einen warmen Empfang und brachte ihn im Triumph in den Hafen. Dort hielten sie ihm zu seiner Begrüßung ihre Maschinenpistolen unter die Nase. Anklagend schlenkerte er mit dem Want herum, an dessen unterem Ende der Zinkwantenspanner klapperte. Die Polen sahen sich das an und erkannten, weil es offensichtlich freundliche Leute waren, das Ganze als Seenotfall an. Da es inzwischen dunkel geworden war und sie meinen Landsmann in ihrer Gutmütigkeit nicht auf die nächtliche, unruhige See hinausjagen mochten, gaben sie ihm einen Zinkdraht – „er sah aus, als ob sie ihn soeben von einer Kuhkoppel abmontiert hätten" – und forderten ihn auf, diesen Draht mit Wantende und Pütting so zu verbinden, daß er, nach Pionierart richtig gerödelt, einen Wantenspanner vollwertig ersetze. Sie beaufsichtigten den Fortgang dieser Arbeit, stellten, als sie beendet war, zwei Soldaten mit Maschinenpistolen vors Schiff und bedeuteten ihm, daß er sich mit Sonnenaufgang als aus Polen gefeuert betrachten und schleunigst den freien Seeraum gewinnen möge.

Da lag er nun auf der Koje seiner NETTELBECK und dachte darüber nach, wie es zu ermöglichen wäre, wenigstens einen kurzen Blick in seine Vaterstadt zu werfen.

Vor Sonnenaufgang kam er an Deck, hielt sich den Bauch und erklärte den Posten, daß er kurz vor einem Ohnmachtsanfall stünde – und dies vor Hunger. Der Wachpostenführer wurde geholt, mein Landsmann mußte Geld vorzeigen – Devisen gewissermaßen – und wurde sodann von zwei Wachposten zu einem Bäcker eskortiert. Polnische und deutsche Bäcker haben zumindest gemeinsam, daß sie ihr hartes Handwerk schon vor Tau und Tag beginnen müssen. Leider aber lag der Bäckerladen so dicht am Hafen, daß es unserem Segler wieder nicht vergönnt war, einen neugierigen Blick ins

Innere seiner Vaterstadt zu werfen. Das Küstenwachboot nahm ihn in Schlepp, warf dann seine Leine los, verfolgte aufmerksam seinen auf Neksø abgesetzten Kurs, hielt es aber nicht für nötig, sein Winken zu erwidern.

Voller tiefer Bewunderung betrachtete ich damals diesen Landsmann, der auch von seiner listigen Kaufmannsart wenig eingebüßt zu haben schien, denn munter und ohne den geringsten Skrupel nahm er in natürlicher Selbstverständlichkeit gern und reichlich entgegen, was ich ihm als dankbarer Zuhörer an Bier und Feuerwasser zu bieten hatte.

Vergnügt segelte ich auf Skagen zu und wurde nur ein wenig traurig, als winzig klein und mit weißen Kondensstreifen eine Boeing durch den Himmelsazur zog – ich mußte an die Seglerin Britta denken.

Skagen. Das ist für mich kein Punkt auf unserem Globus, den man so einfach durch die Koordinaten 57° 43'N und 10° 35,8' E festlegt. Das ist für mich das, was für meine berühmten Einhandsegler-Kollegen die Hoorn sein mag, vermutlich sogar noch eine Menge mehr, denn hier endet mein Heimatmeer und geht in die Nordsee über. Es ist mir unvergeßlich, wie die Augen meines alten Dorfschulmeisters aufleuchteten, als er seine Haselgerte nicht in gern geübter rauher Praxis auf unseren Hintern niederpfeifen ließ, sondern symbolisch auf den von Lord John Jollicoe, Admiral und Chef der englischen Flotte, der hier am 31. Mai 1916 in der Schlacht am Skagerrak von Admiral Reinhard Scheer, Chef der deutschen Hochseeflotte, böse eins auf den Kopf bekommen hatte. Als uns der alte Mann das beibrachte, waren Krieg und Flotte längst verloren, ihm aber stürzten die Tränen aus den Augen (das war damals auch bei Männern keine Schande), und er bezeichnete England als das „perfide Albion". Jedenfalls hatte er es geschafft, daß ich viele Jahre brauchte, um meine Reserviertheit den Engländern gegenüber abzubauen. Wie man gesehen hat, komme ich heutigentags mit Engländern wie Cate und David oder der pferdegebissigen Lady mit ihrem 14-Pfund-Dorsch recht gut klar. Zumindest aber habe ich erhebliche Teile ihres seemännischen Vokabulars übernommen, das ich gezielt einzusetzen weiß.

In diesem nostalgischen Seerevier befand ich mich jetzt. Anderntags wollte ich mich auf meine vierte Skagerrak-Überquerung machen. Bei den drei vorangegangenen hatte ich gutes Wetter gehabt, dennoch saß mir jedesmal ein leichtes Kribbeln unter der Kopfhaut, denn das Skagerrak hat unter Seeleuten keine besonders gute Presse. Bei den hier vorherrschenden stürmischen Westwinden fallen wie rasend die Ausläufer der Atlantikdünung über Skagens Rev her und machen eine tobende Hölle daraus. Dieser Wind prägt an Jütlands gesamter Nordwestküste eine Dünenlandschaft, die von herzanrührender Einsamkeit und Traurigkeit ist, mit klagender Windmelodie in raschelndem Heidekraut und Riedgras, rieselndem und zischelndem wanderndem Sand, der mit unheimlicher Zielstrebigkeit hundert Jahre lang auf ,,Den tilsandede Kirke'' zukroch und den Menschenkraft nicht zu bremsen vermochte. Im Jahre 1795 schließlich wurde die Kirche auf königlichen Befehl hin aufgegeben.

Wer in diesem Revier segelt, hat schon vor ihr gestanden, genauso

wie vor dem ,,Vippefyret'', dem Wipp- beziehungsweise Blüsenfeuer, oder, besser gesagt: dessen Nachbildung aus dem Jahre 1627, und am Kikkerbakken. Wieviel Abertausende ertrunkener Seeleute mögen vor Skagens Rev, vor der Tannisbucht, der großen Jammerbucht, der Vigsø-Bucht, die ganze lange Barre entlang bis Esbjerg und weiter übers Lister Tief bis zur Eider herunter liegen. Die alten Fischer meinen, sie bei Vollmond von See her klagen zu hören, und in den Nächten, in denen Mittsommer und Vollmond zusammenfallen, sehen sie die Wikinger auf ihren geschnäbelten Schiffen über die See rudern oder segeln.

Bei Ostwindlage aber sind alle diese Unheimlichkeiten verschwunden. Da singt die Lerche, da flötet der melodische Pfiff der Strandläufer vom Strand hoch, da summen die Bienen im Heidekraut, da tönt die Mittagsglocke von der nahen Kirche herüber, da ist alles voller strahlenden Lichtes. Dieses Licht über dem Meer hat um 1880 die Skagenmaler hergelockt, Krog, Krøyer und Ancher heißen die berühmtesten unter ihnen. Sie waren genau so licht- und landschaftshungrig wie ihre Kollegen in Gudhjem auf Bornholm oder bei mir zu Hause in Worpswede bei Bremen. Zu diesen Skagenmalern mußte ich hin, unbedingt, im Auftrage von Britta. Zwar war ich schon mehrfach da, aber darauf nimmt eine Kunsthistorikerin keine Rücksicht, für die ein Bild der Skagenmaler soviel bedeutet, wie für mich die Skagener Fischhallen mit der Farbenvielfalt ihrer Fische. Ich habe dort einmal einen Butt gesehen, der war so groß wie der runde Tisch in meiner Vereinskneipe, um den wir zu fünf Mann Skat spielen. In seine rissige, graue Außenhaut waren Knorpel eingewachsen. Katzenhaie, hinter denen ich her bin wie der Teufel hinter der armen Seele – sie sind der Wunschtraum jedes Hochseeanglers –, liegen da zu Dutzenden herum.

Apropos Katzenhaie. Ich war nicht wegen Steinbutt, Skagenmaler oder Wippfeuer hierhergekommen, sondern wegen meines kleinen Katzenhais Pit. Ich lief in Skagens Hafen ein und machte fest. Der Hafenmeister war wohl zum Mittagessen, außerdem lagen zu dieser Mittagszeit nur wenige Yachten im Hafen. Also machte ich mich auf den Weg, um die Katzenpension zu suchen. Schließlich fand ich sie. Es waren mehr oder weniger Karnickelgehege mit Maschendraht an der Vorderfront. In jedem der engen Käfige saß eine Katze und blickte unglücklich in Sonne und Freiheit hinaus. Als mein Schatten über die Käfige fiel, begannen einige zu klagen. Ich machte schleunigst kehrt und ging davon. Ich weiß aus eigener Erfahrung, daß Mensch und Tier unglaublich viel aushalten können, aber ich brachte es nicht übers Herz, meinen guten alten Vorschotmann hier einsperren zu lassen und davonzugehen. Also begann ich zu überlegen, wie ich Carl Gustav und Olaf übers Ohr hauen könnte, fand aber zunächst keine Lösung.

Die aber fand der Hafenmeister, der gesättigt, runden Bauches und mithin durstig seines Weges über den Steg daherkam. Mit hochgehaltener Bierbuddel beschleunigte ich seine gemächliche Gangart beträchtlich. Als erstes löste ich mein Hafenbillett, und das war gut so, denn wie man gleich sehen wird, wurde seine Rückseite zur Aufnahme einer Aktennotiz benötigt. Dann stellte ich eine weitere Flasche Bier und zwei Schnapsgläser auf den Tisch und trug mein Anliegen wegen des Katers vor.

Der Hafenmeister sprach recht gut Deutsch, ergriff meine Hafengeld-Quittung und übersetzte mir gleichzeitig das, was er auf dänisch auf deren Rückseite schrieb. Da war zu lesen, daß die schwedische Yacht AURORA, die mit Kurs Strömstad morgens in See gegangen sei, bei ihm wegen einer entlaufenen Siamkatze vorstellig geworden sei. Die Katze habe sich inzwischen angefunden. Er gäbe sie der Yacht AZIMUTH mit, die gleichfalls nach Strömstad segeln werde, damit die AURORA ihr in Verlust geratenes Eigentum zurückerhalte, gez. Hafenmeister.

Pit war zu dämlich, um Zusammenhänge zu begreifen, begriff aber immerhin, daß wir es hier mit einem netten Hafenmeister zu tun hatten. Er sprang auf dessen Schoß, um sich streicheln zu lassen. Meinen tiefsten Dank stattete ich in flüssiger Form ab, sperrte Pit ein und ging ins Museum zu den Skagenmalern, sah sie mir an und erstand eine Menge Prospekte, die ich Britte schicken wollte, gewissermaßen als Beweis, tatsächlich dagewesen zu sein. Die Bilder gefielen mir auch wirklich.

Daneben war ein Kabinett mit Bildern junger, offensichtlich supermoderner Maler eingerichtet. Da deren Besichtigung im Eintrittspreis inbegriffen war, verweilte ich eine Weile auch vor ihnen. Aber Leute meines Alters kommen mit so etwas wohl schlecht zurecht. Da hatte ein Künstler eine Art Löschpapier angefeuchtet und in dessen Mitte einen großen Farbklecks gesetzt, der naturgemäß breit auseinandergelaufen war – in der Mitte dunkelrot, an den Rändern blaßrosa. Darunter hatte er geschrieben: „Psyche". „Banause, kümmerlicher", werden jetzt viele sagen, wenn ich das zum Ausdruck bringe, was ich bei Betrachtung dieses Kunstwerks dachte, nämlich: „Bilder dieser Art kann ein jeder malen, nur muß man ein Künstler sein, um sie zu verkaufen."

Ich suchte mir ein Fischrestaurant, bestellte mir eine Scholle und brachte eine zweite für Pjotr Petrowitsch mit, der Schollen auch gern ißt.

Wunderschönes Skagerrak

Silbermöwe am Blinkerhaken – Makrelenfang nach Tippelbrüderart – Von Druden und Alben – Begegnung zwischen zwei Schären: Jan und Tore – Tauschhandel mit Feuerwasser

Bis zur Sommersonnenwende am 22. Juni hatte ich noch vier Tage Zeit. Die Nächte blieben hell, und die Unruhe der bevorstehenden Mittsommernacht teilte sich den Bewohnern Skandinaviens bereits mit. Am Strand und auf den Dünen waren riesige Holzstöße für die Sonnenwendfeuer aufgeschichtet. Zu Lob und Preis der alten Heidengötter würden sie auflodern, ihren Schein über die nächtliche See werfen, aber nicht minder in hocherhobener Schnapsbuddel reflektieren, denn Skandinavien liebt zum Feuer das Feuerwasser.

In aller Herrgottsfrühe quirlte ich aus Skagens Hafen. Als Galionsfigur stand Pit im Bugkorb und sah auf die See hinaus, wo, bei etwa 40° am Kompaß, das schwedische Smögen liegen mußte. 45 Meilen waren bis dorthin zu segeln. Nach Passieren von Skagens Rev war es vorbei mit den Sänden. Ich segelte in Wassertiefen von weit über 100 Metern. Mit abgenommener Mütze und einem leisen Beschwörungsgemurmel an Rasmus' Adresse begrüßte ich voller Ehrfurcht das Skagerrak. Über seiner weiten, dunklen Wasserfläche lag vor der aufgehenden Sonne das schwache Gekräusel einer vorüberflirrenden Bö.

Als der obere Sonnenrand dicht unter der Kimm stand, sah ich den schillernden Ölfilm, der wie ein Regenbogen über diesen geschichtsträchtigen Zusammenfluß von Nord- und Ostsee gebreitet ist. Aber ich will gerecht sein und zugeben, daß er dünner geworden war. Das letzte Mal, als ich diese Stelle passierte, schwabbte hier noch eine zentimeterdicke Ölbrühe über dem Wasser, von der die Meeresbiologen sagten, daß unter ihr bis auf 30 Meter Tiefe alles Leben erstickt sei.

Der Wind kam aus Osten, vielleicht eher mit einem leichten Einschlag auf Nord zu, aber immerhin so, daß ich mit drei Meilen pro Stunde vorankam. Hoch am Wind segelt AZIMUTH am besten und hält auch ohne Selbststeuerung hervorragend Kurs.

Als Skagens Türme achteraus versanken, segelte ein glücklicher, zufriedener Oldtimer über das Skagerrak in Sonne und See dahin, mit zärtlichen und guten Gedanken an eine junge Frau, die gerade eben mit großer Bangigkeit in ein unbekanntes Land flog, das, merkantil, unpersönlich und lärmend, wenig Rücksicht auf ein sich nach Waldeinsamkeit und nordische Eigentümlichkeit sehnendes finnisches Herz nehmen würde.

Für die 45 Meilen brauchte ich 14 Stunden und lief davon die letzten fünf noch unter Motor, weil der Wind vorzeitig ins Bett gegangen war. Weil ich aber See und Einsamkeit sehr liebe, macht es mir überhaupt nichts aus, auch bei schwachwindigem Wetter zu segeln und einfach meinen Gedanken nachzuhängen oder, wenn es dann soweit ist, gebannt in die Fahrtrichtung zu starren, um die schwachbläuliche Kontur dicht über der Kimm auszumachen, die in diesem Falle die zerklüftete Schärenküste Schwedens war.

Bei guter Sicht kann man an der Schäre Smögen und dem danach benannten Fischerort nicht vorbeisegeln, und für Leute, die zu dergleichen doch imstande sein sollten, haben die Smögener auf den höchsten Schärenpunkt eine großartige, wenn auch die wunderschöne Granitkulisse verschandelnde, Landmarke gebaut: einen 20 Meter hohen, trichterförmigen Wasserturm. Einige Meilen vorher liegt, unverwechselbar an seiner Silhouette, der Funkfeuerturm Hållö in der See.

Ehe ich in das tiefe, gut betonnte und befeuerte Fahrwasser zwischen den Schären Hållö und Stenskär einsteuerte, ereigneten sich zwei Begebenheiten, eine außerordentlich betrübliche und eine außerordentlich vergnügliche.

Wie gesagt, hatte ich mangels Wind vor den Schären den Motor angestellt. Damit erhöhte sich die Geschwindigkeit von einem auf nunmehr fünf Knoten. Ich vergaß aber, den schweren Lachsblinker einzuholen, den ich, bei meiner Besessenheit, einen Lachs oder Katzenhai zu fangen, bei Geschwindigkeiten unter drei Knoten stets hinter mir herschleppe. Wer hier schon gesegelt ist, wer diese bizarre Landschaft aus zerklüftetem Schärengranit kennt, der weiß auch, daß davon eine solche Faszination ausgeht, daß derlei Unterlassungssünden verzeihlich sind.

Die zunehmende Geschwindigkeit ließ natürlich auch den Blinker schneller werden, so daß er an etwa 60 Meter Leine dicht unter der Wasseroberfläche dahinwirbelte. Urplötzlich fing die Rolle an, in hellem Diskant aufzukreischen. Wie von der Tarantel gestochen fuhr ich in die Höhe. Diesmal saß er fest, der Katzenhai. Kein Zweifel, daß es ein solcher war. Man sah das an der Finne, die sich weit hinten ab und an in schmaler Sichel aus dem Wasser hob.

Ich riß die Angelleine noch einmal mit aller Kraft durch, um die Festigkeit des Hakensitzes zu prüfen, ging mit der Fahrt herunter und trommelte langsam die Schnur auf die Rolle. Für einen Katzenhai machte mein Fisch wenig Theater und wehrte sich kaum. Aber immer wieder tauchte die Finne, die schmale, charakteristische Rückenflosse der Haie, aus der See. Als ich meine Leine bis auf zehn Meter am Boot herangetrommelt hatte, erkannte ich entsetzt, daß da eine große Raubmöwe am Blinker hing. Sie war auf den dicht unter der Wasseroberfläche entlangtaumelnden vermeintlichen Silberfisch herabgestoßen, der Drilling war ihr in den gierigen Schlund gefahren, die hohe Geschwindigkeit und mein harter Anhieb hatten ihr das Genick gebrochen.

Ich löste den Blinkerhaken aus dem gelben Schnabel. Die Silbermöwe war groß wie ein Mäusebussard, aber noch sehr jung. Das erkannte ich an dem bläulichen Schimmer, der durch die großen Schwungfedern lief, und an der fleischfarbenen Farbe ihrer Füße. Von dieser Vogelart weiß ich, daß sie so häufig wie die anderen Möwenarten nicht mehr vorkommt, in der westlichen Ostsee aber noch größere Brutkolonien hat.

Meine Trauer war unbeschreiblich. Da lag einer meiner Lieblingsvögel mit dem charakteristischen korallenroten Fleck am Unterschnabel vor mir, aus dem ein genauso korallenrotes Blutrinnsal über das schneeweiße Halsgefieder lief. Trauernd strich ich ihr über den Flügel, den ich, als er in langsamer Drehung aus dem Wasser stieg, für eine Katzenhaifinne gehalten hatte. Dann ließ ich die Möwe in die See fallen.

Wie alle naturverbundenen Menschen des Nordens bin auch ich ziemlich abergläubisch, zumal Möwen Glücksbringer der Seeleute sind, und sah in trüber Erwartung einer gerechten Bestrafung durch irgendeine Naturkraft entgegen. Ich will nicht verschweigen, daß ich dabei an meinen Bordkameraden Pit dachte, den ich gerade illegal nach Schweden importierte, dessen zweifelhafte Identifizierungspapiere ich in Form der Hafenquittung von Skagen in der Tasche trug, und der nun vielleicht Auge um Auge, Zahn um Zahn, Tier um Tier für die Nachlässigkeit seines Kapitäns würde büßen müssen. Das war nun schon die zweite Möwe, die durch mein Verschulden ihr Leben lassen mußte. Die Schwester dieser Silbermöwe hier vor Smögen war eine Lachmöwe. Ich hatte ihr und vielen anderen an Ölands Nordspitze Brotstücke hingeworfen, um die sie mich angebettelt hatten. Dann hatte ein vorübersausendes Auto einen dieser wunderschönen Silberflieger erwischt, ihm die Schwinge gebrochen, so daß wir ihn töten mußten. Das sind so Dinge, die mich oft im Traum verfolgen.

Betrübt nahm ich wieder Fahrt auf und motorte Smögen entgegen, als das zweite Ereignis eintrat.

Da überholte mich in schneller, dieselklopfender Fahrt ein junger Smögener Fischer. Als er dwars von mir war, ließ er die Pinne seines offenen Bootes fahren und sprang wie ein Floh auf dem Schiff herum. Er lachte, schrie und teilte seiner Umwelt irgendeine umbändige Freude mit. Die Trauer um den toten Seevogel war für den Augenblick vergessen. Auch ich sprang – natürlich ein bißchen steifbeiniger – in meinem Cockpit auf und nieder, winkte zurück und tat Anteilnahme und Solidarität in weitausholenden Bewegungen und Mützengeschwenke kund. Der junge Fischer schwenkte nämlich einen mittelgroßen Fisch in der Hand, und dieser Fisch war die erste Makrele in diesem Jahr. Er aber war der Held, der sie gefangen hatte. Mit Full speed motorte er nach Smögen, um dort die frohe Kunde zu verbreiten: ,,Sie kommen, sie kommen, die Makrelen sind da, Geld ist da!''

Normalerweise kommen die Makrelen etwas später in die Ostsee, aber dieses wetterbestimmende Hoch hatte auch die Gradzahlen am Makrelenkompaß vorzeitig auf ,,Skagerrak'' gestellt, und nun waren ihre Vorkommandos bereits hier. Meine Sorge um Pit baute sich damit erheblich ab. Ich bin von der Ostsee und weiß daher, was die Ankunft der Makrelen für diese Küsten bedeutet, jedenfalls soviel, daß sich kein

Teufel um eine so nebensächliche Angelegenheit wie einen kleinen Kater scheren würde.

Binnenländern mag dieser Makrelenkult wenig besagen, zumal er im Aussterben begriffen ist – dafür gibt es bei ihnen Wein- oder Heideköniginnen. Ältere Anlieger der Ostseeküsten aber wissen, daß es zur Zeit der Hochsaison für Makrelen und Heringe in gewissen pommerschen Küstengebieten einen Makrelen- und Heringskönig gab, wie auch vor wenigen Jahren auf Bornholm noch eine Heringskönigin residierte. Das sind Bräuche, die meine Liebe für diese See mitgeprägt haben. Wir Jungs eiferten den Fischern nach. Mein erster Ruderkahn beispielsweise hieß MAKRELE und all mein Sinnen und Trachten damals war darauf abgestellt, mich wenigstens ein Jahr lang „Makrele" nennen zu dürfen. So nämlich wurde der Pommernbengel geheißen, der beim Schülerwettangeln auf Makrelen Sieger wurde. Er bekam eine silberne Makrele an silberner Kette um den Hals gehängt, er erhielt ein Diplom, und unser „Landbote" brachte unter „Lokales" zwei gewichtige Zeilen über ihn. Es war eine schöne Zeit, da die See noch ohne Ölfilm, dafür aber randvoll von Fischen war.

Wie hatten wir Jungs vor Greifswald, Warnemünde oder Stralsund auf die Makrelen gewartet. Und nicht nur wir. Die interessierten Tippelbrüder, Monarchen der Landstraße und Landstreicher hatten sich bereits aus allen deutschen Landen auf den Weg zur Ostsee gemacht, um Makrelen zu fischen. Dazu bedurfte es keiner komplizierten Sportfischergerätschaften, denn die Makrelen, den Stachelflossern zugehörig, sind so verfressene Raubfische, daß sie sogar bissen, wenn ein bißchen Staniol statt eines Köders um den Haken gewickelt war.

Da flammten dann vor den Molen am Sandstrand die Landstreicherfeuer auf, über denen fetttriefende Makrelen am Stock brieten oder in übergestülpten Tonnen geräuchert wurden. Wir Jungs gesellten uns an den Abenden dazu und brachten das mit, was die Tippelbrüder gerne hatten: aus Vaters Vorräten gestohlenen Schnaps und Tabak, aus Mutters Vorratskammer Speck und Eier. Das nahmen diese ehrenwerten Monarchen beileibe nicht etwa geschenkt, sondern sie gaben dafür ihre Fangrezepte an uns weiter. Auch ich will sie hier nicht verschweigen und wenigstens zwei davon kostenlos übermitteln.

Ein einfaches ist, ein Weißkohlblatt, auch Kappes genannt, in der Tasche zu tragen. Bevor man nun Haken oder Köder mit der Hand berührt, muß man einen kleinen Teil des Kappesblattes zwischen den Fingern verreiben, weil sich dann der den Fischen widerliche Menschengeruch dem Angelgerät nicht mitteilt. Ich habe dieses Rezept gewissenhaft ausprobiert und ganz leidlich danach gefangen.

Viel geheimnisvoller und nach meiner Auffassung auch fangträchtiger aber ist das Rezept, das der alte Landstreicher „Vadder Albert" mir hinterlassen hat. Weil es so gruselig ist, wandte ich es nur dann an, wenn die Fangergebnisse zu wünschen übrigließen. Dann aber half es. Zunächst muß man wissen, was ein Drudenfuß ist, nämlich ein Pentagramm. Das aber nützt noch gar nichts, wenn man es nicht – unbedingt von links angefangen – mit dem linken Zeigefinger in einem einzigen Zug über Köder und Haken schlägt. Vadder Albert stammte aus dem Süden Deutschlands, und da ist den Leuten bekannt, was ein Drud ist. Im Norden würde man es als Alp bezeichnen. Ein Drud oder Alp ist die Seele eines Gehenkten, Geräderten, Geköpften beziehungsweise Guillotinierten, die wegen seiner Missetaten weder in Himmel noch Hölle aufgenommen wird. Klagend irrt sie in den Weiten des Universums umher und sucht Erlösung. Und tatsächlich haben sie eine wenn auch schwache Chance. Um Mitternacht setzt sich so ein Alp auf die Brust eines Sterbenden, und wenn es ihm gelingt, vorausgesetzt der Sterbende tut seinen letzten Seufzer genau um Mitternacht, dann schnell, mitten in diesem Seufzer, in dessen Leib zu fahren, ist er erlöst, und die unglückliche Seele des Gelackmeierten kann dann zusehen, wie sich ihr in den nächsten zehntausend Jahren eine ähnliche Chance bietet. Jeder halbwegs Gebildete weiß, daß das stimmen kann, denn woher käme wohl sonst das „Alpdrücken"? Daher also vorm Einschlagen ein Drudenfuß auf der Brust geschlagen, und alles ist okay.

Mein bestes Rezept aber ist, dem erstgefangenen Fisch die Freiheit zurückzugeben, ihm Neptun oder Rasmus – je nach Glaubensbekenntnis – zum Geschenk zu machen. Die kümmern sich dann schon darum, daß die Fänge gut werden und der arme Segler keinen Hunger leiden muß. Ich weiche von diesem Prinzip nur in Ausnahmefällen ab, nämlich dann, wenn der erstgefangene Fisch besonders selten ist oder mir besonders schmackhaft erscheint. Dafür muß ich dann in Kauf nehmen, an diesem Tag nichts mehr zu fangen. Man kann mit einem ins Seewasser gegossenen Schlückchen Schnaps aber einiges wiedergutmachen.

Kurz und gut, man möge daraus ersehen, daß es mit einem „Petri Heil!" allein bei der Angelei nicht getan ist.

Für mich gehört dies alles zum uralten Brauchtum unserer Küsten und bestimmt mein freiwillig gewähltes Einhandseglerdasein maßgeblich mit.

Als ich in Smögen einlief, schubste ich Pit zunächst unter Deck, schwenkte nach Backbord in die lange Fahrrinne, machte fest und erlebte das hier typische Fußgängervolk, daß direkt vor dem Bug dahinflanierte. Schon teilte sich ihm die Mittsommerseligkeit mit, gepaart mit der Freude über die angekommenen Makrelen. Weil auch Zöllner nur Menschen sind, bleiben selbst sie von derlei Gefühlen nicht verschont. Sie dachten nicht im Traum daran, sich um mich, mein Schiff oder gar um den kleinen Kater Pit mit seiner zweifelhaften Legitimation zu kümmern.

Smögen ist ein idyllischer Fischerort. Das hielt mich aber nicht davon ab, ihn in aller Herrgottsfrühe zu verlassen und mich auf die Reise nach Strömstad zu machen. Das waren wieder nur 40 Meilen, aber Rasmus wollte nicht, daß ich den Hafen an diesem Tage noch erreichte. Er war im Recht, denn man sollte sich für den Törn Smögen – Strömstad nicht nur einen Tag, sonderen eine Woche Zeit nehmen. Für meinen Fall aber kann ich als Entschuldigung ins Feld führen, daß mir, um den Feuerstoß im einsamen norwegischen Skjærhållen zu erreichen, nur noch drei Tage blieben, daß ich dieses Schärenrevier bereits kannte und daß ich diesem nun schon etwa zwei Wochen anhaltenden Schönwetter mißtraute.

Seit grauer Vorzeit haben Menschen auf diesen Tausenden blankgeschliffener Klippen und Inselchen gelebt. Wenn man so dicht an den Schären entlangsegelt, fragt man sich, was sie veranlaßt haben könnte, in dieser harten, kalten, oft abweisenden Landschaft zu siedeln. Ich habe schon manchen Blick hinter die Klippen geworfen und mich bemüht, mich in die Zeit vor viertausend Jahren zurückzuversetzen. Mit Landwirtschaft war da nicht viel zu machen, weil es nur in den kleinen, in Felsenschluchten verborgenen Winkeln nutzbares Land gegeben haben kann.

Wenn man sich von Smögen freigesegelt hat, liegt fünf Seemeilen nördlich im Außenfahrwasser das Feuer Mjölskär. Von dort hält man auf gutbetonntem Weg noch etwa drei Meilen nach Nordosten. Mit

115° am Kompaß steuert man dann in den Ramsviks- und später Nordfjord ein. Dort liegt der Fischerhafen Hunnebostrand mit viertausend Jahre alten Gräbern. Wir wissen dadurch sehr viel über die Vorzeit Skandinaviens und über die Wikingerzeit, und wir wissen auch, daß es ungefähr diese Landschaft hier war, aus der sich ein hartes, kühnes Seefahrervolk aufgemacht hat, um über Skagerrak und Nordsee so lange nach Westen zu segeln, bis es nach Nordamerika kam. Das aber war lange vor der Zeit, in der der alte Christoph Kolumbus von seiner Königin Isabella den Befehl erhielt, sich auf die Reise zu machen. Mit seinen Karavellen SANTA MARIA, PINTA und NINA tat er das auch und entdeckte im Jahre 1492 Amerika.

In Bremen steht bei fast jedem der dort geborenen Hanseaten das Modell einer Kogge auf dem Bücherschrank. Bei ganz alten, durch den Handel reichgewordenen Familien – mit allem Respekt als Pfeffersäcke zu bezeichnen – schmückt bei festlichen Anlässen eine in Silber getriebene Hansekogge die Festtafel. Letztere findet auf Grund ihrer Kostbarkeit noch eine gewisse Beachtung, während die auf den Bücherschränken keiner mehr zur Kenntnis nimmt.

Mir ging es genauso. Von dem schönen Brauch angetan, kaufte ich mir ein Modell der SANTA MARIA, guckte dann aber viele Jahre auch nicht mehr hin. Das hat sich geändert, denn seitdem ich in den Schärengebieten hier oben gesegelt bin, stehe ich im Winter, wenn ich nicht unterwegs sein kann, fast jeden Tag davor und denke an diesen seltsamen Küstenstreifen, dessen Bewohner mit ihren geschnäbelten Wikingerschiffen lossegelten und Kolumbus um Jahrhunderte zuvorgekommen sind. Ich bin überzeugt, daß das solche begeisterungsfähigen Brüder waren wie ihr Nachfahre, der junge lustige Smögener Fischer mit seiner Makrele.

Aber noch eines Wikingers will ich hier gedenken. Sein Grab liegt auf 58° 36'N, 11° 17'E im Fjällbackafjord auf der Schäre Stensholmen. Es ist das von Gorch Fock, der hier als Winkinger unter Wikingern liegt. Am 22. August hatte er Geburtstag und wäre in diesem Jahr 100 Jahre alt geworden. Als sein Grab etwa dwars von meinem Nordkurs lag, stand ich im Cockpit auf und entbot ihm mit abgenommener Mütze ehrfurchtsvollen Gruß.

Als ich dann am frühen Vormittag das Feuer Svangen vor mir und die Insel Sörkoster bereits im Glas hatte, schlief der Wind wieder ein, und es sah nicht so aus, als ob er noch einmal wiederkommen würde. Geduldig wartete ich eine Stunde, sprach meinem Kater Trost zu, der durchaus an Land wollte, und vertrieb mir die Zeit damit, neugierig festzustellen, was ein Echolot eigentlich macht, wenn es nur für 120 Meter geeicht ist, aber wie hier in Wassertiefen von 230 Metern eingesetzt wird. Das Ergebnis war lediglich dies, daß es ganz langsam drehte und mir den schönen Beweis erbrachte, daß sich zwar kein meßbares Ergebnis abzeichnete, die Mikrowellen aber immerhin den Seegrund erreichten. Einem in Flaute und warmer Sonne dahingammelnden Einhandsegler genügt so etwas vollkommen.

Da es mir widerstrebte, nach Strömstad zu motoren, schlug ich mich seitlich in die Büsche, was für diesen Fall besagen soll, daß ich hinter den felsigen Schären von Store-Snart verschwand, um mir dort einen Ankerplatz zu suchen. Ich vermute, daß in mir ein Magnet eingebaut ist, der mich immer dahin zieht, wo sich ein bißchen was tut. Zwischen Außen- und Innenschären lagen etwa 300 Meter felsdurchsetzter Wasserfläche, dann traten die dicht neben dem Schiff stehenden Granitsockel zur Seite und gaben den Blick auf die etwa eine Seemeile entfernte Insel Resö frei. Das Wasser war glasklar, und man konnte an den Granitwänden bis auf den Grund sehen, den das Echolot mit zehn Meter Tiefe angab.

Als ich um den letzten Felsturm schwenkte, lag da eine schwedische Yacht vor Heckanker und war mit der Vorleine an einer felsigen Nase der vor ihr liegenden Schäre festgemacht. Es handelte sich um einen älteren, in der Form ein bißchen schwerfälligen Doppelknickspanter. Offensichtlich aus Eichenholz gebaut, war er etwa zehn Meter lang und mindestens 3,50 Meter breit. Der Mast war stabil, und der Großbaum ragte, wie das früher üblich war, weit in die Plicht hinein. Die am Bugkorb angebändselte Fock war derb und von brauner Farbe; am Faltenschlag erkannte ich, daß es ein Schwerwettersegel war. Das Alter des Schiffes schätzte ich auf 30 Jahre. Vermutlich würde die Crew ein bißchen Kummer mit dieser oder jener kleinen Leckage haben, wie das ein solches Alter eben mit sich bringt. Insgesamt gesehen aber traute ich diesem Schiff noch uneingeschränkte Seefähigkeit zu.

Als mein Motor leise und dezent um die Felsecke gesurrt kam, erschien eine Gestalt an Deck, legte die Hand über die Augen, weil ich die Sonne schräg hinter mir hatte, und spähte aufmerksam zu mir hin.

„Hello, good afternoon, do you speak English?" fragte ich.

„Yes, of course, but it's only in pidgin-manner", antwortete der Mann und fuhr fort: „Can we help anyhow?"

„No, many thanks, but I beg your permission to anchor next to you."

„Bitte vielmals, Herr deutsch Nachbar", sagte lachend der Segler.

Ein zweites Gesicht lugte neugierig aus dem Niedergang. Was bei dem ersten an Haar und Bart hellblond war, war beim zweiten braun. Beide übersahen sofort, daß ich ohne Beiboot Schwierigkeiten haben würde, die Vorleine auszubringen. Sie warfen Fender über Bord und winkten mich längsseits.

Als ich fest war, fragte ich höflich, ob ich sie – es sei denn, sie wären Antialkoholiker – zu einem Schnaps einladen dürfe und ob wir den nicht bei ihnen an Bord trinken könnten, weil sie mehr Raum hätten als ich.

Ich reichte die Flasche Rum und drei Dosen Bier hoch. Als die beiden diese Kostbarkeiten entgegennahmen, leuchteten ihre Augen in der gleichen begeisterten Manier auf wie bei allen Skandinaviern, wenn sie mit Feuerwasser konfrontiert werden. Sie reckten ihre Hände herunter und hievten mich an Deck.

„Tore", sagte der eine, „Jan" der andere. Ich hieße Horst, ergänzte ich die gegenseitige Vorstellung und fuhr gleich fort: „Pit", denn dieser kam ohne fremde Hilfe, leicht wie ein Vogel, an Deck der SVERIGE geflogen.

Die beiden Schweden waren begeistert von dem kleinen Kater. Der aber war unruhig und hatte einen dicken Bauch, woran ich erkannte, daß es höchste Zeit für ihn war, an Land zu kommen. Das war leicht zu machen. Tore zog sich, den Kater und das Beiboot an der Vorleine zur kleinen Schäre, gab Pit dort die Freiheit und kehrte schleunigst zu Jan, mir und der Schnapsbuddel zurück.

Wir tranken einen kleinen und halfen ihm mit ein wenig Bier bergab. Dabei ergab es sich, daß wir mit Tore gewisse Sprachschwierigkeiten haben, diese aber durchaus überwindlich sein würden, zumal sich keiner von uns mit der Absicht trug, über Einsteins Gravitationsprobleme zu reden.

Als ich aus dem hellen Sonnenlicht ins Dämmerlicht der Kajüte trat, konnte ich zunächst wenig sehen. Das war auf das Großsegel zurückzuführen, das die Männer für eine Reparatur von Mast und Baum genommen hatten und das nun über dem Skylight lag. Wie die Fock war auch das Groß aus derbem Schwerwettersegeltuch gearbeitet. Es wäre unpraktisch gewesen, es verbesserter Lichtverhältnisse wegen wegzuräumen, weil schon Nadel, Garn und Segelmacherhandschuh bereitlagen, um mit der Reparatur beginnen zu können.

Also entzündete Jan eine uralte, dickbäuchige Petroleumfunzel, deren gelbgoldenes Licht augenblicklich eine gemütliche Klabautermann-Atmosphäre entstehen ließ. In der Plicht mochten wir nicht sitzen, weil die Sonne in den letzten Tagen des Guten einfach zuviel getan hatte. Wir drei Segler waren braun wie die Haselnüsse und froh, im Schatten zu sein; außerdem war es Mittagszeit, und die beiden hatten mich zum Essen eingeladen.

Was auf dem Speisezettel stand? Dorsch natürlich. Mag diese Tatsache dem geneigten Leser auch noch so stinken, mir tat es das nicht. Er möge doch nur einmal an die Engländer denken, die sich Morgen für Morgen über ihren gebratenen Speck hermachen, und das ihr Leben lang. Hunger ist der beste Koch, besagt ein deutsches Sprichwort.

Welcher leidenschaftliche Segler ist nicht gern auf so einem alten Klinkerschiff, auf dem alles so anders ist, als auf den supermodernen Kunststoffyachten. Die Kajüte hatte einen großflächigen Mitteltisch, aus dessen Konstruktion ich ersah, daß dies ein Kielschwerter war, dessen Hauptmerkmal es ist, daß aus einem verhältnismäßig niedrigen Ballastkiel zur Verminderung der Abdrift ein Schwert herausgefahren werden kann. Der Schwertkasten diente gleichzeitig als Stütze für die Tischplatte. Mit welcher Liebe der Bootsbauer am Werk gewesen war, ersah ich aus der Spantung. Sie war nicht dampfgeformt, vielmehr handelte es sich um gewachsene Spanten, sie waren also bereits in dieser Form aus dem Eichenstamm herausgesägt worden.

Ein Hochseesegler wendet sein Interesse nicht zuletzt der Pantry zu, weil von einer voll funktionsfähigen Küche genausoviel abhängt wie von der Stabilität des Schiffes, wenn man um die Welt will. Es ergab sich schnell, daß Jan und Tore das wollten, und zwar nicht nur für zwei, drei oder für vier Jahre, sondern für alle Ewigkeit, jedenfalls würden sie nach Schweden nicht mehr oder allenfalls als alte Männer zurückkehren, um dort vielleicht mal begraben zu werden.

Luxus suchte man auf diesem Schiff vergeblich. Das ersah man aus dem Geschirr, das Jan auf den Tisch stellte. Teller und Kaffeetassen aus Aluminium, alt, verbeult, nicht mehr blank zu kriegen. Honiggläser, vielleicht auch solche für saure Gurken, waren zu Zucker- und Salzbehältern umfunktioniert. Die Messer waren lang, mit schmalen, dünngeschliffenen Klingen, wie sie die Fischer zum Auskehlen der Fische benutzen. Dicke Kupfernieten hielten die Eichenholzgriffe zusammen. Die Gabeln, dreizinkig und von ungewöhnlicher Stabilität, handhabte man am besten mit der Faust, Daumen längs des Griffs.

Dann ergoß sich ein Schwall von Fischbratduft in die Kajüte. Jan trug die Pfanne mit dem gebratenen Dorsch herbei. Sie war aus Gußeisen und die darin liegende Kelle grob und kantig aus Holz geschnitzt. Er verteilte den Fisch gleichmäßig auf die Aluminiumteller, schnitt Stücke von einem Brotkanten, die er uns in die Hand gab, und legte gemütlich den Arm um seinen Teller.

Das Mahl begann. Gesprochen wurde dabei nicht. Nach seiner Beendigung fuhren wir uns mit dem Hemdsärmel über den Mund. Tore schob das Geschirr an die freie Tischkante, ließ aber Zuckertopf und Tassen in der Mitte stehen. Wir berieten kurz, ob wir den Rum als Grog oder doch lieber in heißem Kaffee trinken sollten. Da letzteres von den Skandinaviern über alles geliebt wird, lieferte ich auch noch den berühmten Bremer Kaffee dazu. Ich holte ihn von Bord und brachte gleich Pits Freßnapf mit. Tore hatte für ihn ein Stück Dorsch beiseitegelegt. Ich ging aufs Vorschiff der SVERIGE und lockte meinen Kater. Er schob auch seinen Bumskopf hinter einem Felsstück hervor, schüttelte aber gewissermaßen den Kopf; jedenfalls gab er mir zu verstehen, daß er lieber noch auf seiner Schäre bleiben wolle.

Unterdessen war das Wasser heißgeworden. Zunächst roch es im Schiff ein wenig nach Bohnenkaffee, doch als die Buddel entkorkt wurde, durchduftete stark und aromatisch Rum die Kajüte und trieb den Fischgeruch ins Vorschiff.

„Prost", sagten Jan und Tore in reinstem Hochdeutsch, um ihren Gast zu ehren.

„Skål", erwiderte ich.

Das alles war keine besondere Leistung, weil es keine gängige Weltsprache gab, in der wir uns nicht hätten zuprosten können. Dann stopften sie ihre Pfeifen. Ich selber war inzwischen Nichtraucher geworden und freute mich dessen, denn der Tabak, den die beiden rauchten, war von einer Qualität, mit der Imker gegen aufsässige Bienenvölker zu Felde ziehen. Jetzt erst war nach nordischen Schicklichkeitsbegriffen der Augenblick gekommen, in dem eine zusammenhängende Unterhaltung einzusetzen hatte. Als Gast war die Reihe zunächst an mir.

Ich berichtete von meiner Reise bis hierher. Tore und Jan hörten höflich zu, wurden aber hellwach, als sie feststellten, daß sie bei mir Einzelheiten über die Strom-, Küsten- und Hafenverhältnisse in dem Seegebiet zwischen Helgoland und Skagen in Erfahrung bringen konnten. Ich kletterte noch einmal auf mein Schiff, suchte aus dem Kartenfach die Seekarten bis Schiermonnikoog heraus, legte das Hafenhandbuch dazu und schenkte ihnen den ganzen Packen, denn außer einem Übersegler, der etwa bei Plymouth einsetzte und im wesentlichen die Biskaya umfaßte, besaßen sie keine andere Karte. Kompaß, Radio und Sextant bezeichneten sie als zufriedenstellend, neue braune Ersatzsegel lagen in der Vorpiek. Alle fehlenden Karten würden sie sich unterwegs erarbeiten, denn sie verstanden etwas von Bootsbau- und Tischlerhandwerk.

Als sie begriffen, daß Karten und Hafenhandbuch als Geschenk gedacht waren, sagte Tore zu Jan etwas auf schwedisch, das mir Jan auf mein Befragen übersetzte.

„Mann, dieser deutsche Horst ist aber 'ne richtige Vaterfigur." Jan fuhr fort: „Ob du aber so'n Sohn wie diesen Tore haben möchtest? Wie nennt man solche Schnapstrinker denn bei euch?"

„Schluckspechte", erwiderte ich.

„Prost, Sljugspecht", sagte Jan zu Tore.

Diese beiden Schweden wollten in die Welt und über die Bohrinseln im Golf von Mexiko durch den Panamakanal zu den Bohrinseln Neuguineas gehen, vielleicht auch mal nach Borneo herübergucken, wo man zur Zeit auch fündig geworden sei. Handwerker ihrer Qualität würden überall gebraucht. Ich überschlug flüchtig im Kopf, daß es bis zu den Bohrinseln Neuguineas gut und gern 14 000 Meilen sein mochten, und das alles mit einem doch recht alten Schiff.

Jan erzählte seine Geschichte, und siehe da, eine Menge von Zufällen ergab sich. Ich kannte seinen Vater, den auch mancher andere deutsche Segler kennt, der, von Utklippan oder Karlskrona kommend, den kleinen Hafen Sandhamn am Eingang zum Kalmarsund anläuft. Dort begegnet man oft einem alten schwedischen Fischer, der ausgezeichnet Deutsch spricht und der zuweilen stellvertretend die Hafenmeistergeschäfte wahrnimmt.

Na, das allein war doch schon wieder einen kräftigen Schluck wert.

Dieser Fischer in Sandhamn aber war eigentlich gar kein Schwede. Bis 1944 hatte er in Reval in Kurland, dem heutigen Tallinn, gelebt. Als die Russen von Riga kommend Kurland einkesselten, verließ er mit Frau und Kleinkind Jan seine Heimat auf seinem Fischkutter. In dunkler, mondloser Nacht, passierte er unbemerkt die Sperren deutscher und russischer Patrouillen- und U-Boote und floh quer über die Ostsee nach Schweden.

Etwa zu dieser Zeit wurde meine Division in Reval verladen, um dem Marschall Mannerheim in Finnland zu Hilfe zu kommen, dem die Russen allmählich die Luft abzuschnüren begannen. Aber kaum hatte unser Truppentransporter damals Reval verlassen, als hinter uns im Hafen ein Munitionsschiff in die Luft flog. Der Saboteur hätte natürlich gern gesehen, wenn wir uns an dieser Himmelfahrt beteiligt hätten, konnte aber nicht wissen, daß der Befehl zum Auslaufen vorzeitig an uns ergangen war, so daß er den Zeitzünder seiner Bombe nicht mehr umstellen konnte. Der Anker des explodierenden Schiffes flog damals auf den Marktplatz und dort genau vor die Kirche, wo er deformiert liegenblieb.

Jans Vater war da vorbeigekommen, hatte sich die Bescherung angesehen und später in Schweden seinem Sohn davon erzählt. Diesem war am nachhaltigsten in Erinnerung geblieben, daß da ein gewaltiger Trumm Eisen mit einem Kettenstück daran fast drei Kilometer durch die Luft gesegelt war, wie ein Drachen an der Schnur. Und jetzt saß ein Augenzeuge neben ihm, der nicht nur seinen Vater kannte, sondern auch noch diese Ankergeschichte hautnah miterlebt hatte, der außerdem von einer eigenwilligen Schicksalslaune in diesen winzigen Winkel zwischen zwei Schärenfelsen geweht war, hergetrieben von der gleichen Freiheitssehnsucht, die ihn und Tore in Männerfreiheit und Abenteuer drängte.

Na, wenn das nicht wieder einen kräftigen Schluck wert gewesen wäre.

Dieser kleine Jan wuchs also in Schweden heran, fischte zunächst mit seinem Vater, war aber intelligent genug, um schnell zu erkennen, daß dieser schon auf Grund seines harten östlichen Dialekts, seines Brauchtums und seiner andersartigen Fischergewohnheiten im Kreis seiner einheimischen Kollegen immer ein Außenseiter bleiben würde. Gewohnheiten, die von russischer Seite kamen, waren damals in Schweden einfach nicht akzeptabel. Deshalb wollte Jan kein Fischer werden. Nee, da wurde er lieber Zimmermann, weil die recht gut verdienten. Er arbeitete in einer Möbelfabrik, bis diese in Konkurs ging, und landete schließlich am Fließband einer Konservenfabrik.

Die Freizeit brachten er und sein Freund Tore zwei Jahre lang damit zu, für einen wohlhabenden Schweden eine Mahagonischale auszubauen. Geld nahmen sie dafür nicht, baten aber, ihren Verdienst als Abzahlung für das alte Schiff des Auftraggebers anzurechnen. Und das war die SVERIGE, auf der wir jetzt saßen. Zwar blieb nach Beendigung der Arbeit noch eine geringe Summe offen, aber die wurde ihnen erlassen, weil sie mit dem Eigner des neuen Schiffes auf eine zweimonatige Trimmfahrt in die Ålandsee gingen, während der sie als Segler den letzten Schliff erhielten.

Ich sah den beiden ins Gesicht und machte mir um sie nicht die geringsten Sorgen, denn wenn sie erst die Biskaya hinter sich haben würden, dann konnten sie im gemütlichen Passat nach Barbados segeln.

Der Pegel meiner Rumbuddel begann sich beängstigend rasch zu senken, während unsere Stimmung erfreulich stieg. Da wurden unsere Zungen locker, und schnell ergab es sich, was Tore und Jan letztlich zu der Weltreise trieb. Sie gehörten zu dem Menschentyp, bei dem die Jugendzeit stehengeblieben war, die Zeit, in der sie noch Wikinger, Cowboy, Goldwäscher, Pelztierjäger, Pirat oder doch zumindest mit Geigerzähler ausgerüsteter Uransucher werden wollten.

Mein Rum war zu Ende, und meine Gedanken begannen um die Bilge von AZIMUTH zu kreisen, in der noch ein Fläschchen vor sich hindämmerte. Da hob Tore ein Bodenbrett hoch und beförderte eine Flasche polnischen Wodka zutage. Silberglänzend stand sie unter der Petroleumfunzel und wies auf dem Etikett stolze 70 Prozent vor. Wie man an solchen hochprozentigen polnischen Wodka kommt, wußte ich sehr genau. Da spähen die schwedischen Fischer aufmerksam über die See, ob da nicht ein polnisches Kümo sichtbar wird. Einem solchen Kümo braucht man – mir selber wurde das im Kalmarsund vorexerziert – nur ein Bündel geräucherter Aale und einige Dorsche als

Köder entgegenzuhalten, und schon geht der Pole mit der Fahrt herunter. Man tuckert gemächlich aufeinander zu, und ein lebhafter Tauschhandel nimmt seinen Anfang. Aus einem solchen stammte die Buddel, der wir uns jetzt interessiert zuwandten. Siebzigprozentiger polnischer Wodka fällt beim ersten Schluck wie ein Stein in den Magen, aus dem er wie eine helle Stichflamme sofort ins Gehirn schießt.

Die Sonne war hinter der Kimm versunken. In hellgrauer Dämmerung stand die Mittsommernacht ums Schiff, während die Petroleumlampe unsere Schatten über die Spanten des Schiffes laufen ließ. In seinen Winkeln nistete dunkles Geheimnis, aus dem manchmal der Wassermann ein leises Plätschern hervorglucksen ließ.

Die Schärengebiete um Stockholm sind wie wunderhübsche kleine Inseln und heißen nicht umsonst „Stockholmer Schärengarten". Da

blühen wilde Blumen, da sind Büsche und Bäume voller singender Vögel, da wachsen Gras und Schilf, da schwirren Libellen und taumeln Schmetterlinge. In den Schärengebieten vor Strömstad ist das anders. Da fliegen nur Möwen und wilde Enten durchs graue Urgestein, da gibt es keine Vegetation, zumindest nicht in den Randbezirken. Man segelt da in einer Landschaft, die grau, steinern, urweltlich, geheimnisvoll und doch voll seltsamer Wildheit ist.

Bald nach Mitternacht begann die Sonne wieder in den wolkenlosen Himmel zu klimmen. Als sie in geeignetem Winkel zu der alten SVERIGE stand, blickte sie in den Niedergang. Doch schleunigst machte sie, daß sie weiterkam, weil da drei Männer mit Kopf und Armen auf der Tischplatte lagen und atonal vor sich hinschnarchten.

Leise erhob ich mich, holte meinen Kater aus der Morgensonne von der Schäre, auf der er sich behaglich und keineswegs beleidigt räkelte, und ging an Bord von AZIMUTH. Der „Sohn des Himmels", den ich nicht genug rühmen kann, kam auf Anhieb. Sein vornehmes Summen konnte sich allerdings gegen das abgrundtiefe Geschnarche, das aus dem Niedergang der SVERIGE in den Schärenfrieden dröhnte, nicht so recht durchsetzen. Still und heimlich machten wir uns auf die Reise nach Strömstad. Bis dahin waren es nur noch etwa 15 Meilen.

Mittsommernacht

Zwei Kater an Bord – Die AURORA - ein Flying Dutchman? – Studierter Töchter große Lippe – Die Geißel der Fischer aes Nordens – Sonnenwendfeuer auf Skjærhollen – Wiedersehen mit Britta

Ich machte mich nicht nur mit einem Kater davon, es waren deren zwei: der Kater Pit, der sich auf verbotener Koje räkelte, und jener, der mit Gekreische, Schädelbrummen und Ohrensausen durch Kopf, Trommelfell und von polnischem Wodka brennende Magenwand tobte, mich jedes Haar einzeln fühlen, meine Zähne klappern und mein Skelett in seinen Verbänden erzittern ließ.

Natürlich habe ich im Laufe der Zeit gelernt, mit solchen Mißhelligkeiten fertig zu werden und ihnen trotzig die Zähne zu zeigen. Also goß ich zunächst einen Halbliterkrug kühlen Mineralwassers mit zwei darin aufgelösten gallebitteren Tabeletten auf die rebellierenden Magensäfte und entledigte mich meiner tabakstinkenden Klamotten. Lediglich mit einem Nirosta-Halskettchen bekleidet, stellte ich mich ins Cockpit. Das Kettchen ist kein modisches Accessoire, denn an ihm hängt eine Patrone aus dem gleichen Material, in der sich auf seewasserfestem Papier meine Personalien befinden, damit ich, etwa nach Untergang des Schiffes, identifiziert und mein armer Leib in heimatlicher Erde bestattet werden kann.

Auf der Backskiste stand eine Pütz mit langem Tampen. Diese füllte ich alle zehn Minuten mit kühlem, klaren Wasser, das ich mir über Kopf und Leib goß. Jeder dieser Gesundheitsgüsse dauerte etwa eine halbe Minute. Die verbleibenden neuneinhalb Minuten verbrachte ich in sinnender Betrachtungsweise, die in dem Vorhaben gipfelte, ab sofort für alle Ewigkeit jeden Alkohol zu meiden, künftig häufiger Gast in Gotteshäusern zu sein und Britta mitzuteilen, daß mich dieser Höllensohn wieder einmal heimtückisch niedergerungen hatte.

Nach zwei Stunden zeigten die Meditationen denn auch eine gewisse Wirkung. Farbe kehrte in die bleichen Wangen und Feuer ins trübe Auge zurück, Herz- und Pulsschlag beruhigten sich, die über längere Zeit unstet dahinpendelnde Kielwasserlinie streckte sich wieder.

Der Wind kam wie üblich mit drei Beaufort aus Ost, der Himmel war blau, aber im Westen hing ein zartgegliedertes Gefieder von Cirren – Milliarden von Eisnadeln, die eine bevorstehende Wetterveränderung signalisierten. Beunruhigt klopfte ich die erreichbaren Wetterstationen ab. Zwar waren die Seewetterberichte noch gut, doch in den Nachrichten war bereits von einem Hurrikan die Rede, der in der Karibik herumrumorte. Laut Norddeicher Orakel würde der Wind auf West drehen.

Bis Skjærhollen waren es noch 25 Meilen, vorher aber mußte ich Strömstad anlaufen. In Skjærhollen gab es kein Telefon, und ich war es meinem lüttjen noch im Storchenteich schlummernden künftigen Enkelkind einfach schuldig, mich nach dem Wohlergehen seiner Mutter, immerhin meiner Tochter, zu erkundigen. Vielleicht würde es mir gelingen, sie zu überreden, meine Enkelin Swantje, meinen Enkelsohn aber Erik zu nennen. Freilich will ich keineswegs verschweigen, daß ich tief besorgt war, in Strömstad einem schwedischen Zöllner über den Weg laufen zu können und mich mit ihm wegen Pit auseinandersetzen zu müssen. Andererseits war ich natürlich neugierig, ob dort im Hafen tatsächlich eine Yacht namens AURORA lag, wie auf meinem Hafenbillett von Skagen angegeben.

Noch aber segelte ich im Kosterfjorden und hatte die Insel Sör-Koster querab. Aus 230 Meter Wassertiefe steigen da dunkle, zerklüftete Granitfelswände steil nach oben, kaum bewaldet und in ernster Drohung auf mein kleines Schiff heruntersehend. Im Gegensatz zu der hellen Kreidewand von Møns Klint war mir diese steilaufragende, aus schwarzer Wassertiefe aufschießende Felskulisse unheimlich.

Koster ist nur drei Meilen lang, dann öffnet sich der Fjord nach Westen wieder und wird zu einer riesigen, unübersehbaren Wasserfläche. Hier, zwischen Käbblingarna und Lerskär, steuerte ich in das gut betonnte Fahrwasser nach Strömstad ein. Drei Seemeilen mußte ich motoren, dann machte ich fest. Das tat ich am äußersten Ende des Anlegers, denn scharfen Blickes hatte ich erkannt, daß, in außerordentlich attraktiver Uniform, ein Zöllner auf dem Betonkai stand. Unauffällig hob ich das Glas, um festzustellen, ob sein Mienenspiel Harmlosigkeit oder drohende Gefahr verriet. Da er, der Sonne zugewandt, geschlossenen Auges still verharrte, ordnete ich ihn der harmlosen Klasse zu. Aber da kam mit weißer Mütze, Hände in den Hosentaschen, der Hafenmeister angelatscht. Ich fischte eine der letzten Bierbuddeln aus der Bilge und hielt sie ihm einladend entgegen. Er war ein älterer Mann, seebefahren und sprach daher ausreichend Englisch. Geahnt hatte ich es ohnehin schon, aber nun verdichtete sich der Verdacht zur traurigen Tatsache: Eine schwedische Yacht mit dem Namen AURORA gab es hier nicht, zumindest hatte eine solche hier seit Jahren nicht festgemacht.

„I think it's a phantom ship, a kind of flying dutchman", sagte der Hafenmeister.

Vertrauensvoll ließ ich ihn die Botschaft seines Kollegen in Skagen wegen des Katers Pit lesen und zeigte besorgt in Richtung Zöllner.

„No trouble for that reason, he is a harmless one", meinte er, und er hatte recht damit, denn der Zöllner nahm seine Mütze ab, wischte sich den Schweiß von der Stirn, brachte damit die Beschwerlichkeit seines Jobs trefflich zum Ausdruck und zog sich langsamen Schrittes in den Schatten der stadteinwärts gelegenen Hafengebäude zurück.

Ich bat, für etwa eine Stunde hier liegen zu dürfen. Geld nahm der Hafenmeister nicht, eine Buddel Bier aber gern. Ich sperrte Pit in seine Tragetasche mit Sichtfenster und diese wiederum in den Kleiderschrank, weil von dort aus sein Protestgeschrei am wenigsten zu hören sein würde. Dann machte ich mich auf den Weg ins mir wohlbekannte Strömstad, von dem seine Einwohner behaupten, daß es die Sonnenstadt Westschwedens genannt werde; die Meteorologen hätten einen Jahresdurchschnitt von 2 000 Sonnenstunden errechnet. Im Verhältnis zu Italien oder Afrika ist das sicher verdammt wenig, aber wenn die Strömstäder damit zufrieden sind, will auch ich es sein.

Was sie aber haben, sind hervorragende, wenn auch keineswegs preiswerte Restaurants mit Meisterköchen. Ich geriet an einen solchen. Als ich mich bei der Bedienung für das vorzügliche Filetstück bedankte und bat, den Dank an den Koch weiterzugeben, tat sie das unverzüglich, und er kam selber an meinen Tisch in stiller Nische, war in München und in der Schweiz, sprach allerlei Sprachen und hatte ein mitleidiges, tierliebes Herz. Denn als er von meinem kleinen Kater erfuhr, der in Dunkelheit und Enge ganz sicher mit seinem derzeitigen Geschick im einzelnen und dem tierquälerischen Menschenpack im besonderen haderte, gab er mir für ihn ein Päckchen mit frischer Rinderleber mit. Von meinem Riesensteak hatte ich ohnedies schon eine ordentliche Kante heimlich in mein Taschentuch gewickelt, denn in solchen besseren Hotels haben sie Papierservietten nicht im Angebot. Dann telefonierte ich.

Meine Tochter war wohlauf, und nach dem Wunsch in bezug auf das Geschlecht des zu erwartenden Kindes befragt, meinte sie, daß ihr dieses zweitrangig erschiene und erstrangig ausschließlich die Gesundheit des Kindes sei. Ich brachte die Sache mit Swantje und Erik vor. Tja, den Namen Swantje fände sie sehr schön, schon deswegen, weil er ihres Wissens übersetzt „Schwänlein" hieße. Vermutlich aber würde es ein Junge. Sie schlösse das daraus, daß das Kind schon jetzt oft so losgelassen sei wie ein Binnenschiffer auf einer Kirchweih oder, um deutlicher zu werden, wie sein Großvater zwei Stunden nach dem Absegeln.

Was jedoch absolut feststünde, wäre, daß dieser junge Binnenschiffer niemals Erik heißen würde. Sein in Schweden vernarrter Großvater habe wohl wieder einmal übersehen, daß ein Nachfolger Gustav Wasas, nämlich König Erik, vergiftet worden sei. Alsdann goden Wind und gute Reise, vielen Dank der Nachfrage und einen lieben Kuß.

Derart große Lippen riskieren studierte Töchter heutigentags ihren ergrauten Vätern gegenüber. Wenn ich ihr das Studium nicht finanziert hätte, wüßte sie doch nicht im entferntesten, daß es jemals einen König Erik gab. Beschämt muß ich allerdings zugeben, daß ich vorher auch nicht wußte, daß er vergiftet wurde, habe es aber natürlich sofort nachgeprüft. Es stimmt.

Bekümmert ging ich zu meinem Kater, der über die mitgebrachten Herrlichkeiten schnell vergaß, daß er mir eigentlich über einen längeren Zeitraum böse sein wollte. Schleunigst machten wir uns wieder auf die Reise. Als wir um die nächste Felsenecke schwenkten, wußte ich, daß, Pit nun als gerettet anzusehen war, vorausgesetzt, ein Zollboot stoppte uns nicht. Nach Skjærhollen verirrt sich kein Zöllner, weil das nur aus einem Wohnhaus und einigen Netz- und Geräteschuppen besteht.

Auf der schwedischen Bootssportkarte ist Skjærhollen nicht verzeichnet. Ich segelte nach einem Mittelding zwischen Land- und Fahrradkarte weiter, in die mir Jahre zuvor ein schwedischer Ornithologe mit roter Tinte den Kurs zu der kleinen Schäreninsel eingezeichnet hatte. Mein Kopf war wieder in Ordnung, Fock und Groß standen mit flachem, weißem Bauch über mir vor dem blauen Himmel, wir segelten in eine schwach dünende Windsee hinein.

Der einzige Störfaktor auf diesem besinnlichen Törn war Pit. Unaufhörlich maunzte er herum, er rieb seinen Pelzkopf an meiner Wade, verwies auf seinen dicken Bauch und wollte an Land. Ich war froh, als ich am Abend die scharfe Schärenkante im Glas hatte, hinter der ein schmales, gewundenes Fahrwasser in den kleinen, felsigen Naturhafen von Skjærhollen führt. Ich holte die schwedische Gastflagge vom Want und ersetzte sie durch die norwegische. ,,Gott zum Gruß, Katzenfänger Olaf, hier wird's dir schwerfallen, uns zu erwischen'', dachte ich hämisch.

Im Hafen lagen zwei Kutter und einige offene Boote. AZIMUTH lief noch einem kleinen Holzanleger entgegen, als Pit in mächtigem Satz an Bord des neben uns liegenden Kutters flog und dann wie eine Gemse das sich hoch über den Booten auftürmende, grauschwarze Felsengestein erklomm. Wir hatten unser Marschziel pünktlich wie der Orient-Express erreicht. Am nächsten Tag war Mittsommer. Vor der rotglühend im Meer versinkenden Sonne stand ein schmaler, dunkelblauer Wolkenstreifen. Norddeich Radio sagte auf West drehende Winde und Schauerböen an. Oslo Radio aber war noch ganz zuversichtlich.

Arne, der Sohn des Fischers Bojer, kam vom Holzhaus herunter, um den Neuzugang in dem kleinen Hafen zu begutachten. Inzwischen war er 20 Jahre alt geworden und führte den Kutter seines Vaters. Erfreut erkannte er mich wieder und bat mich zum Abendessen zu sich nach Hause. Der alte Fischer lag im Krankenhaus, weit hinten im Binnenland. Die Geißel der Fischer des Nordens, der Rheumatismus, hatte ihm Gelenke, Muskeln und Nerven so schwer angeschlagen, daß er nie wieder einen Kutter würde führen können.

Mir ist noch kein ernstzunehmender Segler begegnet, der sich dem uralten, traditionsreichen Fischerhandwerk nicht fest verbunden fühlte, und ich möchte hier ohne die geringste Überheblichkeit feststellen, daß es neben den Hochseeseglern auf kleineren Yachten nur noch diese nordischen Fischer sind, die das Ehrenprädikat „Seemann" für sich in Anspruch nehmen können. Sie verfügen weder über Decca noch Fishfinder, und für sie gibt es keinen Peilstrahl, mit dessen Hilfe sie sich im Nebel wieder an die Küste zurücktasten oder bei Motor- oder Ruderschaden bei rauher See weit vor der Küste geortet werden können.

Je höher man nach Norden segelt, desto schmaler, kantiger und härter werden diese Fischergesichter. Sie kommen mir vor wie Seeadler, die von Klippe oder Horstbaum scharfäugig über die See spähen, und denen die Natur einen guten Kompaß und ein sicheres Gespür für Wind und Wetter eingebaut hat. Aber da gibt es noch etwas zwischen ihnen und mir, was sich schwer ausdrücken läßt. Wenn wir uns begegnen, werfen sie zunächst einen prüfenden Blick auf mein Schiff und meine Nationale. Erst dann sehen sie mich abschätzend an, taxieren mein Lebensalter und honorieren stillschweigend die nautische Leistung, ein so kleines Schiff über viele Meilen in ihren kleinen Hafen gesteuert zu haben. Wir geben uns die Hand, wir verstehen einander mit keinem Wort, aber wir wissen voneinander, daß sich hier Männer zwar völlig unterschiedlicher Berufe, absolut andersartiger sozialer und gesellschaftlicher Prägung, aber mit voll übereinstimmenden Grundkonzepten gegenüberstehen. Sie betrachten mich mit einem verhaltenen Staunen und wissen, daß sie in meinem Alter in den Sommern mit schmerzenden, geschwollenen Gelenken in einem überwindigen Winkel vor dunkler Granitwand sitzen werden, um die dort einfallenden ultravioletten Strahlen ihren gichtigen Händen und Knien zuzuführen. Ihre Söhne erleben das alles mit und wollen doch nichts anderes sein als Fischer vor Norwegens felsiger Küste.

Eine Riesenpfanne voller Schollen kam auf den Tisch. Dazu aßen wir Brot und tranken Milch, später Kaffee mit ein wenig Korn darin. Wir waren zu fünft: der junge blondbärtige Fischer Arne, seine Frau, seine Mutter, ein Jungmann und ich. Arne war ein kluger und belesener Kopf, der gut Englisch sprach und der in selbstsicherer, selbstverständlicher Art dem seit Menschengedenken in der Familie vererbten Fischerhandwerk treublieb, obgleich er auf einer der norwegischen Bohrplattformen das Zehnfache hätte verdienen können. Er übersah vollkommen, in welches Verhältnis er sein karges, aber freies Leben zu dem eines hochbezahlten Ölkulis zu setzen hatte.

Strahlend stand am nächsten Morgen die Sonne über Schäre, Schiff und kleinem Hafen. Alle Radiostationen wußten übereinstimmend zu berichten, daß sich über Island ein Sturmtief auf den Weg mache.

Wenige Meter hinter dem hölzernen Anleger Skjærhollens steigt das graue Massiv des Schärengranits auf. Es ist vegetationlos und so steil, daß man um Erdrutsch und Steinschlag besorgt ist. 40 Meter weiter fjordaufwärts sieht man in enger Kurve einen Hohlweg ins Urgestein laufen. Wenn man ihm folgt, findet man in halber Hanghöhe ein Plateau, auf dem ein geräumiges Holzhaus, einige Schuppen und eine größere Holzhalle stehen. Dahinter gewahrt man überrascht die blauschwarzen Wipfel von hochstämmigen Fichten, die düster wie ein gezackter Bergkamm gegen den Horizont stehen. Erstaunt steigt man noch ein Stück hangaufwärts, und tatsächlich erstreckt sich da ein ziemlich großer Wald mit Buschwerk und Preiselbeergestrüpp etwa eine Meile ins Land hinein. Man kann aber darüber hinwegblicken und sieht dann auf die See hinaus, aus der wie Walfischrücken in dunklem Grau große und kleinere Schären auftauchen.

Es ist die Landschaft und Heimat der großen norwegischen Schriftsteller Knut Hamsun, Sigrid Undset und Trygve Gulbranssen, die ihre einsame, felsige Weltabgeschiedenheit dem Betrachter so herzanrührend nahezubringen vermochten. Aus jedem Haus könnte einem eine ihrer Romanfiguren entgegentreten, ein Bauer, ein Seemann, ein Fischer, eine junge Frau und ihr Liebhaber.

Durch den Wald verläuft ein schmaler Pfad zu einer Bucht, die in eigenartig schimmernder Schönheit wie das Innere einer Perlmuttmuschel, einem Atoll ähnlich, in den Ring dunklen Schärengesteins gebettet ist. Weit hinten führt eine schmale, von Klippen umstandene Ausfahrt in die See hinaus. Zwischen der Bucht und der dunklen Kulisse der Fichten liegt, gleichsam einer Platinfassung um die Perlmuttschale, ein breiter Streifen weißgelben Sandes. Menschenleer ist diese schöne Landschaft. Gewiß, es muß Leute geben, die sich um Wald,

Holzeinschlag und Instandhaltung der ins Hinterland führenden schmalen Straße kümmern, aber ich bin hier noch nie jemandem begegnet.

Ich setzte mich auf einen der glattgeschliffenen Findlinge und sah über das Atoll, über dem eine leise Windsee stand, die kleine Wellen auf den gelben Sand laufen ließ. Murmelnd, kichernd, plätschernd hießen sie mich willkommen. Wenn man all diese Stimmchen zusammennahm, war es wie ein gleichmäßig rauschender Pulsschlag, dem Atem der See angepaßt. Zunächst meinte man, nichts weiter zu hören, aber das war nur eine kurze Weile so, denn ganz still ist es nirgendwo.

Vor mir über der Bucht schrie klagend eine Heringsmöwe, aus dem Wald weit hinter mir rief ein Kuckuck. Dann brach er seinen hübschen, klangvollen Ruf plötzlich ab und schwieg erschrocken, weil hell und scharf das ,,wijäh-krikkrikkrikkrik'' eines Habichts erklang. Wenig später tönte das Stakkatogetrommel eines Spechtschnabels aus den Stämmen. Mit schwarzweißen Flügeln, scharlachrotem Bauch und roter Kappe auf dem Hinterkopf flog ein Buntspecht heran. In der mir am nächsten stehenden Fichte hakte er seine Kletterzehen fest und sah lange und furchtlos zu mir herunter. ,,Gick-gick-gick'' lachte er los, erkletterte einen dürren Ast und knatterte von da einen rasenden Trommelwirbel durch den Wald.

Nicht lange, und er bekam Antwort. Auf ihren Xylophonen signalisierten sich die beiden Spechte Verträglichkeit, Sympathie und Zusammengehörigkeit. Ob ich das etwa aus dem Getrommel herausgehört habe? Nein, bestimmt nicht, aber der zweite Specht kam herangeflogen, und ich erkannte, daß es eine Spechtfrau war. Das ist nicht besonders schwer, wenn man weiß, daß nur der Spechtmann ein rotes Querband im schwarzen Genick trägt. Nicht weit von mir, dicht am Wasser, war für das Sonnenwendfeuer ein gewaltiger Stoß trockenen Astwerks aufgeschichtet. Die Sonne kletterte dem Zenit zu. Zwei Stunden später würde sie ihre größte Abweichung, den nördlichsten Punkt, auf ihrer Ekliptikwanderung erreicht haben – die Sommersonnenwende war da.

Nach Nordwesten konnte ich des Waldes wegen nicht blicken, aber als ich auf dem Nachhauseweg hangaufwärts der Fischerhütte zustieg, stand dort eine dunkle Wetterwand. Der Wind war eingeschlafen. Was er vorhatte, war unübersehbar. Er wartete auf das Islandsturmtief. Schleunigst fragte ich alle für mich erreichbaren Wetterstationen ab. In schöner Übereinstimmung sagten sie das gleiche aus: Abbau des Hochs, Schluß mit den Schönwetterbrisen aus Ost, dafür Tendenz zu Starkwind und Sturm aus Nordwest. Na also, da wußte man doch wenigstens, was einem bevorstand, da war doch klar, daß Rasmus seine Arbeit im Atlantik beendet hatte und nun hier nach dem Rechten sehen würde. Diese Inspektion bedeutete freilich, daß nach zwei bis drei Tagen die Atlantikdünung ins Skagerrak hineinstehen und erheblichen Wirbel machen würde. Keine Panik, da gab es eine Menge von Ausweichmöglichkeiten.

Die Mittsommernacht aber war ausschließlich der Sommersonnenwende vorbehalten.

Mein Dachhase war nicht an Bord. Seit dem Vorabend hatte ich ihn nicht mehr gesehen. Aber wie unsereiner auf einem Zettel eine Nachricht über seinen Verbleib hinterläßt, tat er das als Analphabet auf seine Weise. Sein Trinknapf war leer, seinen Futternapf aber hatte er nicht angerührt, womit er zum Ausdruck bringen wollte: „Friß du deinen Konservenfraß man allein, mein Alter, in den Klippen gibt's nämlich Frischfleisch."

Ich saß noch eine Weile im Cockpit und sah ins Wetter. Hier unten im Fjord war es windstill. Hoch oben aber war der Wind auf Nordwest herumgegangen. Große Wolkenfregatten segelten vor ihm her, doch ihr Rumpf war nicht mehr silbern, sondern bei manchen von schmuddeligem Blau. Auf dem größten Wolkenschiff schienen sie zu lenzen, denn für kurze Zeit sprühte es dünn auf AZIMUTHS Deck. Das Barometer machte sich an den Abstieg, ich auch, schliefte in die Steuerbordkoje und stellte die Augen auf Null.

Dieselgedonner neben mir weckte mich. Pit, der sich lautlos aufs Fußende geschmuggelt hatte, und ich hoben den Kopf. Neben uns legte ein Kutter an, dessen Besatzung aus einem Fischer, seiner Frau und seinen beiden Kindern bestand. Zwischen den Kindern, Sigrid und Jörn, entbrannte sofort ein Streit um den Kater Pit, den dieser, da er Kinder bis zu einem gewissen Grade leiden kann, zunächst auch über sich ergehen ließ. Erst als sie ihn zu doppelter Länge auszogen, fauchte er los und schrie sie, alle Haare senkrecht weggesträubt an wie ein Puma. Er fühlte sich belästigt und verschwand in den Felsen.

Die Kinder waren zunächst erschrocken, dann enttäuscht. Aber Kinder kann man schnell trösten. Ich winkte sie zu mir an Bord und schenkte Sigrid eine Schachtel Filzstifte und einige Bogen Schreibmaschinenpapier, ihrem Bruder Jörn gab ich meine Mundharmonika. Eine Verständigung in ihrer Muttersprache war nicht nötig, wir verstanden uns auch so. Auf ihre Eltern traf das indessen nicht zu; die sprachen nur Norwegisch und dieses, wie ich vermutete, auch noch in Platt. Das machte aber gar nichts, denn nachdem Arne heruntergekommen war, um seine Gäste zu empfangen, gingen wir zum Kaffeetrinken ins Haus, und da war ich einer der Ihren. Wobei ich ausdrücklich betonen möchte, daß dieser freundschaftliche Zustand eintrat, ehe ich die beiden Flaschen mit dem Rum und dem Magenbitter auf den Tisch gestellt hatte.

Am Spätnachmittag machten wir uns auf zu dem Holzstoß in der stillen Bucht. Vorher hatten einige Wolkenfregatten ihr Lenzwasser über der Landschaft versprüht und auch den Holzstoß durchnäßt. Für Leute im Osten und Norden sind derlei Dinge problemlos, denn je weiter man in diese Gegenden vordringt, desto besser können die Landbewohner offene Feuer anzünden. Da wachsen überall Birken, und wer mit deren Rinde umgehen kann, ist auch in der Lage, im Platzregen ein Feuer zu entfachen und in Gang zu halten.

Im Inneren unseres Feuers knisterten und loderten Flämmchen rotgolden hoch und wurden erst dort, wo sie auf Nässe stießen, giftig grün. Gelblichgrauer Rauch stieg in schweren Schwaden bis in die Kronen der Fichten hinter uns auf. Dort wartete der leichte Westwind schon auf ihn, tanzte mit ihm einen wirbelnden Reigen und drückte ihn herunter. Eine lange, graue Rauchraupe legte sich auf das dunkle Wasser der Bucht und zog träge nach Osten davon. Als die Feuersglut über die Nässe im Holz zu triumphieren begann, stiegen zischend und verpuffend feurige Raketenbündel nach oben. Vor uns im dunklen Wasser der See wiederholte sich diese faszinierende Spiegelung von hellem Aufleuchten und Versinken in schwarze Schlagschatten, von aufstiebendem Funkenflug über rotwabernder Lohe.

Im Halbkreis saßen wir als Silhouetten vor dem Flammenstoß, die Ellenbogen auf den Knien, das Kinn in die Handflächen gestützt, genauso in dieses unfaßliche, verzaubernde Element starrend, wie es die Menschen schon viele Tausende von Jahren getan haben, besonders die Menschen des Nordens, weil für sie das Feuer mehr bedeutet als für die aus dem warmen Süden.

Sigrid und Jörn waren auf ihrer Decke eingeschlafen. Das artige kleine Mädchen hatte nicht gestört, aber der lüttje Norweger Jörn hatte auf seiner Mundharmonika unermüdlich drei Töne vor sich hingeblasen, von denen lediglich der mittlere ein wenig angehoben war. Diese Monotonie schläferte schließlich selbst ihren Komponisten ein, tiefatmend und rotbäckig lag er friedlich neben seiner kleinen Schwester.

Zur Mittsommernacht bleibt es hier oben dämmrig hell. Man übersah die ganze Bucht. Eingerahmt vom Kranz des dunklen Schärengranits, lag die Wasserfläche in diffusem Licht vor uns. Der Wind war ablandig. Daher kam es wohl, daß die See in Strandnähe keine Wellen bildete, sondern in langen, dunklen Tafeln dahinschaukelte, in denen sich wie in Spiegeln unsere rote Feuersglut vielfach brach und ein spukhaftes, unwirkliches Feuerwerk darin entzündete. Durch die wandernden Wolkenheere blinkte zuweilen ein Stern herunter. Kurz vor Mitternacht kam der Mond. Erst acht Tage später würde er voll sein, doch er war auch jetzt schon ein freundliches Himmelslicht, das seine zaghafte, zitternde Silberbahn durch die Atollöffnung zu unserem Feuer hüpfen ließ, um sich damit zu vereinigen. Die nächste Wolke war dann wie ein feuchter, tropfender Schwamm, der die rotgoldene Mondbarke wegwischte.

Norwegen ist ein geheimnisvolles Land, und man braucht kein besonders romantisch veranlagter Einhandsegler zu sein, um sich vorzustellen, welchen Gedanken seine Bewohner seit Tausenden von Jahren an ihren Sonnenwendfeuern nachhängen. Auch ich ließ mich von dieser seltsamen Stimmung verzaubern, aber ich dachte eigentlich nicht an die alten nordischen Götter, sondern mir war es, als ob hinter mir im düsteren Fichtenwald Peer Gynt an einen Stamm gelehnt über die See sah und aus dem Waldesdämmer die Solveig leise ihr trauriges Lied sang. Jedenfalls dachte ich in dieser Nacht auch an den alten Edvard Grieg und begriff seine Musik. Dann waren meine Gedanken bei meinem finnischen Schatz.

Um Mitternacht gaben wir uns alle die Hand.

Ich nahm die beiden Fischer zur Seite und sagte ihnen, daß ich um zwei Uhr meine Leinen loswerfen wolle, um quer über das Skagerrak nach Skagen zu segeln. Natürlich hatten auch sie die Seewetterberichte aufmerksam verfolgt und waren mit mir der Ansicht, daß das, was Rasmus da von Island über die Färöer, die Shetlands und Orkneys vor sich herbließ, nach einer langanhaltenden stürmischen Schlechtwetterperiode aussah. Auch in der Karibik war bereits die Hölle los.

„Fischen werden wir in nächster Zeit kaum können", meinten sie, „du mußt dich entscheiden, drei Wochen bei uns zu bleiben oder aber loszusegeln. Nach drei Wochen Rußlandhoch gibt es jetzt nach aller Erfahrung drei Wochen Islandsturmtief. Daß du hier gern gesehen bist, weißt du."

Das wußte ich, verabschiedete mich und ging, AZIMUTH zum Auslaufen fertigzumachen.

Ich ahne sehr wohl, welches Vokabular einige Segler jetzt gegen mich verwenden werden, weil sie mit meinem seemännischen Verhalten wieder einmal nicht einverstanden sind: „Hat dieser Kerl denn noch immer nicht die Schnauze voll? Muß der denn immer auch noch den allerletzten Affen aus dem Tabak jagen? Vermutlich hat dieser Tanzlehrer von den Virgin Islands ein Hummelnest in der Hose."

In gewisser Weise trifft das ja auch zu. Ich gehöre nun mal zu den Typen, die unglaublich gern segeln, die aber auch ganz gern ein bißchen Unüberschaubarkeit in ihrer Segelei haben, damit nicht alles so fahrplanmäßig wie bei der Bundesbahn zugeht. Letzten Endes hatten mir die vergangenen Wochen ausschließlich Damenbrisen beschert, da war einfach kein Salz in der Suppe. Modern ausgedrückt: Ich hatte Bock auf ein wenig Schwerwettersegeln.

Von Skjærhollen quer über Skagerrak nach Skagen sind es etwa 115 Meilen. Für ein 26-Fuß-Schiff ist das bei normalen Windverhältnissen etwas mehr als ein Etmal. Ich hatte also über 30 Stunden Zeit, ehe der Starkwind eintreffen würde.

Und schließlich war da noch die schwedische Bootssportkarte. Die brauchte man nicht einmal aufzuschlagen, weil schon auf ihrem Umschlagblatt alle in der See liegenden Feuer genauestens angegeben und gezeichnet waren. Bis Hållö oder Paternoster hatte ich sie wenige Meilen neben mir an Backbord; überall konnte ich in die Schären einschwenken und in den Innenfahrwassern bis Marstrand weitersegeln, wenn's draußen zu hart werden sollte.

Ein wenig Sorge machte mir eigentlich nur der starke Schiffs- und Fährverkehr im Skagerrak, aber auch mit dem wird man bei härterem Wind besser fertig als bei schwacher Brise, in der das Boot mit wenig Ruder im Schiff über die See dümpelt.

Es war drei Uhr, als ich AZIMUTH mit einem kräftigen Schub vom Anleger in den Fjord laufen ließ, dort die Segel setzte und mich von einer handigen Nordwestbrise aus der Schäre Skjærhollen wehen ließ. Es war taghell, bei hochfliegenden Wolken hatte ich ausgezeichnete Sicht. Mit etwa sechs Knoten Fahrt rauschte mein Boot ins Skagerrak hinaus, Kurs Skagen, 180° am Kompaß. Da segelte ein Oldtimer seines Weges dahin, singend und doch aufmerksam wie ein alter Seeadler von seinem Horstbaum recht voraus spähend, seine Kraft genauestens einteilend und abmessend, eingerichtet auf 30 Segelstunden.

Um fünf Uhr hatte ich das Feuer Klövningarna achteraus gelassen und Nord-Koster dwars an Backbord. Die Sicht war so gut, daß selbst die kleineren Küsten- und Schärenfeuer ihre Lichter durch den leichten Frühdunst zu mir herüberblinkerten. Wenn so ein schwimmender, hellerleuchteter Tanzpalast mit Full speed vierkant auf mich zuhielt und mein grün-rotes Laternchen partout nicht respektieren wollte, schlug ich einen kleinen Haken. Diese Luxusfähren in Richtung Oslo hatten einen Zahn drauf, daß ihre Heckseen über das Deck meines Bootes rauschten und mich zwangen, die Beine auf die Backskiste hochzuziehen, weil das Cockpit halb voll Wasser schlug. Mit großem Vergnügen sah ich zu, wie der Fahrtsog die Suppe unter Schmatzen und Gurgeln durch die Lenzlöcher blitzgeschwind leersoff.

Das Bordradio hatte Nordwest fünf, zunehmend mittlere Sicht und Niederschläge zu vermelden. Um 14 Uhr begann es zu regnen und laut Logbuch regnete es nun drei Wochen lang. Kurz nach Mitternacht liefen wir in Skagen ein. Damit hatte ich mein Außenrevier, das Skagerrak, verlassen und segelte wieder in meinem heimatlichen Kattegat.

Es kamen Tage voller Wind und grober See, in denen wir von Hafen zu Hafen sprangen, wenn der Sturm es zuließ, – in seinen Atempausen gewissermaßen. Dabei waren zwei Dinge besonders tröstlich: Erstens hatte ich in Luv immer eine Küste voller Häfen neben mir, durch den Kleinen Belt bis in die Kieler Förde, und zweitens gab es hin und wieder bereits einen Eingeborenen, der wußte, wer Karl Carstens ist, wer Karl-Heinz Rumenigge ist, wußten sie ausnahmslos.

Trotzdem begann die Nässe meinem Kater und mir auf den Geist zu gehen. Ersterer ließ nur dann eine gewisse Zufriedenheit erkennen, wenn abends der Primus fauchte, er sich beinahe den Schwanz daran verbrannte und er anschließend mit unter meine Decke durfte, denn wir besitzen keine Heizung.

In Kiel fand ich eine alte Dame, die sich Pit's für eine Woche annahm, weil ich mein Schiff da liegen ließ und zu Britta nach New York flog. Auch da regnete es, was vom Himmel herunter wollte, für uns beide aber hing der Himmel voller Geigen. Im „Museum of modern Art" hing ein ähnliches Bild wie die auseinandergelaufene „Psyche" in Skagen.

„Wunderbar, was?" sagte ich zu Britta.

„Na, das kann ich nun nicht gerade finden", meinte sie, und sie hat diese Branche immerhin studiert. Vielleicht bin ich gar kein Banause.

Pit und ich hatten noch einen schönen Segelsommer, so richtig beschaulich, denn wir segelten zu dem Platz, der nach Skjærhollen in meiner Gunst den zweiten Rang einnimmt. Wenn man von Bornholm genau Kurs Nord hält, kommt man zwischen Karlshamn und Karlskrona in einen winzigen Archipel. Auf einem dieser Inselchen steht in einem Wald ein Blockhaus, in dem ich wohnen und von wo aus ich fischen und segeln konnte. Ganz richtig vermutet: Wir aßen sehr viel Fisch der verschiedensten Sorten, und zwar mit allerbestem Appetit.